최영동 변호사와 함께하는
분양권 재테크 베이직

최영동 변호사와 함께하는
분양권 재테크 베이직

ⓒ 최영동, 2022

초판 1쇄 인쇄 2022년 11월 29일
초판 1쇄 발행 2022년 12월 13일

지은이 최영동
펴낸이 원용수
펴낸곳 피엠미디어

책임편집 신성환
디자인 윤주열

출판신고 제2020-000135호(2020년 12월 11일)
주소 서울특별시 성동구 성수이로 147 아이에스비즈타워 604호(성수동2가)
대표전화 02-557-1752
이메일 wonyongsu@prometheusmedia.net

ISBN 79-11-973306-2-9 (13360)

• 책값은 뒤표지에 있습니다.
• 이 책의 저작권은 지은이와 피엠미디어에 있습니다.
• 이 책의 내용 전부 또는 일부를 재사용하려면 반드시 양측의 서면 동의를 사전에 받아야 합니다.

최영동 변호사와 함께하는

분양권 재테크 베이직

최영동 지음

피엠미디어

머리말

    정비 사업의 분양권에 대하여 체계적으로 정리한 책이 없어서 늘 아쉬웠다. 막상 책으로 써보니 이해가 된다. 생각 외로 법이 간소하고, 공백도 많다. 판례 역시 그렇다. 그리고 서로 모순되는 경우도 있다. 이런 모순된 사안에 대해 "분양권이 이러이러하다"는 식으로 결론을 제시하면 절반은 맞고 절반은 틀리게 된다. 원칙을 정립하기도 어렵지만 애써 원칙이라고 나름대로 정리해놓으면 예외가 많아 고민스럽다. 거기에 더하여, 예외에 대한 예외도 많다. 미리 변명하자면 이 책의 내용도 절대적이지 않다. 유동적이다. 판례가 바뀔 수도 있고, 저자의 해석과 다른 해석이 통용될 수도 있다. 이러니 체계적으로 정리하여 책으로 내는 것이 쉽지 않았을 것이다.

    그런데 분양권의 유무는 개인의 처지에서는 매우 중요한 문제이다. 그 중요성에 비하면 상당히 소홀히 다루어지고 있는 셈이다.

최영동 변호사와 함께하는 # 분양권 재테크 베이직

사고팔 때 공인 중개사를 통해 분양권 유무를 검토하겠지만 결코 쉽지 않다. 전문가라고 할 수 있는 공인 중개사라고 해서 잘 알 수 있는 것이 아니다. 변호사들도 별반 다르지 않다. 개별 사안에 대해서는 설명할 수 있을지 몰라도 전체적으로 설명하는 것은 누구에게든 어려운 일이다.

이 책은 그런 현실적 필요에 부응하고 어려움을 헤쳐나가려는 첫 번째 시도이다. 분양권에 대해 참고할 만한 정도는 된다고 자부한다. 그러나 구체적인 개별 사안에 대하여는 전문가에게 다시 한번 문의해볼 것을 권한다. 사안마다, 시기마다, 지역마다 결론이 다를 수 있다.

이 책을 읽는 독자들에게 도움이 되기를 기대한다.

차례

머리말 ____ 4

1부 일반인을 위한 분양권 안내

재개발 CASE 1 주택 아닌 건물의 분양권 ____ 13
재개발 CASE 2 무허가 건물의 분양권 ____ 15
재개발 CASE 3 과소 토지의 분양권 ____ 18
재개발 CASE 4 공유 토지의 분양권 ____ 21
재개발 CASE 5 1세대 1주택, 세대의 기준 ____ 24
재개발 CASE 6 1세대 1주택 분양의 예외 ____ 27
재개발 CASE 7 다세대 주택의 분양권 ____ 31
재개발 CASE 8 다가구 주택의 분양권 ____ 34
재개발 CASE 9 1+1+α 분양권 ____ 38
재개발 CASE 10 재개발 상가의 분양권 ____ 41
재건축 CASE 11 토지 지분이 없는 건물의 소유자 – 1 ____ 47
재건축 CASE 12 토지 지분이 없는 건물의 소유자 – 2 ____ 50
재건축 CASE 13 다물권자의 분양권 숫자 ____ 53
재건축 CASE 14 재건축 상가의 분양권 ____ 55
재개발 CASE 15 재개발 조합 설립 인가와 소유 물건 매각 ____ 59
재건축 CASE 16 재건축 조합 설립 인가와 소유 물건 매각 ____ 65
재개발 재건축 CASE 17 투기 과열 지구와 소유 물건 매각 ____ 71
재개발 CASE 18 건물과 대지 소유권의 분리와 분양권 ____ 75

최영동 변호사와 함께하는 **분양권 재테크 베이직**

 **전문인을 위한 분양권 이론**

❶ 분양권의 개념 _____ 81

❷ 분양권의 발생 근거 _____ 84
    2.1 법령 _____ 84
    2.2 정관 _____ 89
    2.3 관리 처분 계획 _____ 111
    2.4 분양 계약 _____ 113

❸ 재개발 분양권자 _____ 117
    3.1 소유 물건의 종류를 기준으로 한 분양권자 _____ 118
        3.1.1 주택 소유자 _____ 118
        3.1.2 사실상 주거 소유자 _____ 119
        3.1.3 무허가 건물 소유자 _____ 120
            ① 개정 조례 시행일 이전에 공람 공고가 있었던 경우
            ② 서울시 조례 개정일 이후에 공람 공고가 있었던 경우
            ③ 경기도 등의 경우
        3.1.4 토지 소유자 _____ 125
        3.1.5 토지를 소유하지 않은 (주택 아닌) 건물의 소유자 _____ 126
    3.2 소유자이거나 조합원인데도 분양권을 주지 않는 경우 _____ 130
        3.2.1 지상권 _____ 130
        3.2.2 과소 권리가액 _____ 134
        3.2.3 소재 불명의 소유자 _____ 139
        3.2.4 다소 애매한 경우 – 국공유지 _____ 141

❹ 분양권의 숫자 _____ 145
    4.1 분양권 숫자의 몇가지 원칙 _____ 145
        4.1.1 조합원 자격에 상응하는 분양권 _____ 147

차례

   4.1.2 공동 소유 시 1개의 소유권 ＿＿ 147
   4.1.3 1세대 1분양권 ＿＿ 148
   4.1.4 분양권 증가 억제 원칙 ＿＿ 154
     ① 조합 설립 인가일 이후 소유자 숫자 증가
     ② 권리 산정 기준일 이후 소유자 숫자 증가
  4.2 '1조합원 1분양권'의 예외 ＿＿ 157
   4.2.1 기숙사 등 ＿＿ 158
   4.2.2 국가, 지방 자치 단체 및 주택 공사 등 ＿＿ 158
   4.2.3 종전 자산 가격이 다액인 경우 ＿＿ 158
   4.2.4 공공 기관 이전에 따른 양수인 ＿＿ 159
   4.2.5 다가구 주택 등 ＿＿ 159
  4.3 공동 소유의 분양권 숫자 ＿＿ 160
   4.3.1 집합 건물의 분양권 ＿＿ 160
   4.3.2 집합 건물의 구분 소유별 분양권 원칙의 예외 ＿＿ 161
     ① 권리 산정 기준일 이후 신축
     ② 권리 산정 기준일 이후 다세대 주택 전환
     ③ 다세대 주택 전환의 예외의 예외
     ④ 다세대 주택 전환에 대한 서울시 조례상 특례
   4.3.3 다가구 주택의 분양권 ＿＿ 167
     ① 원칙
     ② 예외
  4.4 건물과 그 부속 토지의 소유자가 다를 때 ＿＿ 171
  4.5 토지 필지별 분양권 부여와 그 예외 ＿＿ 173
   4.5.1 과소 필지, 과소 권리가액 분양권 제한 규정 ＿＿ 173
   4.5.2 수필지에 대해 1분양권을 부여하는 경우 ＿＿ 176
   4.5.3 1필지에 대해 수개의 분양권을 부여하는 경우 ＿＿ 177
  4.6 주택 소유자에 대한 수개 분양권 예외 ＿＿ 177
   4.6.1 기숙사 등 ＿＿ 178
   4.6.2 국가, 지방 자치 단체 및 주택 공사 등 ＿＿ 178
   4.6.3 종전 자산 가격이 다액인 경우 ＿＿ 178
   4.6.4 공공 기관 이전에 따른 양수인 ＿＿ 179
  4.7 분양 신청과 주택 등의 공급 ＿＿ 179
   4.7.1 재개발의 공급 기준 ＿＿ 179
   4.7.2 재개발 상가의 공급 ＿＿ 183

❺ 재건축 분양권 ____ **186**
    5.1 재건축 분양권자 ____ **186**
        5.1.1 건물과 그 부속 토지의 소유자 ____ 188
        5.1.2 토지 또는 건물 어느 하나만 소유한 사람 ____ 189
        5.1.3 인근 지역을 병합하여 재건축 사업을 할 때의 소유자 ____ 191
        5.1.4 단독 주택 재건축 분양권자 ____ 192
    5.2 재건축 분양권의 숫자 ____ 194
        5.2.1 소유권 개수에 따른 분양권 숫자 ____ 194
            ① 과밀 억제 권역이 아닌 곳에 위치한 재건축 사업의 경우
            ② 과밀 억제 권역에 위치한 경우
        5.2.2 수개의 분양권을 주는 경우 ____ 204
            ① 기숙사 등
            ② 국가, 지방 자치 단체 및 주택 공사 등
            ③ 공공 기관 이전에 따른 양수인
            ④ 종전 자산 가격이 다액인 경우
        5.2.3 재개발 분양권이 응용되는 경우 ____ 205
        5.2.4 부대 복리 시설 소유자에게 공동 주택을 분양하는 경우 ____ 206

❻ 분양권 전매 ____ **210**
    6.1 분양권의 1/N 소멸 ____ 210
    6.2 분양권 전부의 소멸 ____ 217

❼ 분양권 소송 ____ **225**
    7.1 무허가 건물 대장 명의 변경을 구하는 소 ____ 226
    7.2 조합원 지위 확인의 소 ____ 226
    7.3 분양권 확인의 소 ____ 227
    7.4 관리 처분 계획 취소 소송 및 분양 신청 거부 처분 취소 소송
        ____ 232

부록 분양권 관련 주요 판례

1부

일반인을 위한
분양권 안내

| 일러두기 |

- 분양권과 관련한 법, 시행령, 조례 등은 수시로 바뀐다. 여기에 더하여 판례도 변경된다. 이 책이 쓰일 당시의 법령, 판례에 기초한 것이라는 점을 미리 알려드린다. 조례는 각 자치 단체마다 조금씩 다르다. 모든 자치 단체의 조례를 이 책에 반영할 수 없어 서울시 조례를 주로 반영하였고, 경기도 조례를 가미하였다. 이 점 양해 부탁드린다.
- 1부 일반인을 위한 분양권 안내에서는 정확한 법적 근거를 부기하지 않았고, 정확한 표현보다는 쉬운 표현을 택하다보니 생략된 부분이 있다. 예를 들어 "조정 대상 지역에서 사업 시행 인가를 신청하는 재건축 사업의 경우"라고 '사업 시행 인가'를 간단히 적었지만, 정확히 표현하자면 "조정 대상 지역에서 사업 시행 인가(최초 사업 시행 인가를 말한다)를 신청하는 재건축 사업의 경우"라고 하면서 '사업 시행 변경 인가'는 해당하지 않는다는 점을 밝혀야 한다. 그러나 일반인에게는 이렇게 복잡한 내용이 오히려 이해를 방해하기 때문에 다소 부정확하더라도 간단한 표현을 선택했다. 정확한 내용은 2부 전문인을 위한 분양권 이론을 참조하시기 바란다.
- 이 책에서 분양권의 유무, 개수는 저자의 개인 의견이나 해석이 포함되어 있다. 저자와 달리 해석하는 것도 가능하다. 저자의 해석이 절대적이지 않다는 점에 유의해야 한다.

재개발 CASE 1

주택 아닌
건물의 분양권

재개발 구역 내에서 자전거포를 운영하고 있는 갑은 1층은 자전거포로 2층은 주거 시설로 사용하고 있었다. 조합 설립에 동의하고 새 아파트를 분양받기를 기대하고 있었는데, 조합에서 자신의 건물이 근린 생활 시설이어서 상가만 분양받을 수 있고 아파트를 분양받을 수 없다고 한다. 갑은 나이가 들어 자전거포는 그만두고 조용히 살려고 하는데 아파트를 분양받을 수 없다니 당황스럽다. 아파트를 분양받을 수 없는가?

✔ 재개발 구역에서 주택을 소유한 사람은 주택을 분양받는다. 구 서울시 조례에 의하면 사실상 주택을 소유한 사람도 주택을 분양받는다. 근린 생활 시설이라도 실지 용도가 주택이라면 주택을 분양받을 수 있었다. 그러나 현재 조례에 의하면 주택을 분양받을 수 없다.

✔ 자신의 소유 물건이 주택이 아니라고 해서 포기하기에는 이르다. 근린 생활 시설이라고 하더라도 토지를 소유하고 있을 것이고, 그 토지에 근거해 주택을 분양받을 수 있다.

✔ 만약 근린 생활 시설 소유자가 토지를 소유하고 있지 않다면 어떻게 될까? 현행 조례에 의하면, 토지를 소유하고 있지 않은 근린 생활 시설의 소유자라면 주택을 분양받지 못한다. 마지막 희망은 조례가 위헌 또는 위법이라는 판단을 받는 것이다. 분양 신청을 한 후 조합이 거부하면, 분양 신청 거부 취소 소송 또는 관리 처분 계획 취소 소송을 제기하면서 위헌, 위법인 조례라고 주장하여 법원이 위헌, 위법인 조례라고 선언해 준다면 분양을 받을 수 있다.

✔ 근린 생활 시설 소유자가 아파트를 분양받지 못한다는 것이지 아무것도 분양받지 못한다는 것은 아니다. 상가는 분양받을 수 있다. 아파트를 분양받지 못할 경우에 대비하여 일단 상가의 분양 신청을 해두는 것이 좋다.

재개발 CASE 2
무허가 건물의 분양권

갑은 아들의 결혼을 대비하여 최소 금액을 증여하여 아들로 하여금 아파트 분양권을 받게 해주고 싶었다. 재개발 구역에 위치한 중개사 사무소에 들러 여러 개의 무허가 건물을 살펴보았다. A물건은 1981년 3월 1일 무허가 건축물 대장에 등재된 것이고, B물건은 1982년 3월 1일 건축했고 항공 사진에도 나오고 재산세도 냈다고 하는데 무허가 건축물 대장에 등재된 것은 이보다 늦은 1990년 3월 1일이었다. C물건은 1985년 3월 1일 무허가 건축물 대장에 올랐던 것인데 그 이전에 재산세를 냈다거나 항공 사진에 나온다거나 하는 것이 없는 것으로 보아 1985년 2월경에 신축된 것이 맞는 것 같았다. A는 1억2천만 원, B는 8천만 원, C는 1억 원이다. 갑은 어느 물건을 사는 게 좋을까?

✔ 무허가 건물이라고 모두 분양권이 없는 것도 아니고 모두 분양권이 있는 것도 아니다. 무허가 건물 중 그 용도가 주택이어야 분양권이 있다. 공장으로 사용되고 있는 무허가 건물이라면 분양받을 수 없다.

✔ 주택인 무허가 건물이라고 모두 분양권이 있는 것은 아니다. 오래된 무허가 건물만 분양권이 있다. 서울시 조례에 의하면 공익사업을 위한 토지 등의 취득 및 보상에 관한 법률 시행규칙 부칙 제5조에 따른 "1989년 1월 24일 당시의 무허가 건축물 등"에 해당하여야 한다. 1989년 1월 24일 존재했다는 증빙을 갖추어야 하고 그 증빙은 공부(公簿) 또는 공부에 준하는 것에 의해야 한다.

무허가 건물이 언제부터 있었는지를 증명하는 방법은 첫째, 무허가 건축물 대장이다. 둘째, 재산세 등 공부에 의해 그 존재 시점을 증명할 수 있어도 된다. 전기 요금 납부 내역 같은 것도 공부는 아니나 공부에 준하는 것으로 입증 자료가 된다. 셋째, 항공 사진으로 증명이 가능하다.

✔ 위와 같은 기준을 적용해보면, A물건은 1981년 3월 1일, B물건은 1982년 3월 1일, C물건은 1985년 3월 1일 이들 물건이 존재했다는 것을 입증할 수 있다. 그 시점이 모두 1989년 이전이므로 이들 모두 분양권이 있다. 이 중 B가 가장 싸다. B가 가장 유리하다. 다만 1989년 1월 24일 이전에 무허가 건물이 존재했다는 것을 무허가 건축물 대장이 아닌 다른 방식으로 입증해야 하므로 조합이 무허가 건축물 대장만 보고 분양권을 부인할 경우 소송을 통해 입

증해야 할 수도 있다. 그러한 번거로움을 생각한다면 조금 더 비싸더라도 C를 선택할 수도 있다.

3 재개발 CASE
과소 토지의 분양권

강원도에 사는 갑은 10년 후 서울이나 경기도로 이사해야겠다고 생각하고 그때쯤 입주할 수 있는 아파트를 분양받되, 그때까지 1가구 2주택의 적용을 받지 않기 위해 주택을 매입하지 않고, 토지를 매입하려고 한다. 재개발 구역 내 토지만 매물로 나온 것이 많지 않아 수소문하던 끝에 서울 강북구에 위치한 A토지 65제곱미터 2억2천여만 원, 경기도 수원시에 위치한 B토지 35제곱미터 1억 원, 경기도 수원시에 위치한 C토지 85제곱미터 2억5천여만 원 3건이 선택지에 올랐다. 모두 재개발 구역이었다. 분양권을 얻을 수만 있으면 되기 때문에 굳이 비싼 것을 살 필요는 없어서 분양권이 있는 것 중에서 가장 싼 것을 고르려고 한다. 어느 것을 사야 할까?

✔ 토지만 소유하고 있는 사람도 원칙적으로 분양권이 있다. 예외적으로 과소 필지인 경우 분양권이 없는 경우도 있다. 서울은 총면적이 90제곱미터 미만인 사람에게는 분양권을 주지 않고 있다. 총면적이므로 그 사람이 소유하고 있는 토지 모두를 합한 것을 말한다. 3필지를 가지고 있는데 20제곱미터, 30제곱미터, 60제곱미터라면 각각은 모두 90제곱미터가 안 되지만 합하여 90제곱미터가 넘는다. 이럴 경우 분양권이 있다는 것이다.

✔ 경기도의 경우에는 토지 면적이 협소해도 분양권이 있는데 이를 오해하여 분양권이 없다고 생각하는 경우도 꽤 많다. 막연히 서울에서 분양하는 것과 다른 지역도 같을 것이라고 생각해서 그런 오해가 생겼는데, 서울시 조례와 경기도 조례가 다르다. 또 부산이나 광주의 조례도 다르다. 서울시는 90제곱미터가 최소 면적이지만, 경기도는 이런 제한이 없다. 부산이나 광주는 주거 지역 60제곱미터이다. 자기 지역의 조례를 살피지 않으면 오류가 발생한다.

✔ A토지는 서울시 조례에 의하면 현재까지만 보았을 때, 분양권이 없다. B토지와 C토지는 모두 경기도에 속하여 면적과 무관하게 분양권이 있다. 그중 B가 가장 싸므로 B를 사면 된다.

✔ A토지는 현재까지만 보았을 때 분양권이 없을 뿐이다. 아직 포기하기에는 이르다. 총면적이 90제곱미터 이상이어야 한다는 기준은 관리 처분 계획 기준일 시점으로 90제곱미터여야 한다는 것이므로 그때까지 추가 매입을 해서 90제곱미터가 넘으면 분양권이 생긴다. 관리 처분 계획 기준일은 분양 신청 기간 마감일이고, 사업

시행 인가를 받은 후 준비가 되면 분양 신청을 받는다. 이 때 분양 신청 기간을 조합이 정해서 알려준다. 분양 신청을 받는 것은 아무리 빨라도 사업 시행 인가일로부터 6개월은 걸리고 보통은 1년 이상 걸린다. 그때까지 누군가의 토지를 매입하면 된다. 다소 불확실하고 위험하지만 장점은 있다. 이렇게 불확실하므로 싸게 살 수 있다는 것이다.

재개발 CASE **4**

공유 토지의 분양권

갑은 주택을 짓기 위해 경기도 수원시에 꽤 넓은 면적의 나대지 한 필지 280제곱미터를 매입하였다. 그러나 지병으로 갑자기 죽게 되었고, 부인과 자녀들(을, 병, 정)에게 상속되었다. 부동산과 건축에 대하여 잘 알지 못하는 자녀들은 오랜 기간 이 땅에 건물을 짓지 않았고 그저 주차장으로 활용하고 있었다. 그러던 중 이 땅들이 재개발 구역으로 지정되었다. 을, 병, 정의 분양권은 몇 개일까?

✔ 분양권은 1조합원에게 1개를 주는 것이 원칙이다. 토지는 원칙적으로 한 필지당 하나의 분양권이 있다. 한 사람이 수개의 필지를 가지고 있다면 1조합원 1분양권의 원칙에 따라 하나의 분양권만 준다. 그러나 이 원칙에는 예외가 꽤 많으므로 이 원칙만 알고 있으면 안 된다. 예외를 잘 살펴야 한다.

✔ 조합원 한 명이 한 필지만 소유하고 있으면 분양권은 하나일 것이다. 수인이 하나를 공유하고 있으면 공유자는 한 사람으로 본다. 한 필지를 을, 병, 정은 세 사람이 공유하고 있으므로 하나의 분양권만 주는 것이 원칙이다.

✔ 그러나 서울시에는 예외가 있다. 권리 산정 기준일 이전부터 가지고 있던 공유 지분의 면적이 90제곱미터가 넘는 경우 90제곱미터가 넘는 사람에 대해서는 하나의 분양권을 준다. 경기도도 유사한 예외가 있는데, 90제곱미터가 아니고 건축법 제57조 제1항의 건축 제한 면적 이상이면 된다. 건축 제한 면적은 경기도 조례가 정하고 있지 않고 각 시군 자치 단체 조례로 정하고 있다. 수원시의 경우 60제곱미터이다.

✔ 상속 지분이 배우자 1.5, 자녀 1이므로 1.5/(1.5+1+1), 1/(1.5+1+1), 1/(1.5+1+1) 즉 7분의 3, 7분의 2, 7분의 2가 각각의 상속 비율이 된다. 토지의 상속 지분별 면적은 배우자 120제곱미터 자녀 각각 80제곱미터이다.

서울이라면 배우자 1인만 분양받게 되거나 합하여 하나만 분양받게 된다. 경기도 수원시라면 각각 하나씩 분양받게 된다.

✔ 그런데 하나 더 살펴봐야 한다. 이 세 명이 1세대인지 아닌지이다. 1세대라면 다시 1세대 1주택 분양의 제한에 의해 경기도 수원시라고 하더라도 하나의 분양권만 받는다. 자녀들이 성인으로 분가했다면 각각 분양받을 수 있다.

✔ 1세대라고 하더라도 여기서 끝이 아니다. 보통의 경우는 1세대는 다물권자라고 하더라도 하나의 분양권만 갖게 되지만 1세대 1주택이라도 종전 자산 가액이 상당히 크면 종전 가액의 범위 내에서 전용 면적 60제곱미터 이하의 물건을 추가로 분양받을 수 있다. 종전 자산의 가액이 신축 건물의 분양 가격을 상회하는 경우, 종전 자산의 가격의 범위 또는 종전 주택의 주거 전용 면적의 범위에서 2주택을 공급할 수 있고, 이 중 1주택은 주거 전용 면적을 60제곱미터 이하로 한다. 다만, 60제곱미터 이하로 공급받은 1주택은 도시정비법 제86조 제2항에 따른 이전 고시일 다음날부터 3년이 지나기 전에는 주택을 전매(매매·증여나 그 밖에 권리의 변동을 수반하는 모든 행위를 포함하되 상속의 경우는 제외한다)하거나 이의 전매를 알선할 수 없다.

5 재개발 CASE

1세대 1주택, 세대의 기준

유능한 중개사 갑은 재개발 구역 내의 고객들에게 1세대에 속하면 1주택밖에 받지 못하니 세대를 분리하거나 조합 설립 인가를 받기 전에 미리 적당한 가격에 팔라고 권하고 있다. 막상 어느 경우가 1세대에 속하는지 헷갈리는 때가 많았다. 하루는 부모가 죽은 조카와 같이 살고 있는 고객이 와서 같은 구역 내에 조카가 상속받은 주택이 있는데, 이 주택과 자신의 주택이 1세대 1주택 적용을 받아 하나의 분양권만 받는지 궁금하다고 하였다. 이들은 같은 세대인가?

✔ 주택 공급에 관한 규칙에 의하면, 조카는 생계를 같이 하더라도 1세대에 속하지 않는다. 아무리 가족처럼 살았다고 하더라도 그렇다. 재개발 구역에서의 분양권은 주택공급에관한규칙을 유추 적용해야 하기 때문에 다른 세대로 봐야 한다.

✔ 1세대의 기준을 몇가지 경우로 나누어 정리해본다.

- ○ 표가 되어 있는 경우가 1세대로 보는 경우이다.

	배우자(을)	직계존속(병)	직계비속(정)	형제자매(무)	조카(기)
본인(갑)과의 관계		어머니, 아버지, 장인, 장모 할아버지, 할머니	아들, 딸, 손자, 손녀, 증손자, 증손녀	형, 누나, 동생, 처형, 처제, 처남	
본인과 같은 주민 등록 있음	○	○	○	○	×
주민 등록 없음	○	×	× 19세 미만 - ○	×	×

① 갑과 을이 결혼하였다면 갑과 을은 1세대이다. 배우자는 같은 세대로 본다. 갑과 을이 다른 주소에서 살아도 같은 세대이다. 이 점은 다른 세대원과 차이가 있다.

② 갑과 을이 부모 병을 모시고 주민 등록상 같은 주소에서 살면 갑, 을, 병은 1세대이다. 부모가 다른 주소에 살면 당연히 다른 세대이다.

③ 갑과 을이 부모 병과 아들 정과 주민 등록상 같은 주소에서 살면 갑, 을, 병, 정은 1세대이다.

④ 갑과 을이 부모 병과 아들 정, 처남 무와 주민 등록상 같은 주소에서 살면 갑, 을, 병, 정, 무는 모두 같은 세대가 된다.

⑤ 갑과 을이 부모 병과 아들 정, 처남 무, 조카 기와 주민 등록상 같은 주소에서 살면 갑, 을, 병, 정, 무는 모두 같은 세대가 되지만 기는 같은 세대가 아니다. 기는 갑의 직계비속도 아니고 갑의 배우자인 을의 직계비속도 아니며, 갑이나 을의 형제자매도 아니기 때문이다.

⑥ 같은 주소에 살더라도 주민 등록표에 기재되어 있지 않으면 같은 세대로 보지 않지만 부부인 경우와 미성년인 자녀는 같은 주민 등록표에 기재되어 있지 않아도 같은 세대로 본다.

⑦ 같은 주소에 살더라도 주민 등록표에 기재되어 있지 않으면 같은 세대로 보지 않지만 미혼인 19세 미만의 직계비속은 1세대로 본다.

⑧ 시간이 늦은 세대 분리가 있는 경우 1세대로 본다. 1세대로 구성된 수인의 토지 등 소유자가 조합 설립 인가 후 세대를 분리하여 동일한 세대에 속하지 아니하는 때에는 1세대로 본다.

⑨ 조합 설립 인가 후 세대를 분리하면 동일한 세대로 보지만 이혼 및 19세 이상 자녀의 분가의 경우에는 다른 세대로 본다.

⑩ 19세 미만의 미성년자인 자녀들을 학교 앞에 방을 얻어주고 주민 등록도 조합 설립 인가일 이전에 옮겨놓았다고 하더라도 1세대로 본다.

재개발 CASE 6

1세대 1주택 분양의 예외

할아버지, 아버지, 아들 3대가 한집에 모여 사는 갑, 을, 병은 같은 동네에 집을 갑, 을, 병 각 명의로 한 채씩 세 채를 가지고 있다. 이 동네가 재개발을 하게 되면서 조합 설립 추진 위원회가 구성되고 조합 설립이 임박하였다. 갑, 을, 병은 조합이 설립되면 분양권이 하나밖에 나오지 않는다는 것을 들었기에 집 두 채는 팔려고 한다. 최선인가?

✔ 갑, 을, 병이 한 세대가 아니라면 각각 분양을 받을 수 있으므로 3개의 물건을 분양받을 수 있다. 그러나 같은 세대이면 1세대 1주택 원칙에 따라 하나의 분양권을 받는다. 다만, 3개의 물건을 가지고 있다면 종전 자산 가격이 커지므로 새로 지을 아파트를 하나 분양받고 60제곱미터 이하 소형 아파트를 하나 더 분양받을 가능성이 생긴다.

✔ 분양받는 것이 목적이라면, 매각하는 것보다 세대 분리를 생각해야 한다. 세대를 분리하면 분양권이 생긴다. 세대 분리는 반드시 조합 설립 인가 이전에 이루어져야 한다. 그렇지 않으면 세대가 분리되었어도 한 세대로 간주되어 하나의 분양권만 받게 된다. 세대 분리는 2가지가 필요하다. 첫째 주민 등록 분리, 둘째 실제 거주 분리. 같이 살면서 주민 등록만 분리하면 세대 분리가 되지 않은 것으로 본다.

✔ 병이 미성년자라면 세대 분리를 해도 소용없다. 미성년자는 세대를 분리해도 같은 세대로 본다는 특별 규정이 있기 때문이다. 반면, 병이 성년자라면 조합 설립 인가일 이후에 분가를 하여도 예외적으로 분양권을 준다. 할아버지인 갑이 조합 설립 인가일 이후에 분가를 하는 경우에는 분양권을 주지 않는 점에서 불공평하다고 생각할 여지가 있다. 아마도 조합 설립 인가일 이전에는 미성년이어서 분가해도 소용없는 경우였는데 인가일 이후에 비로소 성년이 되어서 분가가 가능한 상황이 되었을 경우를 상정한 것 같다. 그러나 이는 저자의 추측일 뿐이다. 그 내용을 법문에 명확히 싣지

않아서 그 의도를 알 수 없는데, 글자 그대로 하면 할아버지 등 윗사람(존속)의 세대 분리와 달리 분양권을 주도록 규정함에 따라 평등권 침해의 소지가 있다.

✔ 이혼으로 조합 설립 인가일 이후에 세대 분리가 이루어져도 분양권을 받는다. 분양권을 받기 위해 위장 이혼을 하는 것은 형사 처벌될 가능성이 있다. 위장 이혼 자체는 형사 처벌되지 않지만, 분양권을 허위로 받게 되면 업무 방해죄의 가능성을 염두에 두어야 한다.

✔ 세대 분리 대신 매각을 선택할 경우에도 조합 설립 인가일 이전에 해야 한다. 조합 설립 인가일 이후에 매각하면 분양권이 축소된다. 양도인과 양수인이 합쳐서 하나의 분양권을 갖게 된다. 위에서 언급한 것처럼 1+1 분양권이 가능한 경우가 있기 때문에 2채를 팔지 1채만 팔지 신중하게 고려해야 한다. 60제곱미터의 소형 주택을 분양받는 것을 원치 않을 때에는 2채 모두 팔아야 하고 3채를 가지고 있더라도 워낙 가격이 싼 물건이어서 종전 자산 가격이 1+1 종후 가격보다 더 낮을 것 같을 때에는 분양을 받을 수 없으므로 좋은 가격으로 파는 것이 낫다.

✔ 매수인은 매도인이 1세대 다주택자인지, 아닌지 건축물 대장, 등기부 등본같은 통상적인 자료만으로는 알 수가 없다. 통상적인 자료만으로 알 수 없기 때문에 필요한 자료를 토지 등 소유자에게 요구해야 한다. 도시정비법은 토지 등 소유자가 자신이 소유하고 있는 물건을 매매할 때 조합원 자격 제한이 있는지 등 중요한 몇가

지 사실에 대하여 자료를 제공하도록 의무화하고 있다. 공인 중개사 역시 이러한 제한이 있는 경우 이를 조사하여 정보를 제공할 의무가 있으므로 이를 소홀히 하여서는 안 된다.

✔ 위에서 보듯 관련 정보는 매도인인 토지 등 소유자가 제공해야 알 수 있다. 매도인이 마음먹고 정보를 숨기면 방법이 없다. 매도인이 고의로 정보를 숨기면 형사 처벌될 수 있지만 형사 처벌을 감수하고 숨길 때에는 매수인으로서는 예측하지 못하는 손해를 입을 수 있다.

재개발 CASE 7

다세대 주택의 분양권

갑은 아파트를 분양받기 위해 재개발 구역의 물건을 물색하고 있었는데, 가격이 싼 다세대 주택의 한 세대가 매물로 나왔다. 가격이 싼 이유가 면적이 좁아서라고 하였다. 실제 물건을 살펴보니, 고시원이었던 건물로 고시원 한 칸마다 한 세대로 구분하여 물건을 만들었고, 화장실은 있었으나 가스가 공급되지 않아 살림을 살 수 있는 곳은 아니었다. 등기부를 떼어 보니 집합 건물 등기는 되어 있는데 집합 건물 등기가 된 시기가 최근이었다. 건물은 오래되어 보였는데 집합 건물 등기가 된 시점이 최근인 것이 좀 이상하기도 한데, 이 물건을 사도 될까?

✔ 다세대 주택은 다가구 주택과 달리 각 가구별로 분양권을 준다. 8개의 구분된 물건(물건으로서의 세대)이 있다면 8개의 분양권이 나온다. 다세대 주택은 집합 건물로 한 칸 한 칸에 대해 소유권을 부여하고 있다. 이를 구분 소유권이라고 하는데, 전체에 대한 등기와 구분된 한 칸에 대한 등기를 각각 만들어 그 한 칸에 대해서만 권리 이전을 해주는 것이라 구분 소유권마다 분양권을 주고 있다.

✔ 사례의 물건을 집합 건물인 다세대 주택으로 볼 수 있을까? 집합 건물은 구분 소유권이 인정되어야 한다. 그런데 이 물건은 독립된 생활 공간으로 구획되었다고 보기 어렵다. 구조상 이용상 독립성이 있어야 하는데, 여기서 독립성이란 방 하나만으로는 안 되고, 각 세대가 각각 독립된 주거 생활을 할 수 있을 정도여야 하므로 취사가 가능해야 한다. 그러한 측면에서 구분 소유권을 인정받지 못할 수도 있다.

✔ 등기부나 건축물 대장에 다세대 주택으로 되어 있다고 하더라도 실제 상태가 다세대가 아니라면 인정받지 못한다. 그러니 조심해야 한다. 다만, 조합을 운영하는 운영자 입장에서는 실제 내부를 들여다보기 어렵고, 설령 그럴 수 있다고 하더라도 누가 문제 삼지 않으면 실제와 등기가 다르다고 하면서 분양권을 부인하기를 원치 않는다. 그래서 공적 장부에 의해 분양권을 부여하는 편이다. 이런 사유로 누군가 공공연하게 문제삼지 않는다면 분양권이 부여되기도 한다. 이것이 법적으로 문제가 될 경우에는 그렇지 않음을 명심해야 한다.

✔ 집합 건물 등기가 최근에 있었던 점도 유의해야 한다. 과거 다가구 주택, 고시원 등 단독 주택이었던 것이 다세대 주택으로 전환하는 경우 그 전환하는 시점이 권리 산정 기준일 이후에 있었던 경우에는 설령 구분 소유권이 인정된다고 하더라도 한 칸마다 분양권을 주지 않는다. 따라서 다세대 주택이니 구분 소유권마다 분양권이 있겠거니 하면서 거래했다가는 큰 손해를 볼 수 있다.

✔ 권리 산정 기준일은 시·도지사가 정하여 고시한다. 시·도지사가 정하여 고시한 날이 없으면, 즉 권리 산정 기준일을 따로 정하여 고시하지 않으면 정비 구역 지정 고시일이 권리 산정 기준일이 된다. 사업 구역마다 날짜가 다르니 구역별로 알아봐야 한다. 서울시의 경우 클린업시스템(https://cleanup.seoul.go.kr/)에 접속하면 권리 산정 기준일을 알려주고 있다.

✔ 사례의 물건은 리스크가 있으므로 이 리스크를 계산하고 매수해야 한다.

8 재개발 CASE
다가구 주택의 분양권

재개발 구역에 속한 다가구 주택의 소유자들은 다가구 주택이 신축된 시점이 너무 늦어서 가만히 있으면 분양권을 받지 못하게 된다는 말을 들었다. 다가구 주택의 세대가 8세대여도 하나의 분양권만 나온다는 것이다. 다가구 주택이 신축된 시점이 늦으면 분양권을 안 주는 것도 이상하지만, 어찌하였든 사람들 말대로 분양권을 늘리기 위해 서둘러 다가구 주택을 다세대 주택으로 전환하려고 하였다. 그런데 이렇게 분양권을 늘리려고 하는 사람들이 많아지자 서울시는 권리 산정 기준일을 정해 고시하였고 다가구 주택 소유자들은 건축물 대장의 전환은 이루어졌으나 등기부는 한발 늦게 다세대 주택으로의 전환이 이루어졌다. 이들에게는 분양권이 없는 것일까?

✔ 다가구 주택은 다세대 주택과 비슷하여 단독 주택이 아니라고 생각하는 사람이 많지만 도시정비법은 다가구 주택을 단독 주택으로 본다. 단독 주택에 여러 세대가 살아도 하나의 물건이기 때문에 하나의 분양권만 준다. 세대별로 분양권을 주지 않는다. 다가구 주택은 단독 주택으로 보기 때문에 여러 세대가 살아도 한 집으로 치고 하나의 분양권만 준다. 8세대가 살아도 하나의 분양권을 주니, 분양권이 8분의 1이 되는 셈이다.

✔ 다가구 주택과 다세대 주택은 어떻게 다를까? 구조의 독립성 즉 칸칸이 나뉘어 서로 독립되어 사는 것은 같다. 차이점은 공적 장부에 기록된 내용이다. 다세대 주택은 건축물 대장에 집합 건물로서 기재되어 전체와 각 세대의 표시가 따로 기재되어 있고 여기에 더하여 부동산 등기부 등본에 집합 건물로 등기가 되어 있다. 다가구 주택은 건축물 대장에도 등기부 등본에도 집합 건물이라는 표시가 없다.

✔ 다가구 주택의 다세대 주택으로의 전환이란, 구조의 독립성에 기초하여 집합 건축물 대장을 만들고, 집합 건물 등기부 등본을 만드는 과정을 말한다. 이렇게 전환하면 분양권이 각 세대별로 나온다. 정확한 법률 용어로 말하면 각 구분 소유권별로 하나의 분양권이 나온다.

✔ 다가구 주택을 다세대 주택으로 전환하는 모든 경우에 분양권을 주는 것은 아니다. 일정한 시간상 제약이 있다. 도시정비법은 권리 산정 기준일 이후에 전환하면 분양권을 세대별로 주지 않

고 전체에 대해 하나를 준다고 하고 있다. 그런데 서울시 조례는 2003. 12. 30. 이전에 전환한 경우에 세대별로 분양권을 준다고 하고 있으니 이 조례대로 한다면 권리 산정 기준일 이전에 다세대로 전환했다고 하더라도 그 전환이 2003. 12. 30. 이후라면 분양권이 없게 된다. 법과 조례가 서로 다르게 되어 있는 것이다. 어느 쪽이 맞을까? 법원은 둘 다 맞게 해석하고 있다.

건축물 대장과 등기부 모두 전환한 경우에는 법에 따라 그 시점이 권리 산정 기준일 이전이라면 2003. 12. 30. 이후라도 세대별 분양권이 있다. 건축물 대장만 전환하고 등기부는 전환하지 않은 경우에 서울시 조례가 적용된다. 건축물 대장만 전환한 경우는 엄밀히 말하면 전환한 것이 아니어서 2003. 12. 30. 이전에 전환이 있었어도 다가구 주택으로 보아야 할 것인데, 서울시 조례 규정이 이를 구제하여 건축물 대장만 전환하였더라도 2003. 12. 30. 이전에 전환이 있으면 세대별 분양권을 준다는 것이다. 집합 건축물 대장만 만들어지고 집합 건물 등기가 권리 산정 기준일 이후에 이루어져도 집합 건축물 대장이 2003. 12. 30. 이전에 만들어졌다면 세대별 분양권을 받게 된다.

✔ 권리 산정 기준일은 시·도지사가 정하여 고시한다. 시·도지사가 정하여 고시한 날이 없으면, 즉 권리 산정 기준일을 따로 정하여 고시하지 않으면 정비 구역 지정 고시일이 권리 산정 기준일이 된다.

✔ 이 사례의 다가구 주택은 권리 산정 기준일 이전에 전환이 완

전하게 이루어지지 못했다. 건축물 대장만 권리 산정 기준일 이전에 전환이 이루어졌으므로 그 전환이 2003. 12. 30. 이전인지를 확인해야 한다. 이 시점 이후라면 세대별(가구별) 분양을 받지 못한다.

9 재개발 CASE

1+1+α 분양권

갑은 재개발 구역 내 상당히 큰 집을 가지고 있었다. 죽을 때까지 살 요량으로 수선도 열심히 하고 정원도 가꾸면서 살고 있는데, 재개발 구역으로 지정되어 버렸다. 재개발 자체도 마음에 안 드는데 분양권도 달랑 하나만 나오고 차액은 돈으로 준다고 하니 사실상 강매당하는 느낌이었다. 거의 자포자기한 느낌으로 차액으로 상가나 사서 임대료로 생활할까 생각 중이었다. 차액을 대충 계산해보니 상가 2채 정도는 되어서 불행 중 다행이라고 생각하고 있었는데 엎친 데 덮친 격으로 차액에 대해 양도 소득세가 나온다고 한다. 만약 그렇게 되면 2채를 살 돈이 부족해지게 된다. 유능한 중개사 을에게 물어보니, 방법이 있다고 한다. 어떤 방법이 있는 것일까?

✔ 신축 건물을 분양받게 되면 환권을 받는 것이어서 양도 소득세가 나오지 않는다. 반면 현금 청산을 하게 되면 그 금액에 양도 소득세가 부과될 수 있다. 종전 자산 가격이 큰 물건을 가지고 있으면 신축 건물의 권리가액과 차액을 현금으로 받게 된다. 이렇게 차액을 현금으로 받는 경우에도 이 현금에 양도 소득세가 부과된다. 이런 저런 공제를 받아도 금액이 크면 양도 소득세가 꽤 나오게 된다.

✔ 종전 자산이 큰 토지 등 소유자는 최대한 분양을 많이 받아야 세금에 있어 유리하다. 신축 건물 중 하나를 선택하여 분양받고 여기에 더하여 60제곱미터 이하 주택을 하나 더 분양받을 수 있다. 이것을 분양받아야 양도 소득세가 더 적게 나온다.

종전 자산의 가액이 신축 건물의 분양 가격을 상회하는 경우, 종전 자산의 가격의 범위 또는 종전 주택의 주거 전용 면적의 범위에서 2주택을 공급할 수 있고, 이 중 1주택은 주거 전용 면적을 60제곱미터 이하로 한다. 다만, 60제곱미터 이하로 공급받은 1주택은 제86조 제2항에 따른 이전 고시일 다음날부터 3년이 지나기 전에는 주택을 전매(매매·증여나 그 밖에 권리의 변동을 수반하는 모든 행위를 포함하되 상속의 경우는 제외한다)하거나 이의 전매를 알선할 수 없다.

종전 자산 가액이 20억 원이고, 새로 짓는 아파트 125제곱미터가 14억 원, 105제곱미터가 12억 원, 85제곱미터가 10억 원, 60제곱미터가 7억 원일 때 아래의 세 가지는 선택이 가능하고 한 가지는 선택할 수 없다. 종전 자산 가액과 선택하는 평형별 아파트의 가액을 합쳐서 어느 쪽이 크냐에 따른다.

20억 < 14억(125제곱미터) + 7억(60제곱미터) : ✕
20억 > 12억(105제곱미터) + 7억(60제곱미터) : ◯
20억 > 10억(85제곱미터) + 7억(60제곱미터) : ◯
20억 > 7억(60제곱미터) + 7억(60제곱미터) : ◯

✔ 여기서 끝이 아니다. 하나 더. 주택을 분양받고도 종전 자산 가격이 남는다면, 마지막으로 상가의 분양을 신청할 수 있다. 후순위지만 상가 공급 물량이 상가 신청자보다 많은 경우도 꽤 있어서 추가 분양받는 것이 불가능하지만은 않다.

서울시의 경우 제1 순위부터 제6 순위까지 순위를 정해 부대 복리 시설을 분양하고 있는데 주택 아닌 건물의 소유자를 일반 주택 소유자보다 선순위로 하여 분양받을 수 있도록 하고 있다.

종전 자산의 용도와 분양받는 물건의 용도가 다르면서 권리가액이 충분한 사람은 주택 분양을 받았어도 추가로 상가를 분양받을 수 있다. 주택을 분양받지 않은 사람이나, 용도가 같은 사람 즉 원래부터 상가같은 것을 가지고 있던 사람보다는 후순위지만 분양받을 자격이 있다. 이를 이용하여 상가를 추가로 분양받는 것이 좋다. 상가를 하나 분양받게 되면 적어도 그 금액에 해당하는 양도 소득세는 절감할 수 있다.

재개발 CASE 10

재개발 상가의 분양권

재개발 구역 내에서 상가 건물을 가지고 있는 갑은 비슷한 건물을 분양받아 세를 받아 생활하려고 한다. 그런데 아파트가 신축되면 상가의 인기가 별로 없다고 판단한 조합은 상가를 최소한만 짓겠다고 하면서 사업 계획을 만들었고 주택 소유자들인 대다수 조합원들의 압도적 지지하에 총회에서 의결 통과되었다. 인가된 사업 시행 계획에 따르면 4층짜리 부대 복리 시설(신축 건물의 상가)이 전부이고 갑의 건물보다 약간 큰 정도밖에 되지 않아 상가 소유자들 모두가 분양 신청하면 분양받을 면적이 부족할 것이 예상되었다. 그래서 상가 건물 소유자들에게 부대 복리 시설 대신 아파트를 분양해주겠다고 하는데, 갑은 세를 받아야 하기 때문에 부대 복리 시설을 분양받고 싶다. 어떻게 하면 좋을까?

✔ 정비 사업에서 주택 아닌 건물의 분양권은 다소 애매하게 처리된다. 법령의 규정이 명쾌하게 되어 있지 않아서 대략 적당히 처리하는 경우가 많다. 주택 아닌 건물을 그냥 상가라고 통칭하지만 상가만의 문제는 아니다. 건물 주인이 힘이 약하면 불이익을 당하기도 하고 힘이 강하면 법외의 이익을 얻기도 한다. 교회와 같은 종교 시설은 신축되는 종교 시설을 최우선적으로 분양받을 뿐 아니라 법외의 합의금(건축비 명목의 금액)을 받는 사례가 종종 있다. 반대로 본전도 못 찾고 손해를 보기도 한다. 상가 건물 가격은 주택의 가격과 달리 균질성이 낮고, 기존 상권, 신상권의 형성 가능성 등 상권이 얼마나 어떻게 될 것이냐에 달려 있어 편차가 크다. 여기에 더하여 분양권 자체도 애매하게 처리하고 있다. 상가 소유자들이 주택 소유자들과 갈등을 겪고 싸움꾼이 되는 배경에는 이러한 법률적 애매함도 한몫하는 것이다.

✔ 법령은 재개발 구역에서 주택 아닌 건물의 소유자에게는 분양권을 주지 않고 있다. 이는 명백한 재산권 침해이다. 위헌적 규정임에 틀림없다. 그럼에도 이것이 문제되지 않는 것은 조합이 적당한 물건들을 분양해주기 때문이다. 조합은 법령이 어떻게 되어 있든간에 상가 조합원들의 분양 신청을 받아 주택을 분양해주거나 신축 상가를 분양해준다.

✔ 법령이 정하고 있는 것은 분양권이 아니라 일반 분양을 전제로 한 우선 분양권이다. 도시정비법은 침묵하고 있고 이 규정이 있는 곳은 서울시 도시정비조례이다. 그 내용을 간추리면, 부대 복리

시설을 지으면 이를 분양해야 하는데, 상가 소유자에게 조합원 분양을 해주는 것이 아니라 일반인을 대상으로 한 분양을 하면서 우선적으로 분양해주겠다는 것이다. 그리고 그 우선권도 차등하여 준다. 그 우선권은 아래와 같다. 분양권이 아니라 우선권이므로 우선권에서 밀리면 분양받지 못할 수도 있다. 분양권이라면 반드시 분양해주어야 한다. 우선권과 분양권의 차이는 감출 수 있는 것이 아니다.

서울시 조례에 따른 순위를 표로 만들면 아래와 같다.

	용도 동일	사업자 등록	권리가액 최소가 이상	주택 분양
제1 순위	○	○	○	-
제2 순위	○	×	○	-
제3 순위	○	○	×	×
제4 순위	○	×	×	×
제5 순위	×	×	○	×
제6 순위	×	×	○	○

제1 순위 : 용도 동일, 사업자 등록, 권리가액 충분 : 종전 건축물의 용도가 분양 건축물 용도와 동일하거나 유사한 시설이며 사업자 등록(인가·허가 또는 신고 등을 포함한)을 필한 건축물의 소유자로서 권리가액(공동 주택을 분양받은 경우에는 그 분양 가격을 제외한 가액을 말한다)이 분양 건축물의 최소 분양 단위 규모 추산액 이상인 자

제2 순위 : 용도 동일, 사업자 등록 없음, 권리가액 충분 : 종전 건축물의 용도가 분양 건축물 용도와 동일하거나 유사한 시설인

건축물의 소유자로서 권리가액이 분양 건축물의 최소 분양 단위 규모 추산액 이상인 자

　제3 순위 : 용도 동일, 사업자 등록, 권리가액 부족, 주택 분양 없음 : 종전 건축물의 용도가 분양 건축물 용도와 동일하거나 유사한 시설이며 사업자 등록을 필한 건축물의 소유자로서 권리가액이 분양 건축물의 최소 분양 단위 규모 추산액에 미달되나 공동 주택을 분양받지 아니한 자

　제4 순위 : 용도 동일, 사업자 등록 없음, 권리가액 부족, 주택 분양 없음 : 종전 건축물의 용도가 분양 건축물 용도와 동일하거나 유사한 시설인 건축물의 소유자로서 권리가액이 분양 건축물의 최소 분양 단위 규모 추산액에 미달되나 공동 주택을 분양받지 아니한 자

　제5 순위 : 용도 다름, 권리가액 충분, 주택 분양 없음 : 공동 주택을 분양받지 아니한 자로서 권리가액이 분양 건축물의 최소 분양 단위 규모 추산액 이상인 자

　제6 순위 : 용도 다름, 권리가액 충분, 주택 분양 : 공동 주택을 분양받은 자로서 권리가액이 분양 건축물의 최소 분양 단위 규모 추산액 이상인 자

✔ 상가 소유자들의 분양권이 우선 분양권이 아니라 분양권이라면 분양권을 침해하는 사업 시행 계획에 대하여 취소 소송을 제기할 수 있다. 상가 건물을 과소하게 지어서 분양받기 어렵게 한 사업

시행 계획은 구조적으로 분양권 침해가 예정되어 있는 것이어서 위법하다는 내용이다. 분양권이 아니라 우선권에 불과하다면 사업 시행 계획에 대한 취소 소송을 제기해도 패소할 것이다.

✔ 위의 우선권은 어디까지나 법령이고, 실무는 다르다. 조합은 법령과 달리 상가 소유자들의 분양 신청에 따라 적당히 조율하여 신축 상가를 배분하고 그 내용을 관리 처분 계획에 반영하여 조합원 분양으로 처리한다. 문제는 법령에 근거하여 처리되지 않았기 때문에 잘못 처리되었을 때 법령에 따른 권리를 주장하기 어렵게 된다.

✔ 우선권의 기준인 용도가 동일하거나 비슷한 경우는 굉장히 애매하다. 그리고 법령상 기준을 적용할 수도 없다. 목욕탕 건물의 주인은 신축되는 부대 복리 시설(단지 내 상가)과 용도가 동일하거나 비슷한가 아닌가? 주유소 주인은 신축되는 부대 복리 시설과 용도가 동일하거나 비슷한가 아닌가? 수영장 주인이 신축 부대 복리 시설을 분양받아 태권도 도장을 운영하겠다고 하면 같은 체육 시설로서 용도가 동일하거나 비슷한가? 건축법상 용도를 기준으로 동일하거나 비슷한 용도를 정할 것인가? 아니면 다른 기준을 적용할 것인가? 이런 점도 불분명하다. 사업자 등록이나 권리가액 같은 것은 기준이 분명한 편이나 용도의 동일 유사는 서로 통용되는 기준이 불분명하여 실제에 적용하기 어렵다.

✔ 사업자 등록을 일종의 주민 등록이 되어 있는 경우라고 보고 사업자 등록이 되어 있는 경우 - 즉 직접 상가를 경영하는 경우 - 를 우선시하는 것을 알 수 있다. 주민 등록이 되어 있는 소유자에

게 우선권을 주지 않는데 사업자 등록이 되어 있다고 해서 우선권을 주는 것도 이상하다.

✔ 사례의 경우 사업 시행 인가 취소 소송을 제기하는 수밖에 없다. 이의 시기를 놓쳤다면 최소한의 보호책이라도 마련해야 한다. 갑은 관리 처분 계획 인가일 이전에 (이것은 법령상 기준일이고 실은 관리 처분 계획 작성 이전이어야 실효성이 있을 것이다) 사업자 등록을 하는 것이 좋다. 관리 처분 계획이 인가되면 사용 수익권이 소멸하여 임차인들이 퇴거해야 한다. 어차피 임차인들이 퇴거해야 하므로 미리 한 집 정도는 퇴거케 해서 그곳에 사업자 등록을 내는 것이다. 관리 처분 계획 인가일을 기준으로 사업자 등록이 되어 있느냐 아니냐로 우선권의 순위가 달라지므로 서둘러 사업자 등록을 할 필요가 있다.

✔ 용도의 동일 유사 여부도 만들 수 있다. 신축 아파트에서 흔히 볼 수 있는 용도는 학원, 세탁소, 잡화 상점, 제과점, 음식점, 커피숍 등이다. 이와 유사한 것으로 사업자 등록증을 내면 된다.

✔ 대개는 용도를 동일 유사하게 만든다거나 사업자 등록을 한다거나 하는 노력이 결정적으로 유용하다고까지는 말할 수 없다. 조합이 적당하게 분양하기 때문이다. 조합이 적당하게 분양할 때에도 아주 얼토당토 않게 하는 것은 아니고 위의 우선권을 참작하되 스스로 세운 관리 처분 계획 기준에 따라 분양한다. 아주 예외적으로 우선권이 침해되어 소송을 해야 하는 상황이 발생한다. 그때를 대비하는 것이다.

재건축 CASE 11

토지 지분이 없는 건물의 소유자 - 1

갑은 1970년대 말에 지어진 오래된 아파트를 1980년대 초반에 사서 40년 가까이 소유하면서 살고 있다. 오래된 아파트라 재건축을 하게 되었는데, 조합이 설립될 때 당연히 조합원이 되어 분양을 받을 줄 알았는데, 토지 지분이 없어서 분양받을 수도 없고 조합원이 될 수도 없다고 한다. 토지 지분이 없을 리가 없는데 이상하다고 생각하면서 등기부를 떼어보려고 하니 토지 등기가 복잡하게 되어 있어 도무지 알아 먹을 수 없었다. 법무사에게 부탁하여 토지 등기부를 떼어보니 토지 지분이 없다고 한다. 오래된 매매 계약서를 찾아보니 다행히 계약서가 있었는데 계약서에는 분명 토지 지분이 표시되어 있었다. 갑은 조합원이 될 수 있을까? 갑은 분양받을 수 있을까?

✔ 1970년대 말 1980년대 초반에 건축된 아파트 중에는 건물만 집합 건물로 등기되어 있고 그 대지는 별도 등기가 되어 있는 경우가 있다. 집합 건물 등기가 되어 있는 경우 건물 등기만 이전하면 토지는 자동으로 이전된다. 건물과 토지의 등기가 일체화되어 있기 때문이다. 그런데 모든 집합 건물 등기가 그러한 것은 아니다. 가끔 건물과 토지 등기가 일체화되어 있지 않아 건물 등기도 토지 등기도 각각 이전해야 하는 경우가 있다. 그럼에도 이를 간과하고 건물만 이전 등기를 하는 경우가 종종 있다. 이런 실수가 거듭되면 건물에 대한 소유권만 있고 토지 소유권은 없는 상태가 되어버린다. 도시정비법은 재건축 사업에 있어 토지 소유권만 있거나 건물 소유권만 있으면 조합원 자격도 분양권도 주지 않고 매도 청구 대상으로 삼아 버린다.

✔ 갑은 원칙적으로 조합원 자격도 분양권도 없다. 사업 시행 인가가 나면 매도 청구를 당할 것이다. 그러나 이번에도 포기하기에는 이르다. 갑의 매매 계약서에 의하면 토지 소유권도 이전받기로 하였으므로 자신의 지분에 해당하는 토지 지분을 찾아 그 지분에 대해 매매에 기한 소유권 이전 등기를 구하는 것이다. 매도인이 현재의 토지 소유자가 아니라면 현재의 토지 소유자부터 매도인 사이의 연결고리를 추적하여 각 단계를 모두 이어 이전 등기를 받는 것이다. 이것이 어렵다면 취득 시효에 기한 이전 등기를 구하는 것도 한 방법이다. 소송은 어렵다. 백 퍼센트 이겨서 토지 소유권을 취득한다는 보장은 없다. 그러나 불가능하지 않다. 분양권을 받지

못하면 반쪽짜리 권리가 된다.

✔ 마지막 최후의 방법도 있다. 분양권 확인을 구하는 소송을 하면서 건물만 소유한 사람, 토지만 소유한 사람에게 분양권을 주지 않는 법 규정에 대해 위헌 법률 심판 제청을 하는 방법이다. 이 규정은 다분히 위헌적이다. 구분 소유권을 소유한 것은 같은데 토지 소유권이 없다고 해서 분양권을 주지 않는 것은 불합리한 차별이다. 위헌 결정이 나온다면 분양권을 받을 수 있다. 다만, 위헌 심판에 의해 위헌의 판정을 받는 사례는 5%를 넘지 않고 그 비율이 오히려 줄어들고 있다는 점을 감안해야 한다.

12 재건축 CASE

토지 지분이 없는
건물의 소유자 - 2

갑의 집은 작은 단독 주택이고 갑의 집과 주변의 허름한 집 몇 채가 풍년 아파트 경계에서 위치해 있었다. 마침 풍년 아파트가 재건축을 준비하고 있어, 갑을 비롯한 단독 주택 소유자들도 함께 재건축을 할 수 있게 해달라고 구청에 청원을 넣었고 풍년 아파트도 반대할 이유가 없어서 하나의 구역으로 재건축 구역이 지정되었다. 그런데 아파트 소유자 중 일부가 토지 지분이 없어서 분양권을 잃게 되었다는 소식을 듣고 갑도 자기 집의 등기부를 떼어보니 토지 소유권이 없었다. 이상해서 매매 계약서를 찾아보니 땅은 150-4번지이고 건물은 150-5번지로 서로 어긋나 있었던 것이지 토지 소유권이 없었던 것은 아니었다. 옆집 등기를 떼어보니 옆집도 비슷한 처지였다. 그 동네 단독 주택들이 어쩐 일인지 전부 한 지번씩 밀려서 등기가 되었는데, 별 문제 없이 살고 있었던 것이다. 갑은 분양권이 있는 걸까?

✔ 재개발 사업의 경우에는 토지만 소유하고 있든, 건물만 소유하고 있든 조합원 자격을 준다. 재건축은 다르다. 재건축은 건물만 소유하고 있거나 토지만 소유하고 있으면 조합원 자격을 주지 않는다. 왜인지는 알 수 없다. 과거에 그랬기 때문에 그러할 뿐이다. 재건축의 경우 건물과 그 부속 토지의 소유자에게만 조합원 자격을 준다.

✔ 아파트 단지 바깥에 위치해 있더라도 건물과 그 부속 토지의 소유권을 모두 가지고 있어야 한다. 동의권은 건물만 소유한 사람, 토지만 소유한 사람도 가지고 있으나 조합원 자격이나 분양권을 가지고 있지 않다. 동의권이 있으나 조합원 자격이 없다는 것은 이해하기 어렵다. 정관으로 조합원 자격을 부여해 보는 것도 한 방법이다. 동의권이 있다면 조합원 자격도 분양권도 있어야 한다. 이 모순은 언젠가 해결해야 할 과제이다.

✔ 단독 주택 재건축 구역의 경우에는 단독 주택이라고 하더라도 건물과 그 부속 토지의 소유자에게만 조합원 자격을 주기 때문에 토지 소유권을 가지고 있더라도 건물의 부속 토지가 아니면 소용없다. 단독 주택 재건축은 법 개정으로 더 이상 지정되지 않지만 과거에 지정한 것에 대하여는 소급효가 미치지 않기 때문에 과거에 단독 주택 재건축 구역으로 지정된 곳에서는 재건축이 지금도 진행되고 있다.

✔ 사례의 경우는 그대로 있으면 조합원 자격을 얻지 못한다. 토지 지분을 얻어야 조합원 자격이 있다. 공동 주택과 함께 사업하는

단독 주택의 경우라도 건물만 소유하고 있거나 토지만 소유하고 있으면 조합원 자격을 주지 않기 때문이다.

✔ 사례의 경우 사업 시행 인가 전까지 부속 토지의 소유권을 취득하면 조합원 자격이 생길 수 있다. 인근 단독 주택 소유자들이 모여서 어긋난 토지 소유를 바로잡기로 하는 대지의 소유권 교환을 하면 된다.

✔ 서로 소유권을 바로 잡는 일이 원활하지 않다면, 취득 시효를 원인으로 한 이전 등기 청구 소송을 해야 한다. 이것은 아파트 소유자가 대지 지분을 가지지 못하였을 경우 하는 소송과 유사하지만 난이도는 낮다. 상대적으로 더 쉽다. 점유 관계가 분명하고 착오에 의한 등기임이 분명하기 때문이다. 그러나 너무 만만하게 보아서는 안 된다. 소송에는 변수가 있다. 의외의 내용이 있을 수 있다. 그리고 소송의 기간도 문제이다. 민사 소송은 대개 1년 이상 걸린다. 3심까지 생각하면 더 많은 시간이 걸린다. 사업 시행 인가일 이전까지 대지 소유권을 찾아오지 못할 수도 있다. 그러니 서둘러야 한다.

재건축 CASE 13

다물권자의 분양권 숫자

부동산 임대업을 하는 갑은 양평에 있는 한 아파트 단지에 아파트 열 채를 사서 소유하고 있다. 그러던 중 양평에 있는 아파트가 재건축 구역으로 지정되었다. 안양에 사는 임대업하는 지인이 자신이 경험한 일이라고 하면서 아파트를 신축하면 어차피 한 채밖에 받지 못하니 나머지는 빨리 팔라고 한다. 갑은 신축 아파트 한 채만 분양받게 될까?

✔ 재건축은 재개발과 달리 토지 등 소유자가 소유한 주택의 수만큼 분양받을 수 있다. 재개발은 종전 자산 가액이 클 경우 전용 면적 60제곱미터 미만의 것을 하나 더 분양받는 것이 최대일 뿐 소유한 주택의 수만큼 분양받지는 못한다.

✔ 투기 과열 지구나 조정 대상 지역으로 지정된 이후 사업 시행 인가를 신청하게 되면 그 재건축 구역의 다물권자에게는 하나의 분양권만 준다. 다만, 종전 자산 가액이 다액이면 그 범위 내에서 전용 면적 60제곱미터 이하 물건을 하나 더 받을 수 있다.

✔ 투기 과열 지구나 조정 대상 지역으로 지정된 이후 사업 시행 인가를 신청한 사업장이 아니라면 과밀 억제 권역인지 아닌지가 중요하다. 과밀 억제 권역에 위치한 재건축 구역에서는 3개까지 분양권을 준다.

✔ 투기 과열 지구나 조정 대상 지역으로 지정된 이후 사업 시행 인가를 신청한 사업장도 아니고 과밀 억제 권역에 위치한 사업장도 아니라면 소유권의 수대로 분양권을 받게 된다.

✔ 과밀 억제 권역인지 투기 과열 지구로 지정되었는지 조정 대상 지역으로 지정되었는지는 시기별로 다르므로 거래할 때마다 항상 확인해야 한다.

✔ 이 사례의 경우 양평은 과밀 억제 권역에 속하지 않는다. 투기 과열 지구로 지정되거나 조정 대상 지역으로 지정되지도 않았으므로 주택의 수만큼 분양받을 수 있다. 갑은 양평에 5채의 아파트를 소유하고 있으므로 5개의 분양권을 갖게 된다.

재건축 CASE 14
재건축 상가의 분양권

갑은 아파트 상가 지하층을 소유하고 있었는데, 면적이 상당히 컸다. 그래서 감정 평가를 하자 40억 원이 넘는 금액이 나왔다. 재건축을 하게 되자 새로 짓는 상가는 작게 구획되어 있어 가장 큰 상가를 분양받더라도 12억 원짜리밖에 안되어 28억 원의 권리가액이 남는다. 조합은 나중에 현금으로 주겠다고 하는데, 다른 방법은 없을까?

✔ 재개발이든 재건축이든 자신의 종전 자산을 출자하고 새 물건을 분배받게 되면 그 과정에서 양도 소득세가 부과되지 않는다. 환권의 경우에는 비과세 규정이 있다. 그런데 종전 자산 가액이 커서 새 물건과의 차액을 현금으로 받게 되면 양도 소득세가 부과된다.

✔ 부대 복리 시설을 소유한 사람에게는 부대 복리 시설을 분양한다. 단지 내 상가를 소유하고 있었던 사람에게는 단지 내 상가를 지어 분양한다. 그러나 상가를 분양받았다고 해서 아파트를 분양받지 못하는 것은 아니다. 상가 대신 아파트를 분양받는 경우도 있고, 상가를 분양받고 추가로 아파트를 분양받는 경우도 있다. 상가를 아예 짓지 않아서 아파트를 분양해주는 경우도 있고 상가를 지었는데 상가가 너무 커서 기존 상가가 작은 사람을 배려하기 위해 아파트를 분양해주는 경우도 있다. 경우에 따라 조금씩 다르다.

✔ 아예 상가를 짓지 않는 경우는 상가 대신 아파트를 분양받을 수밖에 없다. 이 때 기존 상가의 가격과 기존 주택의 가격을 감정 평가한 금액 그대로 적용하게 되면 어느 한쪽이 불리해질 수 있다. 그래서 정관의 규정으로 배율을 달리 정할 수 있다. 예를 들어 상가 한 호의 가격이 2억 원이고 같은 규모의 아파트는 3억 원으로 감정 평가되었더라도 양자의 특수성을 고려하여 2억 원짜리를 1.2배로 계산한다든지, 1.5배로 계산한다든지 하는 식이다. 1.2배로 할지, 1.5배로 할지, 1.0 또는 0.9로 할지 등은 정관으로 정할 수 있다는 것이다. 상가의 종전 가격에 1.5를 곱하여 계산하기로 정관으로 정하였을 경우 2억 원짜리 상가도 3억 원짜리로 간주되어 5억 원

짜리 아파트를 분양받으면 2억 원만 추가로 납부하면 된다.

✔ 상가(부대 복리 시설)를 짓는 경우에는 먼저 상가를 하나 분양받고 여기에 더하여 아파트를 추가로 분양받을 수도 있다. 이 때 기존 부대 복리 시설의 가액에서 새로이 공급받는 부대 복리 시설의 추산액을 뺀 금액이 분양 주택 중 최소 분양 단위 규모의 추산액에 정관 등으로 정하는 비율을 곱한 가액보다 큰 경우에 아파트를 하나 더 분양받을 수 있다. 이 경우에는 부대 복리 시설을 분양받고 주택을 하나 더 분양받는 것이므로 분양권의 숫자가 늘어난다.

✔ 사례의 경우 아파트 26평형은 9억 원, 34평형은 12억 원, 40평형은 16억 원 3종류를 지어 분양하고 상가 종전 자산 평가 비율을 정관에서 1.5로 정하고 있다면, 구상가 종전 자산 가액 40억 원으로 12억 원짜리를 분양받고 나면 28억 원이 남고, 28억 원에 1.5를 곱한 것이 아파트 최소 분양 단위 가격인 9억 원보다 크므로 어느 것이든 하나 더 아파트를 분양받을 수 있다.

✔ 상가를 짓는데도 상가 대신 아파트를 분양받는 경우가 있다. 새로 상가를 지으면서 규모를 크게 하는 바람에 신축 상가의 가격이 비싼 경우이다. 무엇보다 비싸냐가 중요한데, 아파트 가장 작은 것보다 비쌀 때이다. 구상가 지분의 종전 가격이 3억 원으로 평가되었는데, 신상가 중 소유자가 분양받을 수 있는 것의 가액이 10억 원이 넘는다면 구상가 지분을 가진 사람이 신상가를 분양받을 때 차액이 너무 커서 분양받기 어려워진다. 이런 어려움을 조금이나마 덜어주기 위해 아파트를 분양받을 수 있는 예외 규정을 두고 있다.

분양받게 되는 신상가의 가격이 10억 원인 반면 아파트 최소 가격이 6억 원이라면 즉 상가보다 아파트 예정 가격이 더 낮은 경우 상가 대신 아파트를 분양받을 수 있게 해준다.

재개발 CASE 15

재개발 조합 설립 인가와 소유 물건 매각

갑은 재개발 구역 내에 주택을 두 채 가지고 있었다. 갑은 어머님을 가까운 곳에서 모시기 위해 같은 구역 내에 주택을 하나 더 사서 어머님을 모셨던 것이다. 그러나 자금 사정이 나빠져서 부득이 하나를 팔아야 한다. 그런데 지금 팔게 되면 재개발 조합이 설립되어 인가까지 받은 이후라 분양권이 줄어들 수 있다고 한다. 어떻게 줄어들까?

✔ 과거의 경우를 먼저 설명해본다. 조합원 자격은 소유권에서 출발하고, 소유권을 양도하면 조합원 자격을 잃는다. 조합원 자격을 잃으면 분양권도 소멸한다. 소유권이 2개 이상이어서 하나는 팔고 하나는 팔지 않으면 매도인에게는 팔지 않은 소유권이 하나 남아 있고, 매수인에게는 매수한 소유권이 있어, 양쪽이 각각 소유자가 된다. 양쪽 모두 소유권이 있으므로, 조합원 자격과 분양권을 각각 가지게 된다.

위와 같던 것을 법을 개정하여 조합 설립 인가일 이후에는 다물권자가 소유 물건을 양도하여도 양도인과 양수인이 함께 조합원 자격과 분양권을 가지도록 하고 있다. 양도에도 불구하고 양수인은 완전한 조합원 자격과 분양권을 가지지 못하는 것이다. 일물권자는 다르다. 양도 이후 양도인은 소유권을 갖지 못하게 되어 조합원 자격을 잃게 된다. 양수인만이 소유권을 가지게 되므로 양수인만이 조합원 자격, 분양권을 갖는다.

다물권자가 양도할 경우에만 양도인과 양수인이 함께 조합원 자격과 분양권을 갖게 되는 것이다. 과거에는 다물권자가 조합 설립 인가일 이후 자신의 소유 물건을 양도하면 조합원 숫자도 늘어나고 분양권자도 늘어나는 현상이 있었는데 이를 막은 것이다.

(※참고 : 판례 중에는 조합원 자격만 양도인과 양수인이 함께 가질 뿐 분양권은 소유 물건별로 가질 수 있다는 것이 있다. 이 판례대로 한다면 아

래의 설명과는 달리 분양권은 양도인, 양수인이 각각 하나씩 가지게 된다. 일단 다물권자인 조합원이 일부를 매각한 경우 조합원 자격과 분양권이 같은 운명에 처한다는 입장에서 설명하도록 한다.)

✔ 조합 설립 인가일 이후 양도라 하더라도 투기 과열 지구로 지정되었거나 조정 대상 지역으로 지정된 경우는 또 다르다. 조합원 지위나 분양권은 더 축소된다. 자세한 것은 다른 사례에서 살펴보기로 한다.

✔ 한 가지 유의할 것은 양도에 의해 분양권이 축소된다는 점을 설명하기 위해 편의상 분양권 숫자가 상황에 따라 변동되지 않는 것으로 하였다. 1분양권 외에 1+1분양권을 갖는 경우도 있기 때문이다. 1분양권이냐 1+1분양권이냐를 구분하면 설명이 복잡해져 단순화를 위해 1+1분양권의 특별한 상황은 배제하였다. 1+1분양권의 경우는 관리 처분 계획을 수립하는 과정에서 확정되는 것인데, 종전 자산의 가액이 "원하는 물건의 분양 가액 + 60제곱미터 이하 물건 가액"보다 클 경우 하나 더 분양받을 수 있게 되는 것을 말한다. 이런 경우라도 1분양권의 경우와 그 원리는 같다.

✔ 양도란 매매, 교환, 증여 등 당사자의 의사에 기한 권리 변동을 말한다. 상속과 같이 당사자의 의사에 의해 권리가 변동하는 것이 아니라 죽음이라는 사건에 의해 권리가 변동하는 것은 포함되지 않는다. 투기 과열 지구에서의 양도는 이와 조금 다르다. 법이 투기 과열 지구에서의 양도의 개념을 수정하여 이혼과 상속으로

인한 양도를 제외한 일체의 권리 변동을 야기시키는 행위를 포함시키고 있기 때문이다.

✔ 양도의 시점은 등기 시점으로 보는 것이 일반적이다. 그로 인해 불합리한 경우도 발생한다. 양도 계약을 체결한 시점과 등기 시점 사이에는 시간적 간격이 있기 마련이고, 그 사이에 조합이 설립되면 낭패가 된다. 이로 인한 불합리를 해소할 수 있는 방법이 있어야 하는데 법에는 딱히 그 방법이 정해져 있지 않다.

✔ 조합 설립 인가일 이후에 양도하더라도 어쩔 수 없는 사유가 있는 경우의 예외가 있을 수 있다. 법에서 규정하고 있는 것은 없지만 해석상 가능하지 않을까 싶다. 이 부분은 필자의 사견이다.

법은 공공 기관으로부터 양수하는 경우의 예외를 제외하고는 예외를 규정하고 있지 않다. 그러나 투기 과열 지구 지정일 이후 양도한 경우에는 더 많은 예외를 규정하고 있다. 그 예외가 인정된다면 이 경우에도 더 많은 예외가 인정되어야 할 것이다.

아래 경우는 투기 과열 지구에서 조합 설립 인가일 또는 관리 처분 계획 인가일 이후에 양도하였어도 양수인에게 조합원 지위와 분양권을 인정하는 예외이다. 투기 과열 지구에서 이러한 것이 인정된다면 투기 과열 지구로 지정되지 않은 지역에서의 양도 양수에는 더더욱 이 예외가 적용되어야 할 것이다. 다만, 확립된 판례가 아님에 유의해야 한다.

- 세대원의 근무상 또는 생업상의 사정이나 질병 치료·취학·결

혼으로 세대원이 모두 해당 사업 구역에 위치하지 아니한 특별시·광역시·특별자치시·특별자치도·시 또는 군으로 이전하는 경우
- 상속으로 취득한 주택으로 세대원 모두 이전하는 경우
- 세대원 모두 해외로 이주하거나 세대원 모두 2년 이상 해외에 체류하려는 경우
- 1세대 1주택자로서 양도하는 주택에 대한 소유 기간이 10년 및 거주 기간이 5년 이상인 경우
- 조합 설립 인가일부터 3년 이상 사업 시행 인가 신청이 없는 재건축 사업의 건축물을 3년 이상 계속하여 소유하고 있는 자가 사업 시행 인가 신청 전에 양도하는 경우
- 사업 시행 계획 인가일부터 3년 이내에 착공하지 못한 재건축 사업의 토지 또는 건축물을 3년 이상 계속하여 소유하고 있는 자가 착공 전에 양도하는 경우
- 착공일부터 3년 이상 준공되지 않은 재개발 사업·재건축 사업의 토지를 3년 이상 계속하여 소유하고 있는 경우
- 토지 등 소유자로부터 상속·이혼으로 인하여 토지 또는 건축물을 소유한 자
- 국가·지방 자치 단체 및 금융 기관에 대한 채무를 이행하지 못하여 재개발 사업·재건축 사업의 토지 또는 건축물이 경매 또는 공매되는 경우
- 투기 과열 지구로 지정되기 전에 건축물 또는 토지를 양도하

기 위한 계약을 체결하고, 투기 과열 지구로 지정된 날부터 60일 이내에 「부동산 거래신고 등에 관한 법률」 제3조에 따라 부동산 거래의 신고를 한 경우

✔ 사례의 경우, 두 번째 집을 매수한 양수인이 완전한 분양권을 얻지 못한다. 아마도 매수하지 않을 것이다. 두 집의 가액이 충분하다면 1+1분양권을 노려보는 것이 좋을 것이다. 전매가 제한되는 소형 국민 주택 규모 분양권을 하나 더 얻을 수도 있다.

재건축 CASE 16

재건축 조합 설립 인가와
소유 물건 매각

갑은 재건축 구역에 아파트를 가지고 있었다. 갑은 어머님을 가까운 곳에서 모시기 위해 같은 단지 내에 아파트를 하나 더 사서 어머님을 모셨다. 그러나 자금 사정이 나빠져서 부득이 하나를 팔아야 한다. 그런데 지금 팔게 되면 재건축 조합이 설립되어 인가까지 받은 이후라 분양권이 줄어들 수 있다고 한다. 어떻게 줄어들까?

✔ 재건축 사업의 경우 조합 설립 인가일 이후 양도의 기본 원리는 재개발과 유사하다. 기본 원리는 앞 사례를 참고하면 된다. 그러나 한 가지 중요한 차이가 있다. 재개발의 경우에는 다물권자라고 하더라도 하나의 분양권만 주지만, 재건축의 경우 다물권자에게 물건의 수대로 분양권을 주거나 최대 3개의 분양권을 준다는 점이다. 과밀 억제 구역에 있을 경우에는 물건의 수만큼 분양권을 주지는 않고 3개까지만 주며, 과밀 억제 권역에 있지 않으면 물건의 수대로 준다. 이 점이 재개발과 다르다. 분양권이 있는 한, 조합 설립 인가일 이후 양수하였더라도 크게 불만은 없다. 조합원으로서 의결권이 줄어들기는 하나 분양권이 있기 때문이다. 다만, 아래에서 보는 과밀 억제 권역의 특수한 경우에는 분양권이 줄어든다. 아주 예외적인 경우이며 잘 발생하지 않는다.

✔ 재개발과 어떻게 달라지는지 아래 표를 보면 알 수 있다.

물건 수		양도 전	양도 후		
			양도인	양수인	전체 합계
1 물권자	조합원 지위	1	0	1	1
	분양권	1	0	1	1
2 물권자 /인가 후 매도	조합원 지위	1	1/N	1/N	1
	분양권	2(☆)	2/N(☆)	2/N(☆)	2
2 물권자 /인가 전 매도	조합원 지위	1	1	1	2
	분양권	2(☆)	1	1	2

위 표에서 (☆) 표시가 있는 부분이 재개발과 다른 부분이다.

✔ 조합 설립 인가일 이후 양도라 하더라도 투기 과열 지구로 지정되었거나 조정 대상 지역으로 지정된 경우는 또 다르다. 조합원 지위나 분양권은 더 축소된다. 자세한 것은 다른 사례에서 살펴보기로 한다.

✔ 과밀 억제 권역에 있는 경우는 좀 복잡하다. 양도인이 가지고 있는 물건이 3개 이하인 경우에는 별 문제가 없다. 그러나 3개를 초과할 경우 좀 복잡한 문제가 생긴다.

물건 수		양도 전	양도 후					
			양도인	양수인				전체 합계
2 물권자 /인가 후 매도	조합원 지위	1	0.5	0.5				1
	분양권	2(☆)	2/N	2/N				2
3 물권자 /인가 후 매도	조합원 지위	1	1/N	1/N		1/N		1
	분양권	3(☆)	3/N	3/N		3/N		3
4 물권자 /인가 후 매도	조합원 지위	1	1/N	1/N	1/N	1/N		1
	분양권	3(☆)	3/N	3/N	3/N	3/N		3

다물권자의 물건이 4개 이상인 조합원이 자신의 것을 하나만 남겨놓고 모두 양도하게 되면 어떻게 될까? 조합원의 자격은 양수인이 몇 사람이든 1개의 조합원 자격이 있다. 문제는 분양권이다. 양도인, 양수인 합쳐서 3명 미만일 때는 분양권을 배분하는 것이 가능하다. 양도인, 양수인 합쳐서 4명이 되면 곤란한 문제가 발생한다. 과밀 억제 권역의 분양권은 최대 3개이므로 4명이 3개의 분양권을 나눠 가져야 한다.

물건이 4개임에도 분양권은 3개이고 나누어 가질 사람이 4명이므로 각 분양권마다 4명이 각각의 지분에 해당하는 분양권을 갖게 된다고 할지 즉 분양권을 (3개×1/4)만 갖는다고 할지, 양도인이 팔지 않은 물건으로 분양권 하나를 가지고, 첫 번째 양수인, 두 번째 양수인에게 하나의 분양권을 주고, 세 번째 양수인에게는 분양권을 주지 않을지 둘 중 하나일 것이다. 별도의 내부 약정이 없으면 처리하기 어렵다.

3개의 분양권에 대해 4명이 각각 4분의 1씩 지분을 갖는다고 하면 일견 공평해 보이나 양수인은 완전한 분양권을 얻기 위해 양도인 물건을 매수한 것이지 4분의 3의 분양권을 얻기 위해 매수한 것이 아닐 테니 양도인과 양수인 사이의 의사에 반할 수 있다. 게다가 이런 일이 처음에는 발생하지 않다가 세 번째 양수인이 나타나야 비로소 발생한다. 양도인의 행위에 의해 사후적으로 분양권에 대한 권리가 감소하는 불합리가 발생한다. 법원의 판례를 기다려 봐야 할 사안이다. 다소 문제는 있지만 공동으로 조합원 자격을 갖는다는 점에 비추어 각 분양권마다 4분의 1씩 갖는다고 해석할 수밖에 없다. 어느 쪽도 좋은 방안은 아닌데 어느 하나를 선택해야 한다.

✔ 조합 설립 인가일 이후에 매각하더라도 어쩔 수 없는 사유가 있는 경우의 예외가 있을 수 있다. 법은 예외를 공공 기관으로부터 매수한 경우에 한정하고 있고 그 외 사유는 규정하고 있지 않다. 그러나 투기 과열 지구 지정일 이후 양도한 경우에는 예외를 규정

하고 있고, 그 예외가 인정된다면 이 경우에도 인정되어야 할 것이다. 아래 경우는 투기 과열 지구에서 양도하였어도 양수인에게 조합원 지위와 분양권을 인정하는 예외이다. 투기 과열 지구에서 이러한 것이 인정된다면 투기 과열 지구로 지정되지 않은 지역에서의 양도 양수에는 더욱 이 예외가 적용되어야 할 것이다. 다만, 저자의 해석이자 의견이지 확립된 판례가 아님에 유의해야 한다.

- 세대원의 근무상 또는 생업상의 사정이나 질병 치료·취학·결혼으로 세대원이 모두 해당 사업 구역에 위치하지 아니한 특별시·광역시·특별자치시·특별자치도·시 또는 군으로 이전하는 경우
- 상속으로 취득한 주택으로 세대원 모두 이전하는 경우
- 세대원 모두 해외로 이주하거나 세대원 모두 2년 이상 해외에 체류하려는 경우
- 1세대 1주택자로서 양도하는 주택에 대한 소유 기간이 10년 및 거주 기간이 5년 이상인 경우
- 조합 설립 인가일부터 3년 이상 사업 시행 인가 신청이 없는 재건축 사업의 건축물을 3년 이상 계속하여 소유하고 있는 자가 사업 시행 인가 신청 전에 양도하는 경우
- 사업 시행 계획 인가일부터 3년 이내에 착공하지 못한 재건축 사업의 토지 또는 건축물을 3년 이상 계속하여 소유하고 있는 자가 착공 전에 양도하는 경우

- 착공일부터 3년 이상 준공되지 않은 재개발 사업·재건축 사업의 토지를 3년 이상 계속하여 소유하고 있는 경우
- 토지 등 소유자로부터 상속·이혼으로 인하여 토지 또는 건축물을 소유한 자
- 국가·지방 자치 단체 및 금융 기관에 대한 채무를 이행하지 못하여 재개발 사업·재건축 사업의 토지 또는 건축물이 경매 또는 공매되는 경우
- 투기 과열 지구로 지정되기 전에 건축물 또는 토지를 양도하기 위한 계약을 체결하고, 투기 과열 지구로 지정된 날부터 60일 이내에 「부동산 거래신고 등에 관한 법률」 제3조에 따라 부동산 거래의 신고를 한 경우

✔ 판례 중에는 조합원 자격만 양도인과 양수인이 함께 가질 뿐 분양권은 소유 물건별로 가질 수 있다는 것이 있다. 이 판례대로 한다면 위의 설명과는 달리 분양권은 양도인, 양수인이 각각 하나씩 가지게 된다. 반대의 판례도 있으니 유의해야 한다.

✔ 사례의 경우, 두 번째 집을 매수한 양수인도 분양권을 얻는다. 조합원 자격은 공유하겠지만 분양권이 목적이니 상관없을 것이다. 조합원 자격에 대해 미리 양해를 얻어놓으면 충분하고, 경우에 따라서는 양수인을 대표 조합원으로 지정하고 자신이 의결권을 행사하지 않으면 된다. 집을 파는 데 지장이 없을 것이다.

재개발 재건축 CASE 17

투기 과열 지구와
소유 물건 매각

갑은 풍년 아파트가 직장에서 가깝고 재건축을 하면 가격도 오를 거라고 생각해서 풍년 아파트를 사려고 한다. 그래서 평소 잘 알고 지내는 중개사 병에게 매물이 나오면 연락을 달라고 하였다. 한편 을은 해외로 발령이 나서 이사를 가야 하는데, 해외에서 집을 사서 살려고 하니 돈이 부족했다. 부득이 살고 있는 아파트를 팔려고 한다. 그러던 중 을이 살고 있는 풍년 아파트는 재건축 구역으로 지정되어 조합 설립이 되었었는데 어쩐 일인지 아파트 값이 천정부지로 치솟았고 정부는 풍년 아파트가 속한 동네를 투기 과열 지구로 지정하였다. 중개사 병은 이 물건을 갑에게 중개해도 될까?

✔ 투기 과열 지구나 조정 대상 지역으로 지정된 경우에는 일반적인 경우와 다른 제약이 있으므로 조심해야 한다. 재개발의 경우에는 관리 처분 계획 인가일 이후 양도시 양수인은 조합원 자격을 잃고, 재건축의 경우에는 조합 설립 인가일 이후 양도시 아예 양수인은 조합원 자격을 잃는다. 조합원 자격을 잃게 되니 분양권도 잃게 된다.

재건축 구역에서 수개의 소유권을 가진 사람이 그중 하나를 매도하게 되면 매수인은 물건의 소유권자이지만 조합원도 될 수 없고, 분양권자도 될 수 없다. 조합은 훗날 매수인을 상대로 매도 청구 소송을 하여 소유권을 가져가게 될 것이다. 수개의 소유권을 가진 사람은 아직 팔지 않고 소유하고 있는 지분이 있으므로 그 지분에 기해 조합원 자격과 분양권을 유지한다.

하나의 소유권을 가진 사람이 매각하게 되면 매수인은 도시정비법 제39조에 따라 조합원 자격과 분양권을 얻지 못한다. 매도인은 소유권이 없으니 조합원 자격을 잃게 된다. 분양권도 같이 소멸한다. 투기 과열 지구에 속한 재건축 사업 구역에서 하나의 소유권을 가진 사람이 물건을 매도하면 매도인 매수인 모두 조합원 자격을 잃게 되는 것이다. 매수인은 그 대가로 매매 대금 상당의 돈을 감정 평가하여 받게 된다.

재개발의 경우도 그 구조는 같으나 조합 설립 인가일 이후가 아니라 관리 처분 계획 인가일 이후인 점이 다르다.

✔ 투기 과열 지구로 지정된 경우 재건축 조합원이 지분을 양도

할 때 조합원 자격과 분양권을 소멸시키는 제도는 상당히 가혹한 점이 있다. 특히 어쩔 수 없는 사정으로 양도해야 하는 경우에는 그렇다. 이런 점을 고려하여 법은 그 예외를 다수 인정하고 있다.

- 세대원의 근무상 또는 생업상의 사정이나 질병 치료·취학·결혼으로 세대원이 모두 해당 사업 구역에 위치하지 아니한 특별시·광역시·특별자치시·특별자치도·시 또는 군으로 이전하는 경우
- 상속으로 취득한 주택으로 세대원 모두 이전하는 경우
- 세대원 모두 해외로 이주하거나 세대원 모두 2년 이상 해외에 체류하려는 경우
- 1세대 1주택자로서 양도하는 주택에 대한 소유 기간이 10년 및 거주 기간이 5년 이상인 경우
- 조합 설립 인가일부터 3년 이상 사업 시행 인가 신청이 없는 재건축 사업의 건축물을 3년 이상 계속하여 소유하고 있는 자가 사업 시행 인가 신청 전에 양도하는 경우
- 사업 시행 계획 인가일부터 3년 이내에 착공하지 못한 재건축 사업의 토지 또는 건축물을 3년 이상 계속하여 소유하고 있는 자가 착공 전에 양도하는 경우
- 착공일부터 3년 이상 준공되지 않은 재개발 사업·재건축 사업의 토지를 3년 이상 계속하여 소유하고 있는 경우
- 토지 등 소유자로부터 상속·이혼으로 인하여 토지 또는 건축

물을 소유한 자
- 국가·지방 자치 단체 및 금융 기관에 대한 채무를 이행하지 못하여 재개발 사업·재건축 사업의 토지 또는 건축물이 경매 또는 공매되는 경우
- 투기 과열 지구로 지정되기 전에 건축물 또는 토지를 양도하기 위한 계약을 체결하고, 투기 과열 지구로 지정된 날부터 60일 이내에 「부동산 거래신고 등에 관한 법률」 제3조에 따라 부동산 거래의 신고를 한 경우

✔ 사례의 경우에는 세대원 모두 해외로 이주하거나 세대원 모두 2년 이상 해외에 체류하려는 경우에 해당하여 투기 과열 지구로 지정되었다고 하더라도 양수인이 조합원 자격 및 분양권을 얻을 수 있다.

✔ 공인 중개사는 해외 이주와 관련한 증빙을 미리 받아두어야 한다. 해외 이주하면 그 증빙을 받기 어렵다.

재개발 CASE 18

건물과 대지 소유권의 분리와 분양권

갑과 을은 토지 소유를 두고 소송을 벌이고 있었다. 을은 갑에게 토지를 매수하여 그 땅 위에 집을 지었는데, 토지 거래가 무효라면서 갑이 소송을 제기했고, 엎치락뒤치락하다가 수년의 소송 끝에 갑이 승소하여 토지 소유권이 갑에게 돌아가게 되었다. 갑이 소송에는 이겼으나 돈이 없어 매매 대금을 돌려줄 수 없었고 을은 타인 토지 위에 집이 있으니 집을 철거해야 할 판이어서 서로 합의하여 토지 소유권은 갑이 갖되 철거를 요구하지 않기로 하고 임대료를 받지 않는 대신 매매 대금도 돌려주지 않기로 하였다. 소송하는 와중에 갑과 을이 소유한 땅이 재개발 구역으로 지정되었고 말소 등기할 무렵에는 조합 설립까지 되었다. 갑과 을은 합하여 하나의 분양권만 받게 될까? 아니면 각각 하나씩 분양권을 받게 될까?

✔ 조합 설립 인가일을 기준으로 2개 이상의 물건을 가진 소유자가 어느 하나를 양도할 경우 양도인과 양수인 합쳐서 하나의 조합원 자격과 분양권을 준다. 단독 주택의 건물과 대지를 분리하여 어느 하나만 양도하여 소유자가 2인 이상이 된 경우에도 양도인과 양수인 합쳐서 하나의 조합원 자격과 분양권을 준다. 여기서 양도란 당사자의 의사에 기해 소유권 같은 권리를 넘기는 것을 말하며, 매매, 교환, 증여 같은 것을 모두 포함한 개념이다.

✔ 1인이 2개 이상의 물건을 소유했다가 상속이나 이혼을 원인으로 한 재산 분할로 각 물건별로 소유자가 달라졌을 때는 이에 해당하지 않아 조합 설립 인가일 이후에 소유자가 달라졌더라도 각각 조합원 자격과 분양권을 준다.

✔ 이 사례처럼 토지에 대한 양도 계약이 취소, 무효 사유가 있거나 해제 사유가 있어 토지의 소유권이 양도인에게 되돌아갈 경우, 이렇게 되돌아가는 바람에 토지의 소유자와 건물의 소유자가 달라졌을 경우 조합 설립 인가일 이후 양도한 것에 해당하지 않는다. 이 경우 각각 조합원 자격과 분양권을 갖는다.

✔ 조합 설립 인가일 이전에 양도 계약을 체결하였으나 양도인이 등기를 차일피일 미루는 바람에 조합 설립 인가가 등기보다 먼저 나버리는 경우가 있다. 특히 이렇게 문제가 되어 소송까지 했는데 판결이 늦어져 조합 설립 인가일보다 등기가 늦게 될 수 있다. 법의 문구만으로 보면 판결이 늦어졌든 어찌하였든 소유권을 조합 설립 인가일보다 늦게 취득하면 온전한 조합원 자격이나 분양권을 얻지

못하게 된다. 그러나 이는 너무 가혹하다. 소를 제기하였거나 부동산 거래 신고를 하였다면 계약서상의 등기 예정일에 등기가 있었다고 보고 양도인과 양수인 각각에게 조합원 자격과 분양권을 주어야 할 것이다. 찾아보면 이와 같이 융통성있게 분양권을 부여한 조합이 있을 것이다.

2부

전문인을 위한 분양권 이론

재개발이나 재건축에 투자하고 싶은 일반인까지 분양권에 관한 이론을 공부할 필요는 없다. 그러나 분명 도움은 된다. 분양권의 이론을 이해하면 사례가 더 잘 이해될 것이고 더 잘 외워진다. 사례를 사례로만 대하면 일일이 암기해야 하지만, 이론을 공부하면 원리가 느껴진다. 몇가지 원리에 따라 배열된 기억은 몇가지 단서만 잡아 당기면 고구마 줄기처럼 따라 나온다. 공부하기는 어렵지만 기억하기는 쉽다. 그리고 더 큰 장점은 변화에 강하다는 점이다. 분양권은 부동산 시장의 상황, 집권하고 있는 정부의 철학에 따라 변동한다. 그러나 이러한 변동에도 일정한 한계가 있고 일정한 원리가 작동한다. 그 원리를 느끼면 분양권의 변화에 보다 능동적으로 접근할 수 있다. 이론과 실제는 크게 다르지 않고 다르면 어느 한쪽이 변한다. 그러므로 변화의 가능성까지 미리 점칠 수 있다. 모든 이론이 그렇듯이 이론은 현실을 이해하고 기억하고 생각하는 도구이고, 그 도구가 좋을수록 이해도 기억도 생각도 쉽다.

| 일러두기 |

① 정비 사업에는 여러 종류가 있지만 여기서는 재개발 사업과 재건축 사업만 다루기로 한다. 이 점 양해를 부탁드린다. 주택법상 조합의 조합원 분양권, 주택법상 사업 시행자의 일반인 분양권, 토지보상법의 이주 대책에 따른 분양권, 재정비촉진법에 따른 피수용자 분양권 등 다양한 분양권이 있는데, 이를 모두 언급하기 어렵고, 내용이 워낙 많아 여기서는 일단 정비 사업 그중 재개발, 재건축 사업의 분양권을 다루기로 하였다.

② 시행자가 조합인 경우가 익숙하지만 반드시 조합일 필요는 없다. 편의상 조합이 시행자인 경우만 다루기로 한다. 조합이 시행자가 아닌 경우에 조합원의 권리를 토지 등 소유자의 권리로 대체하기만 해도 거의 들어맞는다. 미세하게 다른 점이 있을 수 있으나 이해하는 데 불편함이 없다.

③ 분양권에 대한 법령 규정이 많지 않아 조례를 살펴보아야 한다. 그런데 조례가 숫자가 좀 많다. 그래서 서울시 조례를 중심으로 하되 간간히 경기도 조례를 살펴보는 정도로 간소화하였다. 이 점 양해를 부탁드린다.

1 분양권의 개념

분양권의 개념과 내용은 어떤 사업이냐에 따라 다르다. 같은 단어를 사용하지만 그 개념과 내용은 천양지차이다. 무주택자가 주택 청약을 통해 취득하는 분양권과 정비 사업의 분양권은 이름만 같지 그 내용은 하늘과 땅 차이다. 정비 사업의 분양권은 소유자의 권리이고, 무주택자의 분양권은 소유하지 않은 사람의 권리이다. 이 책에서는 정비 사업 그중 재개발, 재건축의 분양권의 개념에 대하여만 먼저 설명하려고 한다.

재개발은 환지 방식과 관리 처분 방식 두 가지 중 한 방식으로 사업을 하도록 의무화하고 있고, 재건축은 관리 처분 방식만으로 사업을 하도록 의무화하고 있다. 정비 구역의 지정과 정비 계획이 수립되면 조합을 설립할 수 있다. 조합은 사업 시행 계획을 수립한 후 구소유권을 소멸시키고 신소유권을 주는 내용의 환지 계획이나 관리 처분 계획을 수립하여 인가를 받게 된다. 환지 계획이 확정되는 것은 환지 처분이고, 관리 처분 계획이 확정되는 것은 이전 고시다. 이름과 내용이 무엇이든 최종적으로 새로운 소유권을 부여하는 처분을 하게 된다. 이처럼 행정 처분에 의해 신소유권이 발생하는데, 신소유권을 얻을 수 있는 권리, 이것이 분양권이다.

분양권은 정비 구역 내 소유권의 변형태라고 할 수 있다. 처음에는 소유자일 뿐이지만 소유자는 조합원 지위를 얻게 되고 조합원은 분양 신청권을 가지며, 분양 신청권을 행사하여 구체적인 내용을 가진 분양권을 얻게 되고, 분양을 받아 신축 건물의 소유권을 얻게 된다. 정비 사업이란 소유자 처지에서는 구소유권이 신소유권으로 변해가는 과정이다.

조합원이 분양 신청권에 기해 분양 신청을 하지 않으면 분양을 받지 못한다. 조합원이 분양 신청권을 행사하기 전에는 분양권을 가지고 있지 않다고 말하는 사람도 있다. 조합원의 분양에 관한 권리를 분양권과 분양 신청권으로 구분하는 방법도 있지만, 이런 구분은 적절해 보이지 않는다. 조합이 설립된 이후부터 분양 신청 직전까지 오랜 기간 조합원이 분양에 대해 가지는 권리는 무엇일까? 이 기간의 권리도 이름이 있어야 한다. 분양에 대해 가지는 권리이므로 이 역시 분양권이라고 해야 한다. 관리 처분 계획이 인가되어야만 분양권이 있다고 할 것은 아니다. 분양 신청을 한 후 가지게 되는 권리는 좀 더 구체화한 분양권, 좀 더 완성된 분양권일 뿐, 관리 처분 계획 전후를 통해 분양권이 새롭게 탄생하는 것은 아니라고 할 것이다. 분양 신청 전의 권리를 분양권이라고 하지 않고 분양

신청권이라고 구별할 수도 있지만, 분양 신청권은 마치 절차적 권리만 가지고 있을 뿐 실체적 권리는 없다는 것으로 보여 실제 상태를 반영하지 못하고 있는 바, 단순하게 분양권이라고 호칭하는 것이 더 정확하다.

② 분양권의 발생 근거

2.1 법령

정비 사업은 법에 근거한 사업이고, 조합은 공법인으로서 관리처분 계획이나 환지 처분, 이전 고시(구법에서는 '분양 처분'이라고 하였다)라는 행정 처분을 할 수 있는 권한을 가진 자이므로, 이에 상응하여 분양권 역시 법령에 근거하여 발생해야 한다. 그런데 도시정비법은 분양권에 대한 규정이 명확하지 않다. 도시정비법의 여러 조문을 읽다 보면 토지 등 소유자가 조합 설립에 동의권을 행사할 수 있고, 토지 등 소유자가 조합원이 되며, 조합원이 나중에 분양권을 갖게 되고, 그 분양권에 기해 신소유권을 부여받는다는 것을 알 수는 있다.

도시정비법 제79조 제2항은 "사업시행자는 정비사업의 시행으로 건설된 건축물을 제74조에 따라 인가받은 관리처분계획에 따라 토지등소유자에게 공급하여야 한다."라고 하고 있는데, 분양권에 대한 규정은 이 규정과 비슷한 형식으로 되어 있다. 토지 등 소유자가 권리를 갖는다는 말을 직접적으로 언급하지 않고 시행자가 토지 등 소유자에게 신소유권을 주라는 식으로 시행자의 의무를 규정하는 형식이다. 아무튼 도시정비법 전체를 읽어보면 알 수는 있으나 누가 어떤 권리를 갖는지를 직접적으로 규정해 놓지 않은 것 역시 사실이다. 도시정비법은 정부가, 시행자가 사업을 어떤 절차와 내용으로 하게 될지를 중심으로 규정하고 있는 법이다. 도시정비법은 사람들의 권리를 제한하고 의무를 부여하는 법임에도 사람들이 이 법하에서 제약되는 권리가 무엇이고 행사할 수 있는 권리가 무엇인지에 대해 모호하게 만든 점, 해석에 의해서만 이해할 수 있게 만든 점 등은 아쉬운 점이다. 토지 등 소유자는 분양 대상자일 뿐 권리자는 아닌 것처럼, 즉 주면 받을 수 있으나 당당하게 달라고 할 수는 없는 것처럼 표현한 점도 아쉽다.

도시정비법 제79조 외에도 여러 규정들이 산재해 있다. 토지 등 소유자에게 분양권이 있다는 전제하에 시행자가 분양 공고나 분양 신청을 하라는 통지를 하도록 하고 있는 도시정비법 제72조나 토지 등 소유자에게 분양권이 있다는 전제하에 권리 산정 기준일을 정하고 있는 도시정비법 제77조를 보면 토지 등 소유자에게 분양권이 있다는 점은 분명하다. 이런 법령들이 토지 등 소유자의 분양권의 근거 규정이 될 수 있다.

도시정비법 제72조(분양공고 및 분양신청) ① 사업시행자는 제50조제9항에 따른 사업시행계획인가의 고시가 있은 날(사업시행계획인가 이후 시공자를 선정한 경우에는 시공자와 계약을 체결한 날)부터 120일 이내에 다음 각 호의 사항을 토지등소유자에게 통지하고, 분양의 대상이 되는 대지 또는 건축물의 내역 등 대통령령으로 정하는 사항을 해당 지역에서 발간되는 일간신문에 공고하여야 한다. 다만, 토지등소유자 1인이 시행하는 재개발사업의 경우에는 그러하지 아니하다. 〈개정 2021. 3. 16.〉

1. 분양대상자별 종전의 토지 또는 건축물의 명세 및 사업시행계획인가의 고시가 있은 날을 기준으로 한 가격(사업시행계획인가 전에 제81조제3항에 따라 철거된 건축물은 시장·군수등에게 허가를 받은 날을 기준으로 한 가격)
2. 분양대상자별 분담금의 추산액
3. 분양신청기간
4. 그 밖에 대통령령으로 정하는 사항

도시정비법 제77조(주택 등 건축물을 분양받을 권리의 산정 기준일) ① 정비사업을 통하여 분양받을 건축물이 다음 각 호의 어느 하나에 해당하는 경우에는 제16조제2항 전단에 따른 고시가 있은 날 또는 시·도지사가 투기를 억제하기 위하여 기본계획 수립 후 정비구역 지정·고시 전에 따로 정하는 날(이하 이 조에서 "기준일"이라 한다)

의 다음 날을 기준으로 건축물을 분양받을 권리를 산정한다. 〈개정 2018. 6. 12.〉

1. 1필지의 토지가 여러 개의 필지로 분할되는 경우
2. 단독주택 또는 다가구주택이 다세대주택으로 전환되는 경우
3. 하나의 대지 범위에 속하는 동일인 소유의 토지와 주택 등 건축물을 토지와 주택 등 건축물로 각각 분리하여 소유하는 경우
4. 나대지에 건축물을 새로 건축하거나 기존 건축물을 철거하고 다세대주택, 그 밖의 공동주택을 건축하여 토지등소유자의 수가 증가하는 경우

② 시·도지사는 제1항에 따라 기준일을 따로 정하는 경우에는 기준일·지정사유·건축물을 분양받을 권리의 산정 기준 등을 해당 지방자치단체의 공보에 고시하여야 한다.

도시정비법 제79조(관리처분계획에 따른 처분 등) ① 정비사업의 시행으로 조성된 대지 및 건축물은 관리처분계획에 따라 처분 또는 관리하여야 한다.

② 사업시행자는 정비사업의 시행으로 건설된 건축물을 제74조에 따라 인가받은 관리처분계획에 따라 토지등소유자에게 공급하여야 한다.

③ 사업시행자(제23조제1항제2호에 따라 대지를 공급받아 주택을 건설하는 자를 포함한다. 이하 이 항, 제6항 및 제7항에서 같다)는 정비구역에 주택을 건설하는 경우에는 입주자 모집 조건·방법·절차,

입주금(계약금·중도금 및 잔금을 말한다)의 납부 방법·시기·절차, 주택공급 방법·절차 등에 관하여 「주택법」 제54조에도 불구하고 대통령령으로 정하는 범위에서 시장·군수등의 승인을 받아 따로 정할 수 있다.

④ 사업시행자는 제72조에 따른 분양신청을 받은 후 잔여분이 있는 경우에는 정관등 또는 사업시행계획으로 정하는 목적을 위하여 그 잔여분을 보류지(건축물을 포함한다)로 정하거나 조합원 또는 토지등소유자 이외의 자에게 분양할 수 있다. 이 경우 분양공고와 분양신청절차 등에 필요한 사항은 대통령령으로 정한다.

⑤ 국토교통부장관, 시·도지사, 시장, 군수, 구청장 또는 토지주택공사등은 조합이 요청하는 경우 재개발사업의 시행으로 건설된 임대주택을 인수하여야 한다. 이 경우 재개발임대주택의 인수 절차 및 방법, 인수 가격 등에 필요한 사항은 대통령령으로 정한다.

⑥ 사업시행자는 정비사업의 시행으로 임대주택을 건설하는 경우에는 임차인의 자격·선정방법·임대보증금·임대료 등 임대조건에 관한 기준 및 무주택 세대주에게 우선 매각하도록 하는 기준 등에 관하여 「민간임대주택에 관한 특별법」 제42조 및 제44조, 「공공주택 특별법」 제48조, 제49조 및 제50조의3에도 불구하고 대통령령으로 정하는 범위에서 시장·군수등의 승인을 받아 따로 정할 수 있다. 다만, 재개발임대주택으로서 최초의 임차인 선정이 아닌 경우에는 대통령령으로 정하는 범위에서 인수자가 따로 정한다.

⑦ 사업시행자는 제2항부터 제6항까지의 규정에 따른 공급대상자에게 주택을 공급하고 남은 주택을 제2항부터 제6항까지의 규정에 따른 공급대상자 외의 자에게 공급할 수 있다.

⑧ 제7항에 따른 주택의 공급 방법·절차 등은 「주택법」 제54조를 준용한다. 다만, 사업시행자가 제64조에 따른 매도청구소송을 통하여 법원의 승소판결을 받은 후 입주예정자에게 피해가 없도록 손실보상금을 공탁하고 분양예정인 건축물을 담보한 경우에는 법원의 승소판결이 확정되기 전이라도 「주택법」 제54조에도 불구하고 입주자를 모집할 수 있으나, 제83조에 따른 준공인가 신청 전까지 해당 주택건설 대지의 소유권을 확보하여야 한다.

2.2 정관

법령에서 정하고 있는 분양권에 대해 좀 더 구체화하는 내용을 정관에서 정하는 것은 아무 문제가 없을 것이다. 법령에서 정하고 있지 않은 분양권을 정관으로 창설해 낼 수 있을까? 도시정비법은 정관에서 정해야 할 사항을 규정하고 있지만 정관에서 규정해야 할 사항에 분양권에 대한 것은 없다. 분양권과 가장 가까운 개념이 하나 있는데 그것은 조합원의 자격이다. 도시정비법은 조합원의 자격에 관해 정관에 의무적으로 규정하도록 하고 있다. 그러나 분양권에 대하여는 규정을 두라는 의무를 부과하지 않고 있다.

도시정비법 제40조(정관의 기재사항 등) ① 조합의 정관에는 다음 각 호의 사항이 포함되어야 한다.

1. 조합의 명칭 및 사무소의 소재지
2. 조합원의 자격
3. 조합원의 제명·탈퇴 및 교체
4. 정비구역의 위치 및 면적
5. 제41조에 따른 조합의 임원(이하 "조합임원"이라 한다)의 수 및 업무의 범위
6. 조합임원의 권리·의무·보수·선임방법·변경 및 해임
7. 대의원의 수, 선임방법, 선임절차 및 대의원회의 의결방법
8. 조합의 비용부담 및 조합의 회계
9. 정비사업의 시행연도 및 시행방법
10. 총회의 소집 절차·시기 및 의결방법
11. 총회의 개최 및 조합원의 총회소집 요구
12. 제73조제3항에 따른 이자 지급
13. 정비사업비의 부담 시기 및 절차
14. 정비사업이 종결된 때의 청산절차
15. 청산금의 징수·지급의 방법 및 절차
16. 시공자·설계자의 선정 및 계약서에 포함될 내용
17. 정관의 변경절차
18. 그 밖에 정비사업의 추진 및 조합의 운영을 위하여 필요한 사항으로서 대통령령으로 정하는 사항

시행령에도 정관으로 분양권에 관한 것을 정할 수 있다는 내용을 담고 있지 않다.

도시정비법 시행령 제38조(조합 정관에 정할 사항) 법 제40조제1항제18호에서 "대통령령으로 정하는 사항"이란 다음 각 호의 사항을 말한다.

1. 정비사업의 종류 및 명칭
2. 임원의 임기, 업무의 분담 및 대행 등에 관한 사항
3. 대의원회의 구성, 개회와 기능, 의결권의 행사방법 및 그 밖에 회의의 운영에 관한 사항
4. 법 제24조 및 제25조에 따른 정비사업의 공동시행에 관한 사항
5. 정비사업전문관리업자에 관한 사항
6. 정비사업의 시행에 따른 회계 및 계약에 관한 사항
7. 정비기반시설 및 공동이용시설의 부담에 관한 개략적인 사항
8. 공고·공람 및 통지의 방법
9. 토지 및 건축물 등에 관한 권리의 평가방법에 관한 사항
10. 법 제74조제1항에 따른 관리처분계획(이하 "관리처분계획"이라 한다) 및 청산(분할징수 또는 납입에 관한 사항을 포함한다)에 관한 사항
11. 사업시행계획서의 변경에 관한 사항
12. 조합의 합병 또는 해산에 관한 사항
13. 임대주택의 건설 및 처분에 관한 사항

14. 총회의 의결을 거쳐야 할 사항의 범위

15. 조합원의 권리·의무에 관한 사항

16. 조합직원의 채용 및 임원 중 상근(常勤)임원의 지정에 관한 사항과 직원 및 상근임원의 보수에 관한 사항

17. 그 밖에 시·도조례로 정하는 사항

서울시 조례 역시 정관으로 분양권을 발생시킬 수 있다는 일반 규정을 직접적으로 정하고 있지 않다. 그러나 일반 규정을 가지고 있지 않을 뿐이지 산발적인 규정은 꽤 있다.

서울시 도시정비조례 제22조(조합정관에 정할 사항) 제4호는 "단독 또는 다가구주택을 건축물 준공 이후 다세대주택으로 전환한 주택을 취득한 자에 대한 분양권 부여에 관한 사항"을 정관으로 정하도록 하고 있다.

서울시 도시정비조례 제36조도 특정 무허가 건축물 중 조합의 정관 등에서 정한 건축물을 소유한 사람에게 분양권을 주라고 하면서 정관으로 특정 무허가 건축물 소유자에게 분양권을 줄지 아닐지를 정할 수 있다고 하고 있다.

서울시 도시정비조례 제32조에서도 "정관 등에서 분양신청자격을 특별히 정한 경우 그 자격을 증명할 수 있는 서류"를 분양 신청서에 첨부하라고 하고 있는데, 이 역시 정관에서 분양권을 규정할 수 있다는 점을 전제로 한 규정이다.

제22조(조합정관에 정할 사항) 영 제38조제17호에서 "그 밖에 시·도조례로 정하는 사항"이란 다음 각 호의 사항을 말한다.〈개정 2019.9.26〉

1. 이사회의 설치 및 소집, 사무, 의결방법 등 이사회 운영에 관한 사항
2. 특정무허가건축물 소유자의 조합원 자격에 관한 사항
3. 공유지분 소유권자의 대표자 선정에 관한 사항
4. 단독 또는 다가구주택을 건축물 준공 이후 다세대주택으로 전환한 주택을 취득한 자에 대한 분양권 부여에 관한 사항
5. 재정비촉진지구의 도시계획사업으로 철거되는 주택을 소유한 자 중 구청장이 선정한 자에 대한 주택의 특별공급에 관한 사항
6. 융자금액 상환에 관한 사항
7. 융자 신청 당시 담보 등을 제공한 조합장 등이 변경될 경우 채무승계에 관한 사항
8. 정비구역 내 공가 발생 시 안전조치 및 보고 사항
9. 법 제87조에 따른 권리의 확정, 법 제88조에 따른 등기 절차, 법 제89조에 따른 청산금 등의 징수 및 지급이 완료된 후 조합 해산을 위한 총회 또는 대의원회의 소집 일정에 관한 사항

서울시 도시정비조례 제36조(재개발사업의 분양대상 등) ① 영 제63조제1항제3호에 따라 재개발사업으로 건립되는 공동주택의 분양대상자는 관리처분계획기준일 현재 다음 각 호의 어느 하나에 해당하는 토지등소유자로 한다.

> 1. 종전의 건축물 중 주택(주거용으로 사용하고 있는 특정무허가건축물 중 조합의 정관등에서 정한 건축물을 포함한다)을 소유한 자

국토교통부에서 만든 표준 정관은 어떠할까? 표준 정관에서는 조합원의 권리로서 분양 청구권이 있다고 하고 있고, 누구에게 어떠한 내용의 분양 청구권이 있는지에 대한 규정이 있기는 하나 "주택 및 부대복리시설의 분양대상자와 분양기준은 법 및 시·도의 조례가 정하는 기준에 적합한 범위 안에서 총회의 의결로 결정한다."라고 하면서 사실상 아무 규정도 두고 있지 않는 것과 같게 되어 있다.

> **재개발 표준 정관 제48(조합원 분양)** 주택 및 부대복리시설의 분양대상자와 분양기준은 법 및 시·도의 조례가 정하는 기준에 적합한 범위안에서 총회의 의결로 결정한다.

위 표준 정관 규정을 제외하고 나면, 정관은 직접적으로 분양권에 대해 언급하지 않고 있다. 분양권에 대한 간접적 언급이 있는 곳은 표준 정관에도 산재해 있다. 재개발 표준 정관이나 재건축 표준 정관이나 공히 관리 처분 계획에 대한 규정에서이다. 정관의 관리 처분에 관한 규정들에서도 분양권의 가장 중요한 문제, 누구에

게 분양권이 있고 몇 개가 있는지에 대한 보편적 일반적 규정은 없다. 재개발 표준 정관은 관리 처분 계획의 기준에서 토지의 면적을 공부에 의해 계산하라는 규정을 두고 있을 뿐이다.

> **재개발 표준 정관 제45조(관리처분계획의 기준)** 조합원의 소유재산에 관한 관리처분계획은 분양신청 및 공사비가 확정된 후 건축물의 철거전에 수립하며 다음 각호의 기준에 따라 수립하여 시장·군수에게 인가를 받아야 한다.
> 1. 종전토지의 소유면적은 관리처분계획 기준일 현재 지적법 제2조 제1호 규정에 의한 소유토지별 지적공부에 의한다. 다만, 사업시행구역안의 국·공유지 점유자는 관계법령과 이 정관이 정하는 바에 따라 점유연고권이 인정되어 그 경계를 실시한 지적측량성과를 기준으로 한다.
> 2. 종전건축물의 소유면적은 관리처분계획 기준일 현재 소유 건축물별 건축물대장을 기준으로 한다. 다만, 건축물 관리대장에 등재되어있지 아니한 종전 건축물에 대하여는 재산세과세대장 또는 측량성과를 기준으로 할 수 있다. 이 경우 위법하게 건축된 부분의 면적(무허가 건축물의 경우에는 기존 무허가 건축물에 추가된 면적을 말한다)은 제외한다.
> 3. 분양설계의 기준이 될 종전토지등의 소유권은 관리처분계획 기준일 현재 부동산등기부에 의하며, 무허가건축물일 경우에는 관할 동장이 발행한 무허가건물확인원 또는 소유자임을 입증하는

> 자료를 기준으로 한다. 다만, 권리자의 변동이 있을 때에는 변동된 부동산등기부 및 무허가건물확인원에 의한다.

재건축 표준 정관에는 관리 처분의 기준이라는 규정에서 조합원들에게 분양할 때 우선권이 누구에게 있는지, 1세대 1주택 분양 원칙의 예외로 추가 분양을 받을 수 있는지 또는 분양권의 양(量)이라고 할 수 있는 종전 자산에 대한 평가 기준, 분양받은 재산의 평가 기준을 두고 있다.

> **재건축 표준 정관 제46조(관리처분계획의 기준)** 조합원의 소유재산에 관한 관리처분계획은 분양신청 및 공사비가 확정된 후 건축물철거 전에 수립하며 다음 각호의 기준에 따라 수립하여야 한다.
> 1. 조합원이 출자한 종전의 토지 및 건축물의 가격/면적을 기준으로 새로이 건설되는 주택 등을 분양함을 원칙으로 한다.
> 2. 사업시행 후 분양받을 건축물의 면적은 분양면적(전용면적+공유면적)을 기준으로 하며, 1필지의 대지위에 2인 이상에게 분양될 건축물이 설치된 경우에는 건축물의 분양면적의 비율에 의하여 그 대지소유권이 주어지도록 하여야 한다. 이 경우 토지의 소유관계는 공유로 한다.(시행령 52조)
> 3. 조합원에게 분양하는 주택의 규모는 건축계획을 작성하여 사업시행인가를 받은 후 평형별로 확정한다.

4. 조합원에 대한 신축건축물의 평형별 배정에 있어 조합원 소유 종전건축물의 가격·면적·유형·규모 등에 따라 우선순위를 정할 수 있다.

5. 조합원이 출자한 종전의 토지 및 건축물의 면적을 기준으로 산정한 주택의 분양대상면적과 사업시행 후 조합원이 분양받을 주택의 규모에 차이가 있을 때에는 당해 사업계획서에 의하여 산정하는 평형별 가격을 기준으로 환산한 금액의 부과 및 지급은 제54조 및 제55조의 규정을 준용한다.

6. 사업시행구역 안에 건립하는 상가 등 부대·복리시설은 조합이 시공자와 협의하여 별도로 정하는 약정에 따라 공동주택과 구분하여 관리처분계획을 수립할 수 있다.

7. 조합원에게 공급하고 남는 잔여주택이 20세대 이상인 경우에는 일반에게 분양하며, 그 잔여주택의 공급시기와 절차 및 방법 등에 대하여는 주택공급에관한규칙이 정하는 바에 따라야 한다. 잔여주택이 20세대 미만인 경우에는 그러하지 아니하다.

8. 1세대가 1 이상의 주택을 소유한 경우 1주택을 공급하고 2인 이상이 1주택을 공유한 경우에는 1주택만 공급한다. 다만 다음 각 목의 어느 하나에 해당하는 토지등소유자에 대하여는 소유한 주택 수만큼 공급할 수 있다.

　가. 투기과열지구 안에 위치하지 아니하는 주택재건축 사업의 토지등소유자

　나. 근로자(공무원인 근로자를 포함한다) 숙소기숙사 용도로 주택

을 소유하고 있는 토지등소유자

다. 국가, 지방자치단체 및 주택공사 등

9. 부대·복리시설(부속 토지를 포함한다. 이하 이 호에서 같다)의 소유자에게는 부대·복리시설을 공급한다. 다만, 다음 각목의 1에 해당하는 경우에는 부대·복리시설의 소유자에게 1주택을 공급할 수 있다.

　가. 새로운 부대·복리시설을 공급받지 아니하는 경우로서 종전의 부대·복리시설의 가액이 분양주택의 최소분양단위규모 추산액에 총회에서 정하는 비율(정하지 아니한 경우에는 1로 한다)을 곱한 가액 이상일 것

　나. 종전 부대·복리시설의 가액에서 새로이 공급받는 부대·복리시설의 추산액을 차감한 금액이 분양주택의 최소분양단위규모 추산액에 총회에서 정하는 비율을 곱한 가액 이상일 것

　다. 새로이 공급받는 부대·복리시설의 추산액이 분양주택의 최소분양단위규모 추산액 이상일 것

　라. 조합원 전원이 동의한 경우

10. 종전의 주택 및 부대복리시설(부속되는 토지를 포함한다)의 평가는 감정평가업자 2인 이상이 평가한 금액을 산술평가한 금액으로 한다.

11. 분양예정인 주택 및 부대복리시설(부속되는 토지를 포함한다)의 평가는 감정평가업자 2인 이상이 평가한 금액을 산술평가한 금액으로 한다.

> 12. 그 밖에 관리처분계획을 수립하기 위하여 필요한 세부적인 사항은 관계규정 등에 따라 조합장이 정하여 대의원회의 의결을 거쳐 시행한다.

재개발, 재건축 표준 정관 양자가 조금 다르기는 하지만 누구에게 분양권이 주어지는지, 분양권을 갖는다면 한 개인지 두 개인지, 아니면 n분의 1인지에 대해서는 일반 규정을 두고 있지 않다. 파편적인 특수 사례에 대한 규정이 있을 뿐이다. 조합원의 자격을 규정하면 분양권을 따로 규정하지 않아도 된다는 생각 때문이었을 수도 있는데, 실제는 그렇지 않다. 적어도 조례 제정자는 조합원의 자격의 양(量)과 분양권의 양(量)이 일치하지 않는다는 점을 알고 있다. 조례는 조합원의 자격의 숫자와 분양권의 숫자가 다른 예외를 다수 규정하고 있기 때문이다. 그렇다고 하더라도 대개 조합원의 자격이 곧 분양권의 자격을 의미한다는 가정하에 조합원 자격에 관한 규정을 살펴본다면 분양권에 대한 표준 정관의 생각을 엿볼 수 있다.

재개발 표준 정관 중 조합원의 자격을 보면 1세대 1조합원, 공동소유자 수인이 합하여 1조합원 원칙을 천명하고 있고, 무허가 건물 중 기존 무허가 건물 (사실상) 소유자에게 조합원 자격이 있다고 하고 있다.

재개발 표준정관 제9조(조합원의 자격 등) ① 조합원은 사업시행구역 안의 토지 또는 건축물의 소유자 또는 그 지상권자(이하 "토지등소유자"라 한다)로 한다.

② 제1항의 규정에 의한 소유권, 지상권등의 권리는 민법에서 규정한 권리를 말한다. 다만, 건축물이 무허가인 경우에는 법에 의하여 제정된 시·도조례(이하 "시·도조례"라 한다)에서 정하는 기존 무허가 건축물로서 자기소유임을 입증하는 경우에 한하여 그 무허가건축물 소유자를 조합원으로 인정한다.

③ 1세대 또는 동일인이 2개 이상의 토지 또는 건축물의 소유권 또는 지상권을 소유하는 경우에는 그 수에 관계없이 1인의 조합원으로 본다

④ 토지 또는 건축물의 소유권과 지상권이 수인의 공유에 속하는 때에는 그 수인을 대표하는 1인을 조합원으로 본다. 이 경우 그 수인은 대표자 1인을 대표조합원으로 지정하고 별지의 대표조합원선임동의서를 작성하여 조합에 신고하여야 하며, 조합원으로서의 법률행위는 그 대표조합원이 행한다.

⑤ 양도·상속·증여 및 판결 등으로 조합원의 권리가 이전된 때에는 조합원의 권리를 취득한 자로 조합원이 변경된 것으로 보며, 권리를 양수받은 자는 조합원의 권리와 의무 및 종전의 권리자가 행하였거나 조합이 종전의 권리자에게 행한 처분, 청산시 권리·의무에 관한 범위 등을 포괄승계한다.

재건축 표준 정관도 재개발 표준 정관과 대동소이하다. 재건축이 주로 아파트 같은 공동 주택에서 이루어지기 때문에 구분 소유권에 대한 규정이 있는 점, 강제 조합원이 아니라 동의에 의해 조합원이 되므로 동의가 필요하다는 점이 다를 뿐이다.

재건축 표준 정관 제9조(조합원의 자격 등) ① 조합원은 법 제2조제9호나목의 규정에 의한 토지등소유자(이하 "토지등소유자"라 한다)로서 조합설립에 동의한 자로 한다. 다만, 조합설립에 동의하지 아니한 자는 제44조의 규정에 의한 분양신청기한까지 다음 각호의 사항이 기재된 별지 1의 동의서를 조합에 제출하여 조합원이 될 수 있다.

1. 건설되는 건축물의 설계의 개요
2. 건물의 철거 및 건축물의 신축에 소요되는 비용의 개략적인 금액
3. 제2호의 비용의 분담에 관한 사항(제1호의 설계개요가 변경되는 경우 비용의 부담기준을 포함한다)
4. 사업완료후의 (구분)소유권의 귀속에 관한 사항
5. 조합정관

② 동일인이 2개 이상의 주택 등을 소유하는 경우에는 그 주택 등의 수에 관계없이 1인의 조합원으로 본다.
③ 1세대로 구성된 세대원이 각각 주택 등을 소유하고 있는 경우 및 하나의 (구분)소유권이 수인의 공유에 속하는 때에는 그 수인을 대표하는 1인을 조합원으로 본다. 이 경우 그 수인은 대표자 1인

> 을 대표조합원으로 지정하고 별지 2의 대표조합원선임동의서를 작성하여 조합에 신고하여야 하며, 조합원으로서의 법률행위는 그 대표조합원이 행한다.
> ④ 양도·상속·증여 및 판결 등으로 조합원의 권리가 이전된 때에는 조합원의 권리를 취득한 자로 조합원이 변경된 것으로 보며, 권리를 양수받은 자는 조합원의 권리와 의무 및 종전의 권리자가 행하였거나 조합이 종전의 권리자에게 행한 처분, 청산 시 권리·의무에 관한 범위 등을 포괄승계한다.
> ⑤ 당해 정비사업의 건축물 또는 토지를 양수한 자라 하더라도 법 제19조제2항 본문에 해당하는 경우 조합원이 될 수 없고 조합원이 될 수 없는 자는 법 제19조제3항이 정하는 바에 따른다.

정관이 분양권 발생의 법적 근거가 될 수 있는지에 대해서는 조례에서 직접 위임하는 형식의 규정은 두고 있지 않다. 서울시 조례는 상위 규범의 수권이 없어도 당연히 정관에서 규정할 수 있는 것으로 생각하면서 정관으로 무허가 건물 소유자에게도 분양권을 줄 수 있다는 식의 규정을 두고 있는 것이다.

그러나 정작 정관 스스로는 분양권에 관한 규정을 두지 않고 다른 법령에 기대고 있다. 정관이 분양권 발생의 근거가 되더라도 정관을 통해 분양권의 유무를 알기 어렵다. 다만, 표준 정관은 조합원의 자격 중 무허가 건물에 대해서만 창설적 규정을 두고 있다. 무허가 건물을 제외하고는 법령과 조례를 따른다고 하고 있거나 같은 규정을 반복하여 규정하고 있을 뿐이다. 무허가 건물도 조합원 자격에 대하여 규정한 것이지 분양권에 대한 것은 아니다. 조합원 자격을 부여한다는 의미는 결국 분양권도 준다는 식으로 해석이 될 뿐이다.

판례는 정관이 분양권의 발생 근거가 될 수 있다고 보고 있을까? 판례 중에는 정관으로 조합원 지위를 부여할 수 있다는 취지의 것이 있다. 조합원 지위가 부여될 뿐 아니라 분양권도 있다는 취지이므로 정관이 분양권의 발생 근거가 될 수 있다고 보고 있는 셈이다.

대법원은 "구도시및주거환경정비법(2007. 12. 21. 법률 제8785호로 개정되기 전의 것) 제2항 제9호 (가)목 및 제19조 제1항은 정비구역 안에 위치한 토지 또는 건축물의 소유자 또는 그 지상권자는 재개발조합의 조합원이 된다는 취지로 규정하고 있는 바, 무허가 건축물은 원칙적으로 관계 법령에 의하여 철거되어야 할 것인데도 그 소유자에게 조합원 자격을 부여하여 결과적으로 재개발 사업의 시행으로 인한 이익을 향유하게 하는 것은 위법 행위를 한 자가 이익을 받는 결과가 되어 허용될 수 없는 점, 재개발 사업의 원활한 시행을 위하여는 정비 구역 안의 무분별한 무허가 주택의 난립을 규제할 현실적 필요성이 적지 않은 점 등 여러 사정을 고려하여 볼 때, 구도시및주거환경정비법 제2조 제9호 (가)목 및 제19조 제1항에 의하여 소유자에게 조합원의 자격이 부여되는 건축물이라 함은 원칙적으로 적법한 건축물을 의미하고 무허가 건축물은 이에 포함되지 않는다고 할 것이다. 다만, 이와 같은 법리에 의하여 토지 등 소유자의 적법한 동의 등을 거쳐 설립된 재개발 조합이 각자의 사정 내지는 필요에 따라 일정한 범위 내에서 무허가 건축물 소유자에게 조합원 자격을 부여하도록 정관으로 정하는 것까지 금지되는 것은 아니다."고 판시한 바 있다(대법원 2009. 10. 29. 선고 2009두12228판결).

대법원 2009. 10. 29. 선고 2009두12228판결

피고의 상고이유 및 피고보조참가인들의 상고이유 제3점에 대하여

가. 구 도시정비법 제2조 제9호 가목 및 제19조 제1항은 정비구역 안에 위치한 토지 또는 건축물의 소유자 또는 그 지상권자는 재개발조합의 조합원이 된다는 취지로 규정하고 있는바, 무허가건축물은 원칙적으로 관계법령에 의하여 철거되어야 할 것인데도 그 소유자에게 조합원 자격을 부여하여 결과적으로 재개발사업의 시행으로 인한 이익을 향유하게 하는 것은 위법행위를 한 자가 이익을 받는 결과가 되어 허용될 수 없는 점, 재개발사업의 원활한 시행을 위하여는 정비구역 안의 무분별한 무허가주택의 난립을 규제할 현실적 필요성이 적지 않은 점, 무허가건축물의 소유자를 당연히 구 도시정비법 제2조 제9호 가목에서 정하는 토지등소유자로 해석한다면, 다른 사람의 토지 위에 무단으로 무허가건축물을 축조한 다수의 소유자들이 조합설립추진위원회 및 재개발 조합을 결성하여 그 토지소유자를 재개

발사업에 강제로 편입시킴으로써 적법한 토지소유자의 재산권을 침해할 우려가 있는 점 등 여러 사정을 고려하여 볼 때, 구 도시정비법 제2조 제9호 가목 및 제19조 제1항에 의하여 소유자에게 조합원의 자격이 부여되는 건축물이라 함은 원칙적으로 적법한 건축물을 의미하고 무허가건축물은 이에 포함되지 않는다고 보아야 할 것이고, 다만 이와 같은 법리에 의하여 토지등소유자의 적법한 동의 등을 거쳐 설립된 재개발조합이 각자의 사정 내지는 필요에 따라 일정한 범위 내에서 무허가건축물 소유자에게 조합원 자격을 부여하도록 정관으로 정하는 경우에 비로소 그 예외가 인정될 수 있을 뿐이다(대법원 1999. 7. 27. 선고 97누4975 판결 등 참조).

원심은 제1심판결을 인용하여, ○○제11구역주택재개발정비사업조합설립추진위원회는 2007. 8. 23. 이 사건 조합의 설립을 안건으로 한 창립총회를 개최하여, 이 사건 정비구역 안의 토지 및 건축물 소유자 53명 중 26명, 토지 소유자 23명 중 7명, 건축물 소유자 292명(이 중 290명은 무허가건축물 소유자이다) 중 265명(그 모두가 무허가건축물 소유자이다)의 각 동의로 조합설립결의를 한 사실, 위와 같은 무허가건축물 소유자를 제외하면 78명의 토지등소유자 중 33명만이 이 사건 조합의 설립에 동의하였을 뿐이어서 동의율은 약42.3%에 불과한 사실 등을 인정한 다음, 무허가건축물의 소유자들이 주축이 되어 조합설립에 동의한 이 사건 조합은 구 도시정비법 제16조 제1항에 규정된 토지등소유자의 5분의 4 이상에 미치지 못하므로 적법한 재개발조합 설립인가요건을 갖추지 못하였다는 취지로 판단하였다. 기록에 비추어 살펴보면, 정당하다.

위와 같은 원심의 판단은 앞에서 본 법리에 따른 것으로 원심판결에는 상고 이유에서 주장하는 바와 같은 구 도시정비법 제2조 제9호 가목 및 제19조 제1항의 해석·적용에 관한 법리오해 등의 위법이 없다.

나. 한편,「서울특별시 도시 및 주거환경 정비조례」(2007. 12. 26. 서울특별시 조례 제4601호로 개정되기 전의 것 이하 '시조례'라 한다) 제2조 제1호, 제3조 제2항 제1호에서 기존무허가건축물이 주택재개발정비사업의 대상이 되는 정비구역 내의 노후·불량건축물에 해당한다는 취지로 규정하고 있는바, 위 각 규정은 정비계획의 수립대상구역에 관한 것일 뿐 토지등소유자의 범위에 관한 규정이라고 해석되지 아니하므로, 위 각 규정만으로는 무허가건축물의 소유자가 구 도시정비법 제2조 제9호 가목 및 제19조 제1항에서 정한 토지등소유자에 포함된다고 볼 수 없다.

따라서 원심이, 기존무허가건축물의 소유자는 시조례 제2조 제1호, 3조 제2항 제1호의 규정의 해석상 구 도시정비법 제2조 제9호 가목 및 제19조 제1항에서 정한 토지등소유자에 포함되어야 한다는 취지의 피고 및 피고보조참가인들의 주장을 배척한 것은 정당하다.

원심판결에는 상고이유에서 주장하는 바와 같이 시조례 제2조 제1호, 제3조 제2항 1호의 해석·적용에 관한 법리를 오해하는 등의 위법이 없다.

무허가 건물은 철거되어야 할 것이므로 조합원 자격을 줄 수 없다. 그러나 정관에 조합원 자격을 주겠다고 되어 있으면 줄 수도 있다. 이런 의미의 판결인 것이다. 조합원 자격을 줄 수 있다면 분양권도 줄 수 있을 것이다.

건축 허가는 받았지만 준공 처분 또는 사용 승인 처분을 받지 않은 건축물, 미사용 승인 건축물이라고 불리는 건물에 대해서도 조합원 자격을 주는 조례와 판례도 있다. 넓게 보면 무허가 건물이지만 건축 허가를 받았다는 점에서는 조금 다르며, 반쯤은 허가를 받은 반(半)허가 건물이라고 부를 수도 있을 것이다.

서울시 도시정비조례 제2조(정의) 이 조례에서 사용하는 용어의 뜻은 다음과 같다.
8. "미사용승인건축물"이란 관계 법령에 따라 건축허가 등을 받았으나 사용승인·준공인가 등을 받지 못한 건축물로서 사실상 준공된 건축물을 말한다.

서울시 조례에 미사용 승인 건축물에 대한 정의 규정이 있는데, 막상 분양권 규정을 보면 미사용 승인 건축물 소유자에게 분양권을 주라 말라 아무 말이 없다. 이에 대하여 서울행정법원 2019구합51437 판결은 분양권은 조합원에게 부여되는 가장 본질적인 권리로, 법령이나 정관에서 분양권을 부여하는 것을 명시적으로 제한하고 있지 않은 이상 원칙적으로 조합원에게 부여되어야 한다고 하였다. 무허가 건축물과는 궤를 달리하는데, 무허가 건물은 정관에서 조합원 자격을 부여하였기에 조합원이 되지만, 건축 허가는 받았으나 사용 승인을 받지 못한 건물의 소유자는 법령이나 정관에서 조합원 자격을 박탈하지 않는 한 조합원 자격은 물론 분양권이 있다는 것이다.

정관에 의해 조합원의 자격이나 분양권이 발생할 수 있는지, 즉 창설할 수 있는지에 대해서는 법령도 판례도 분명치 않다. 법과 시행령, 시행 규칙에는 아예 없고, 조례와 판례는 정관으로 가능할 것이라고 말하고 있다.

조합원의 자격이나 분양권은 토지 등 소유자의 본질적인 권리이다. 권리의 본질적인 부분을 정관 즉 조합원의 다수가 정하도록 하는 것은 소수자에게는 위협적이다. 법은 다수자에 맞서 소수자의 권리를 보호해야 하는 임무도 잊지 말아야 한다. 법령이 조합원의 자격이나 분양권에 대해 포지티브한 규정을 두고 있다면 정관은 그 공백을 메우는 정도에서 권한을 행사하면 된다. 그러나 법령은 누구에게 분양권이 있는지는 규정을 두고 있지 않고, 누구에게 몇 개의 분양권이 있는지에 대하여 약간의 규정을 두고 있을 뿐이다. 그런데 분양권의 양에 대한 규정도 일반 규정은 아니다. 이런저런 경우 분양권을 받지 못한다는 규정 몇 개를 두고 있을 뿐이다. 소극적이고 네거티브한 방식을 취하고 있는데, 이 때문에 정관으로 조합원의 자격이나 분양권을 창설할 수 있다고 해석하기 어려운 점이 있다.

분양권에 대해 정관에 특별한 규정을 두게 되면 법원은 이를 어떻게 해석할까? 몇가지 상상을 해보려고 한다.

재건축의 경우는 건물과 그 부속 토지 모두를 소유한 소유자에게만 조합원 자격 및 분양권을 준다. 집합 건물로서 대지 사용권을 가지고 있지 않은 예는 많지 않지만 전혀 없는 것은 아니다. 그러나 매우 이상한 법령이다. 건물 소유권만 가지고 있으면 왜 조합원 자격이 없어야 하는가? 하등 그럴 이유가 없다. 법이 그러하니 그렇다고 하는데, 법이 잘못되어 있는 것이다. 게다가 집합건물법은 세간의 기대와는 달리 부속 토지의 소유권 없이도 건물을 구분 소유할 수 있도록 하고 있다. 대지에 대하여는 대지권만 가지면 되지 소유권을 가질 필요가 없다는 것이다. 그런데 도시정비법은 부속 토지(대지)에 대해 소유해야 조합원이 될 수 있다고 한다.

도시정비법 제2조(정의) 이 법에서 사용하는 용어의 뜻은 다음과 같다.
9. "토지등소유자"란 다음 각 목의 어느 하나에 해당하는 자를 말한다. 다만, 제27조제1항에 따라 「자본시장과 금융투자업에 관한 법률」 제8조제7항에 따른 신탁업자(이하 "신탁업자"라 한다)가 사업시행자로 지정된 경우 토지등소유자가 정비사업을 목적으로 신탁업자에게 신탁한 토지 또는 건축물에 대하여는 위탁자를 토지등소유자로 본다.
가. 주거환경개선사업 및 재개발사업의 경우에는 정비구역에 위치한 토지 또는 건축물의 소유자 또는 그 지상권자
나. 재건축사업의 경우에는 정비구역에 위치한 건축물 및 그 부속토지의 소유자

만약 집합 건물의 대지권이 지상권이나 임차권이면 어쩔 것이

냐? 구분 소유자 전원이 조합원 실격인가? 그런데 만약 정관으로 그런저런 이유로 건물만 소유한 자도 조합원이 될 수 있고 분양권도 받는다. 이렇게 규정하면 이것이 가능할까?

재개발의 예도 상상해볼 수 있다. 지상권자는 소유자와 공동으로 조합원이 되는데 분양권을 갖지 못한다. 지상권자에게 분양권을 주지 말라는 규정이 없는데도 그러하다. 공동 주택을 짓게 되니 지상권이 설 자리가 없게 되고 결국 지상권은 유야무야 없어지고 만다. 대개 담보 목적 지상권이라 이렇게 없어져도 별문제 삼지 않을 뿐이다. 지상권자에게 분양권의 1/2을 준다는 규정은 어떠한가? 정관으로 창설할 수 있는가?

두 예는 정관의 긍정적인 측면의 상상이지만, 반대의 경우도 있을 수 있다. 특정 조합원의 특권적 지위를 창설하거나 불리한 지위를 창설하는 정관 규정을 둘 수도 있다. 상가 건물 소유자가 상가가 아닌 아파트를 분양받을 경우 종전 자산 평가액의 2배, 3배를 권리가액으로 할 수 있다고 하거나, 반대로 상가 소유자들이 분양받을 때는 일정한 면적 이상은 분양받을 수 없도록 하는 등 여러 가지 경우가 있을 수 있다.

이런 부정적 기능까지 생각한다면 불편하더라도 법령에서 위임하기 전에는 정관으로 분양권을 창설할 수 없음이 원칙이어야 한다. 분양권은 조합원의 지위와 밀접한 관련이 있고, 조합원은 정관 제정자이다. 정관 제정자가 누구인지 정관으로 정할 수 있다고 하는 것은 모순이다. 단체 구성원의 가입 탈퇴가 자유로운 테니스 동호회 같은 것이라면 가능하다. 그러나 강제 가입제를 취하고 있을 뿐 아니라, 정비 구역 지정으로 원하지 않아도 조합을 결성해야 하는 정비 사업에서는 다르다. 조합원의 자격뿐 아니라 분양권도 그렇다. 분양권은 소유자 권리의 본질적인 것이므로 법령이 정한 범위 내에서 제한적인 보충 권한만 행사해야 한다.

현재의 정관에 대한 판례의 해석은 다소 모호하나 정관으로 조합원 자격과 분양권을 정할 수 있다고 하면서도, 다른 한편으로는 본질적인 부분을 침해할 수는 없다고 하고 있다. 본질적인 부분을 제외한 나머지는 정관으로 정할 수 있다는 것이다. 무엇이 본질적인 것인지는 개별 사안마다 판단하겠다는 것이다.

2.3 관리 처분 계획

앞서 분양권의 개념에서 개략적으로 설명하였지만, 조합원이 분양 신청권을 행사하지 않으면 분양받을 수 없으므로 분양 신청권을 행사하느냐 않느냐에 따라 분양받을 수 있느냐 없느냐가 결정된다. 분양 신청 이전에 가지고 있는 다소 미완성인 분양권, 조합원의 권리 또는 소유자의 권리에 내재해 있는 권리를 외화하고, 한층 완성된 형태의 분양권으로 변형시키는 절차가 분양 신청이며, 분양 신청을 하고 나서 관리 처분 계획에서 어떠한 물건을 준다는 내용의 분양 설계를 하고 이를 인가받아야 비로소 어떤 물건에 대하여 분양받는지 등 분양권의 구체적 내용을 갖춘 분양권이 발생한다.

그러나 양자의 차이는 상대적이다. 양자를 모두 분양권이라고 부르는 데 반대하는 입장도 있을 수 있는데, 편의상 관리 처분 전 분양권, 관리 처분 후 분양권이라고 호칭하면 충분할 듯하다.

정비 사업이 진행되는 과정에서 소유권자의 지위는 점차 변해간다. 출발점은 구물건의 소유자이고, 최종 종착점은 신물건의 소유자이다. "구소유권자 - 조합원 - 분양권자 - 신소유권자" 이런 순이다. 이는 권리의 내용이기도 하지만 정비 사업 내에서의 지위이기도 하다.

관리 처분 계획은 분양권을 보다 완성형에 가깝게 만들어줄 뿐이지 완성해주는 것은 아니다. 분양권은 정비 사업의 과정에서 형성 중인 권리를 표현하는 것이며, 신소유권을 배정받을 권리를 의미하며 구소유권이 신소유권으로 변형되어 가는 중간 과정에 있는 권리라고 할 수 있다.

관리 처분 계획으로 분양권을 창설할 수도 있을까? 관리 처분 계획(안)을 의결하면서 관리 처분 계획의 기준에 대해서도 의결하고 그 기준에 의거해 관리 처분 계획을 수립하고 있다. 관리 처분 계획으로 새로운 분양권을 창설할 수 있는가의 문제는 총회 의결로 새로운 분양권을 창설할 수 있는가의 문제로 치환될 수 있다. 관리 처분 계획이나 그 기준은 총회 의결에 의하기 때문이다. 법령과 정관에는 분양권에 대해 규정이 없거나 간소한 규정만 있기 때문에 관리 처분 계획 기준에서 분양권을 창설할 수 있게 한다면 그 권한을 제한할 기준을 찾을 수 없어 매우 큰 권한을 행사할 수 있게 된다. 정관도 분양권을 제한적으로만 보충할 수 있을 뿐인데, 총회 의결로써, 관리 처분 계획으로써 분양권을 자유롭게 창설할 수 있도록 하는 것은 위험한 일이다. 다만, 창설은 할 수 없으나 법령에서 정하고 있는 분양권에 관한 세부 기준과 같이 공백을 메우는 역할은 할 수 있다는 정도여야 한다.

재개발 표준 정관은 "주택 및 부대 복리 시설의 분양 대상자와 분양 기준은 법 및 시·도의 조례가 정하는 기준에 적합한 범위 안에서 총회의 의결로 결정한다."라고 하면서 총회 의결로 분양 대상자와 분양 기준을 정할 수 있다고 하고 있다. 정관이 이런 권한을 가지고 있는지도 불분명하지만, 정관이 정할 것을 총회에 위임할 수 있는지도 의문이다.

아무튼 표준 정관이 이와 같은 규정을 두고 있으니 이를 선해(좋게 해석)한다면 법령 – 조례 – 정관의 순으로 이어지는 분양에 대한 규정의 범위 내에서 상위 규범이 정하지 않은 것을 정할 수 있다고 해석할 수밖에 없다.

2.4 분양 계약

주택이 늘 부족하던 우리나라는 주택 공급을 늘리기 위해 주택건설촉진법을 제정하고 아파트를 대규모로 지어 공급하면서 공급 방법으로 분양 계약을 체결하였다. 분양 계약은 매매 계약이다. 이와 같은 분양 계약이나 분양권은 정비 사업의 분양 계약이나 분양권과는 이름만 같을 뿐 종류가 다르다. 아파트를 직접 지어 팔던 사업 주체들은 대규모 건설 회사들이었는데 이들이 재개발이나 재건축 사업에 참여하게 되면서 조합 아파트를 지어 조합원에게 공급할 때에도 자신들이 직접 지어 팔면서 사용한 분양 계약을 그대로 모방하여 적용하였다. 주택 사업의 경우와 재개발의 경우는 법리가 다른데도 건설 회사들이 자신들에게 익숙한 제도를 사용하기를 고집한 결과 재개발이나 재건축에는 필요하지도 않은 분양 계약이 도입된 것이다. 이로 인해 법률 관계가 상당히 왜곡되었다.

정비 사업과 일반 주택 사업은 구조가 다르다. 정비 사업의 경우 조합원으로부터 분양 신청을 받아 관리 처분 계획을 수립, 인가를 받고 나면 관리 처분 계획의 효과로써 분양권 즉 구체적 분양권이 생긴다. 분양권은 관리 처분 계획이라는 행정 처분의 효력으로 생긴 것이지 분양 계약이라는 계약에 의해 생긴 것이 아니다. 따라서 분양 계약을 체결하든 않든 관리 처분 계획에 하자가 없으면 분양권이 생긴다고 할 것이다. 그런데도 대부분의 조합에서 분양 계약을 체결하지 않으면 분양권을 박탈하고 현금 청산을 하고 있는데, 이는 법령에 반하는 것이다. 분양 계약 체결을 계속 고집할 경우 분양 신청 기간 만료일을 기준으로 현금 청산자와 분양자를 구분하는 도시정비법의 규정은 사문화하고 말 것이다. 분양 계약 제도는 재개발 재건축에는 맞지 않는 것으로 폐지해야 한다.

이에 대하여 분양 계약은 관리 처분 계획으로 정하지 못한 내용을 구체화하는 기능이 있으므로 유효라는 반론이 있다. 대법원 판례는 유효설을 따르고 있다. 분양 계약이 관리 처분 계획의 공백을 메우고 이를 구체화하는 계약으로 기능한다면 반대할 이유는 없으나 판례는 그 범위를 넘어서 이미 성립한 행정 처분을 개폐하는 효력까지 인정하고 있어 혼란의 원인이 되고 있다. 대법원 판례는 분양 신청 기간 만료일 이후에 분양 계약을 체결하지 않으면 현금 청산하도록 하는 정관 규정이 유효하다고 보고, 위 정관 규정에 따라 청산 의무가 발생한다고 한다. 이것이 분양 계약으로 행정 처분을 개폐하는 효력을 인정하고 있는 예이다. 분양 계약을 합리화하는 근거와 실제 모습은 엄청난 괴리가 있다.

대법원 2008. 12. 24. 선고 2006다73096 판결

[1] 구 도시재개발법(1995. 12. 29. 법률 제5116호로 전문 개정되기 전의 것)의 적용을 받는 재개발조합과 조합원이 도시재개발사업 시행 과정에서 시공사에 대한 공사비 지급, 신축건물에 대한 조합원의 입주 및 분양대금 납부 등을 둘러싼 권리·의무관계를 원활하게 조정하고 이를 구체화하기 위하여 사법상 계약의 형태로 개별적인 약정을 체결하는 것은 그것이 재개발조합과 조합원의 자유로운 의사의 합치에 기하여 이루어진 것인 이상 총회결의 절차를 반드시 거쳐야 한다고 볼 수 없으며, 공사비 등의 지급을 위한 조합원의 급부의무의 부담 및 그 내용이 구 도시재개발법을 포함한 전체 법질서에 비추어 허용될 수 있고 그 사법상 계약의 체결에 이르게 된 동기, 경위

및 목적 등에 비추어 필요성과 상당성이 있다고 인정되는 때에는, 사법상 계약에서 조합원에게 정관이나 관리처분계획 등에서 예정하지 아니한 급부의무에 관하여 정하고 있다는 사정만으로 위 사법상 계약이 무효로 되는 것이 아니다.

[2] 재개발조합이 분양 대상 신축 아파트에 대한 공사가 완료되었음에도 당초 예정한 것과는 달리 상가의 분양 등이 늦어진 탓에 시공사에게 공사비 등을 지급할 수 없게 되고, 이에 따라 시공사의 신축 아파트에 대한 유치권 등의 행사로 예정된 입주일에 입주하기가 어려워지는 한편 연체료 등의 가산으로 공사비 등의 부담이 증가할 수 있는 상황에 처하게 되자, 이를 타개하기 위하여 조합원들과 '분양대금 전액의 선납부 후정산'의 내용으로 분양계약을 체결한 사안에서, 신축 아파트의 적기 입주와 사업비용 증가의 방지라는 목적을 달성하기 위하여 체결된 위 분양계약에 따른 분양대금 납부의무의 부담이나 그 내용은 구 도시재개발법(1995. 12. 29. 법률 제5116호로 전문 개정되기 전의 것)을 포함한 전체 법질서에 비추어 허용될 수 있고, 분양계약의 체결에 이르게 된 동기, 경위 및 목적 등에 비추어 필요성과 상당성이 있다고 인정할 수 있으므로, 위 분양계약을 무효로 볼 수 없다고 한 사례.

3 재개발 분양권자

　재건축의 분양권자와 재개발의 분양권자는 조금 다르다. 재개발이 좀 더 복잡하다. 먼저 재개발 사업의 분양권에 대하여 설명한 후 재건축을 살펴보기로 한다. 이 장에서는 특별한 표시가 없으면 재개발 사업을 전제로 한 것임을 알려둔다.

　분양권은 조합원의 자격에서 파생되고, 조합원 자격은 토지 등 소유자여야 부여되므로 "분양권자 = 조합원 자격 = 토지 등 소유자"의 등식이 성립한다고 생각한다. 대체로 그렇지만 완벽한 등식은 아니다. 조금 다른 경우가 있다. 도시정비법은 조합원 자격과 분양권이 완전히 조응하고 있지 않음에도 조합원 자격에 대해서만 규정하고 분양권에 대하여는 별다른 규정이 없다. 그것으로 충분하다고 생각하는 것 같다. 재개발 표준 정관은 "주택 및 부대 복리 시설의 분양 대상자와 분양 기준은 법 및 시·도의 조례가 정하는 기준에 적합한 범위 안에서 총회의 의결로 결정한다."라고 하여 정관에서 독자적으로 정하지 않고 조례에서 정한 분양권 규정을 그대로 적용하고 있다. 분양권에 대한 규정을 가지고 있는 조례를 중심으로 분양권의 내용을 알아보자.

3.1 소유 물건의 종류를 기준으로 한 분양권자

3.1.1 주택 소유자

주택을 소유한 사람은 신축되는 공동 주택의 분양권이 있다(서울시 도시정비조례 제36조 등). 도시정비법에서는 주택을 소유한 사람에게 재개발로 인한 신축 건물의 분양권이 있다고 하고 있지 않음에도 조례는 이와 같이 제한하고 있다. 주택을 소유한 사람에게 분양권을 준다고 한다면, 주택이 아닌 건물을 소유한 사람에 대하여는 분양권을 주지 않겠다는 의미인가? 주택이 아닌 건물을 소유한 사람에게도 분양권이 있을까? 도시정비법에는 주택 아닌 건물의 소유자에게 분양권을 주지 말라는 규정이 없다. 분양권에 대한 규정 전체가 공백이니 분양권에 대해 어떠한 속단도 금물이다. 서울시 도시정비조례는 분양권을 주지 말라는 취지로 입법되어 있다. 주택인지 아닌지는 등기부 등본과 건축물 대장으로 알 수 있다.

3.1.2 사실상 주거 소유자

　공부(公簿)상 주택인 경우에만 공동 주택의 분양권자인 것은 아니고 사실상 주거도 포함한다. 사실상 주거란 공부상에는 주거로 되어 있지 않으나 실지 용도는 주거인 경우를 말한다. 건축법상 근린 생활 시설로 허가를 받아 사용하다가 주거로 개조한 후 주거로 사용해왔으면 이것도 주택으로 보고 분양권을 준다. 사실상 주거로 사용하였는지 여부는 시행자 처지에서는 조사하기 어렵고, 수분양자 입장에서도 증명하기 어렵다. 이로 인해 간혹 소송이 발생한다.

　서울시 도시정비조례는 사실상 주거용으로 사용하는 건축물 소유자에게 분양권을 주는 규정을 개정하였다. 서울시 도시정비조례 제27조 제1항 1호 "종전의 건축물 중 주택(기존 무허가 건축물 및 사실상 주거용으로 사용되고 있는 건축물을 포함한다)을 소유한 자"라고 하던 것을 "1. 종전의 건축물 중 주택(주거용으로 사용하고 있는 특정 무허가 건축물 중 조합 정관 등에서 정한 건축물을 포함한다)을 소유한 자"로 바꾸었다.

　종전 건축물이 공부상 주택이 아니어도 사실상 주거용으로 사용하고 있었다면 공동 주택을 분양받을 수 있었는데 이 개정으로 인해 그 길이 막혀버렸다. 도시정비조례 부칙(제5102호) 제2조(특정 무허가 건축물의 정의 및 주택 재개발 사업의 분양 대상 등에 관한 적용례)는 "제2조제1호 및 제27조제1항제1호의 개정 규정은 이 조례 시행

후 최초로 영 제11조 제1항에 따라 주민 공람을 하는 분부터 적용한다."라고 하면서 조례 시행일인 2011. 5. 26. 이후 정비 구역 지정을 위한 공람 공고를 한 경우에만 적용하기로 하였다.

정비 구역 지정 공람 공고일이 2011. 5. 26. 이후인 재개발 구역의 경우에는 사실상 주거용인 건물의 소유자는 공동 주택을 분양받을 수 없고, 정비 구역 지정이 2011. 5. 26. 이전에 있었던 경우에만 사실상 주거용 건축물 소유자도 공동 주택을 분양받을 수 있다. 이 점에 유의해야 한다. 다만, 사실상 주거용 건축물의 소유자임에도 공동 주택을 분양받는 모습을 보게 되는데 이는 토지의 소유자로서 분양을 받거나 조합이나 구청이 이 문제를 지적하지 않고 그냥 넘어가기 때문일 가능성이 높다. 서울시 조례에는 상당한 문제가 있으나 현재 시행 중인 조례이므로 무시할 수 없다.

3.1.3 무허가 건물 소유자

주택에는 주거용으로 사용하고 있는 특정 무허가 건축물 또는 기존 무허가 건축물도 포함된다. 특정 무허가 건물과 기존 무허가 건물은 명칭만 다를 뿐 같은 것을 의미한다. 기존 무허가 건물에 대하여 분양권을 준다는 의미는 뒤집어 말하면 새로 생긴 무허가 건물에 대해서는 분양권을 주지 않겠다는 의미이다. 무허가 건물이라도 언제부터 있었던 건물이냐에 따라 운명이 달라진다. 이 점에 유의해야 한다.

① 개정 조례 시행일 이전에 공람 공고가 있었던 경우

서울시의 경우 2011. 5. 26. 이전에 정비 구역 지정을 위한 공람이 이루어진 정비 구역은 다음과 같은 '기존 무허가 건축물'로서 사실상 주거용으로 사용되고 있는 건축물이 주택에 포함된다.

기존 무허가 건축물은 서울시 조례 제2조(정의) 1호에서 아래와 같이 정하고 있었다.

> 제2조(정의) 이 조례에서 사용하는 용어의 정의는 「도시 및 주거환경정비법」(이하 "법"이라 한다) 제2조 각 호와 같으며, 그 밖에 용어의 정의는 다음 각 호와 같다
> 1. "기존무허가건축물"이라 함은 다음 각목의 1에 해당하는 무허가 건축물을 말한다.
>   가. 1981년 12월 31일 현재 무허가건축물대장에 등재된 무허가건축물
>   나. 1981년 제2차 촬영한 항공사진에 나타나 있는 무허가건축물
>   다. 재산세 납부대장 등 공부상 1981년 12월 31일 이전에 건축하였다는 확증이 있는 무허가건축물
>   라. 1982년 4월 8일 이전에 사실상 건축된 연면적 85제곱미터 이하의 주거용건축물로서 1982년 제1차 촬영한 항공사진에 나타나 있거나 재산세 납부대장 등 공부상 1982년 4월 8일 이전에 건축하였다는 확증이 있는 무허가건축물 (개정 2009. 7. 30.)

> 마. 공익사업등을위한토지등의취득및보상에관한법률시행규칙 부
> 칙 제5조의 규정에 의한 무허가건축물(사용승인·준공인가 등
> 을 받지 못한 건축물을 포함한다) 중 조합정관에서 정한 건축물
> (신설 2004. 11. 5.)

 기존 무허가 건물의 정의가 5가지로 나뉘어 있는데, 이는 서로 중복되기도 하고 서로 관계가 애매하기도 하여 조례를 개정하여 특정 무허가 건물이라는 이름으로 개칭하는 한편 기준도 하나로 통일하였다. 그렇다고 하더라도 개정 조례의 시행일인 2011. 5. 26. 이전에 정비 구역 지정을 위한 공람 공고가 있었다고 한다면 구조례에 따라 위 기존 무허가 건물의 5개 기준이 적용된다. 공익 사업 등을 위한 토지 등의 취득 및 보상에 관한 법률 시행규칙 부칙 제5조에서 말하는 무허가 건물이란 1989. 1. 24. 기준으로 현존하고 있던 무허가 건물을 말한다.

> **공익사업등을 위한 토지 등의 취득 및 보상에 관한 법률 시행규칙 부칙**
> **(건설교통부령 제344호, 2002. 12. 31.) 제5조 (무허가건축물등에 관한 경과조치)** ① 1989년 1월 24일 당시의 무허가건축물등에 대하여는 제24조·제54조 제1항 단서·제54조 제2항 단서·제58조 제1항 단서 및 제58조 제2항 단서의 규정에 불구하고 이 규칙에서 정한 보상을 함에 있어 이를 적법한 건축물로 본다.

시간적 기준이 중복되는 결과, 서울시 도시정비조례 제2조 1호 마.항에서 정하고 있는 기준일인 1989. 1. 24. 이전에만 존재하면 충분하다. 위와 같이 복잡한 기준을 둘 이유가 없다.

기존 무허가 건물 소유자라고 하더라도 곧바로 분양권을 갖는 것은 아니고 정관에서 기존 무허가 건물 소유자에게 분양권을 부여해야 한다. 표준 정관을 채택하고 있는 경우에는 기존 무허가 건물 소유자에게 분양권을 부여하는 규정이 있어 대부분 분양권을 가질 수 있다. 국토교통부에서 2003년 작성한 재개발 표준 정관은 제9조 제2항 단서에서 "다만, 건축물이 무허가인 경우에는 법에 의하여 제정된 시·도조례(이하 "시·도조례"라 한다)에서 정하는 기존 무허가 건축물로서 자기 소유임을 입증하는 경우에 한하여 그 무허가 건축물 소유자를 조합원으로 인정한다."고 정하고 있다.

② 서울시 조례 개정일 이후 공람 공고가 있었던 경우

서울시는 기존 무허가 건축물이라는 용어 대신 특정 무허가 건축물이란 용어를 도입하였다. 서울시 조례 변경으로 개정된 조례의 시행일인 2011. 5. 26. 이후 최초로 정비 구역 지정을 위한 주민 공람을 한 정비 사업부터는 관리 처분 기준일 현재 "주거용으로 사용하고 있는 특정 무허가 건축물 중 조합 정관 등에서 정한 건축물"을 소유한 사람에게는 분양권을 준다.

> 서울시 도시정비조례 제2조(정의) 이 조례에서 사용하는 용어의 뜻은 다음과 같다.<개정 2021.9.30>
> 1. "특정무허가건축물"이란 건설교통부령 제344호 공익사업을위한 토지등 의취득및보상에관한법률시행규칙 부칙 제5조에서 "1989년 1월 24일 당시의 무허가건축물등"을 말한다.

특정 무허가 건축물이란 건설교통부령 제344호 공익 사업을 위한 토지 등의 취득 및 보상에 관한 법률 시행규칙 부칙 제5조에 따른 1989. 1. 24. 당시의 무허가 건축물 등을 말하는데, 특정 무허가 건물의 내용은 기존 무허가 건축물과 결과적으로는 동일하다.

개정 조례가 적용되는 경우에도 특정 무허가 건물 소유자라고 하더라도 곧바로 분양권을 갖는 것은 아니고 정관에서 특정 무허가 건물 소유자에게 분양권을 부여해야 한다. 서울시 조례 개정에도 불구하고 표준 정관을 사용하는 재개발 조합의 경우 분양권이 인정되는 무허가 건축물의 범위는 동일하다.

③ 경기도 등의 경우

경기도의 경우 조례에서 "기존 무허가 건축물"이란 "공익 사업을 위한 토지 등의 취득 및 보상에 관한 법률에 따른 보상 대상 무허가 건축물(1989. 1. 24. 이전 건축된 무허가 건축물)"이라고 하여 서울시 조례의 "특정 무허가 건축물"과 같은 의미로 사용하고 있다.

3.1.4 토지 소유자

토지를 소유한 사람은 분양권이 있다. 그러나 도시정비법 제76조 제1항에 따라 과소 필지에 대하여는 분양권을 주지 않을 수도 있게 되어 있다. 과소 필지를 어떻게 정할지가 문제인데 법령에 면적이 얼마만큼이면 과소 필지인지 별다른 규정이 없다. 조례에만 그 내용이 있다. 서울시의 경우 2009년 조례를 개정하여 최소 필지를 따로 정하지 않고 종전 토지의 총면적으로 정하고 있는데 총면적의 기준으로 90제곱미터 이상인 경우 분양권을 부여하고 있다(서울시 도시정비 조례 제36조). 총면적을 기준으로 하므로 필지별로는 90제곱미터가 되지 않아도 합하여 90제곱미터가 넘으면 된다.

서울시 도시및주거환경정비조례 제36조(재개발사업의 분양대상 등) ①
영 제63조제1항제3호에 따라 재개발사업으로 건립되는 공동주택의 분양대상자는 관리처분계획기준일 현재 다음 각 호의 어느 하나에 해당하는 토지등소유자로 한다.

1. 생략

2. <u>분양신청자가 소유하고 있는 종전토지의 총면적이 90제곱미터 이상인 자</u>

3. 이하 생략

경기도의 재개발 구역의 경우 면적 제한 규정이 없다. 정관이나 관리 처분 계획에서 시행령에 따른 과소 필지 제한 규정에 따른 분양권 제한을 두고 있지 않은 한 과소 필지라고 하더라도 분양권이 있다.

표준 정관은 그저 "주택 및 부대 복리 시설의 분양 대상자와 분양 기준은 법 및 시·도의 조례가 정하는 기준에 적합한 범위 안에서 총회의 의결로 결정한다."(재개발 표준정관 제48조)라고만 하고 있고, 도시정비법은 "너무 좁은 토지 또는 건축물이나 정비 구역 지정 후 분할된 토지를 취득한 자에게는 현금으로 청산할 수 있다."(법 제76조 제1항 3호)라고만 하고 있어서 서울시 조례처럼 적극적인 규정이 있는 지역이 아닌 한 분양권이 부여될 것이다. 조합이 정관이나 총회 의결로 분양권을 제한할 하등의 이유가 없기 때문에 조례에 과소 필지 규정이 없으면 정관에도 그러한 규정을 두지 않는 것이 보통이다. 부산, 광주, 대전 등 지자체별로 조례가 조금씩 다르므로 해당 규정을 꼭 찾아보아야 한다.

3.1.5 토지를 소유하지 않은 (주택 아닌) 건물의 소유자

2018년 도시정비법 개정 전의 재개발 사업은 주택 재개발 사업이었다. 주택 아닌 건물의 재개발은 도심 재개발을 계승한 도시 환경 정비 사업의 대상이었다. 그런데 2018년 도시정비법 개정으로 도시 환경 정비 사업과 주택 재개발 사업은 한 종류의 사업으로 통합되었고 명칭도 주택 재개발 사업에서 주택이라는 단어를 뺀 재개발 사업으로 변경되었다. 2018년 개정 전에도 문제가 있었지만 개정 후에는 문제가 더 심각해졌다. 서울시 조례가 토지를 소유하지 않은 주택 아닌 건물의 소유자에게는 분양권을 주지 않을 것처럼 규정되어 있기 때문이다.

서울시 조례는 사실상 주거용 건축물조차 조례 개정을 통해 분양권을 주지 않는 입법을 하였는데, 누가 보더라도 주거용 건축물이 아닌 건축물에는 분양권을 주지 않는 것이 명확하다.

> **서울시 도시정비조례 제36조(재개발사업의 분양대상 등)** ① 영 제63조제1항제3호에 따라 재개발사업으로 건립되는 공동주택의 분양대상자는 관리처분계획기준일 현재 다음 각 호의 어느 하나에 해당하는 토지등소유자로 한다.
>
> 1. 종전의 건축물 중 주택(주거용으로 사용하고 있는 특정무허가건축물 중 조합의 정관등에서 정한 건축물을 포함한다)을 소유한 자
> 2. 분양신청자가 소유하고 있는 종전토지의 총면적이 90제곱미터 이상인 자
> 3. 분양신청자가 소유하고 있는 권리가액이 분양용 최소규모 공동주택 1가구의 추산액 이상인 자. 다만, 분양신청자가 동일한 세대인 경우의 권리가액은 세대원 전원의 가액을 합하여 산정할 수 있다.
> 4. 사업시행방식전환의 경우에는 전환되기 전의 사업방식에 따라

      환지를 지정받은 자. 이 경우 제1호부터 제3호까지는 적용하지 아니할 수 있다.
  5. 도시재정비법 제11조제4항에 따라 재정비촉진계획에 따른 기반시설을 설치하게 되는 경우로서 종전의 주택(사실상 주거용으로 사용되고 있는 건축물을 포함한다)에 관한 보상을 받은 자

  혹 서울시 도시정비조례 제36조 제1항 3호를 근거로 분양권이 있다고 주장할 수도 있다. 조례 제36조 제1항 3호는 "분양 신청자가 소유하고 있는 권리가액이 분양용 최소 규모 공동 주택 1가구의 추산액 이상인 자. 다만, 분양 신청자가 동일한 세대인 경우의 권리가액은 세대원 전원의 가액을 합하여 산정할 수 있다."라고 하고 있으므로 주택 아닌 건물의 가액이 공동 주택 1가구 추산액 이상이면 이 규정에 의거해 분양권을 갖게 되는 것이 아니냐는 것이다.

  그러나 서울시 조례 제36조 제1항 3호와 같이 제한없이 분양권을 줄 것이었으면 분양 대상자를 주택 소유자라고 하고 있는 규정을 둘 필요가 없는 점 등에 비추어 그렇게 해석되기 어렵다.

  앞에서 언급했듯이 사실상 주거용 건축물 소유자에게 분양권을 주지 않기 위해 조례를 개정한 것 - 도시정비조례 제27조 제1항 1호 "종전의 건축물 중 주택(기존 무허가 건축물 및 사실상 주거용으로 사용되고 있는 건축물을 포함한다)을 소유한 자"라고 하던 것을 "1. 종전의 건축물 중 주택(주거용으로 사용하고 있는 특정 무허가 건축물 중

조합 정관 등에서 정한 건축물을 포함한다)을 소유한 자"로 바꾸었다 - 에 비추어 볼 때도 그러하다.

토지도 없고 주택도 아닌 건축물의 소유자에 관한 분양권 규정은 서울시 도시정비조례 제38조 제2항이 유일하다. 주택 아닌 건물의 소유자에게 주택의 분양권을 준다는 명시적 규정은 아니다. 그 대신 부대 복리 시설의 분양권을 주고 있다. 서울시의 경우 제1 순위부터 제6 순위까지 순위를 정해 부대 복리 시설을 분양하고 있는데 주택 아닌 건물의 소유자를 일반 주택 소유자보다 선순위로 하여 분양받을 수 있도록 하고 있다(서울시 도시정비조례 제38조 제2항).

그런데 이 규정을 자세히 들여다보면 분양권 규정이 아니다. 분양 신청을 할 경우 우선순위에 관한 것이다. 주택 아닌 건물의 소유자에게는 부대 복리 시설을 분양하겠지만 분양권을 주는 것이 아니라 우선권만 주겠다는 것이고 부대 복리 시설의 숫자가 부족하여 우선권에 밀린다면 분양받지 못할 수도 있다는 것이다. 분양권과 분양 우선권은 같은 것일 수 없다.

서울시 도시정비조례는 주택 소유자와 주택 아닌 건물 소유자를 차별하고 있다. 주택의 소유자는 원한다면 100% 분양받을 수 있도록 한다는 암묵적 전제하에 누가 분양권자인지만 정하고 있다. 그러나 주택 아닌 건물의 소유자의 경우에는 분양 시 우선권을 주고 있을 뿐 100% 분양받을 것을 전제로 하지 않고 있다. 우선권만 주고 있으므로 분양받지 못할 수도 있다. 만약 주택 아닌 건물의 소유자가 100명인데 부대 복리 시설을 80개만 짓는다면 나머지 20명은 분양을 받지 못하게 된다. 특히 분양할 수 있는 공동 주택이 남아 있는 경우에도 분양권을 보장해주지 못한다면 불공평하다. 보통 상가 소유자들도 토지를 소유하고 있으므로 토지 소유자로서 주택을 분양받을 수는 있으나 어디까지나 토지 소유자의 자격이지 상가 건물 소유자의 자격으로 분양권이 보장되는 것은 아니다.

2018년 개정 전 도시정비법에 의하더라도 이와 같은 분양권 박탈 규정은 위헌, 위법인 규정이라고 할 것인데, 하물며 개정 후 도시 환경 정비 사업이 재개발로 전환된 현 시점에서는 더더욱 위헌, 위법인 규정이라고 할 것이다. 주택 아닌 건축물 소유자에 대한 분양을 어떻게 하고 있는지 실무 관행을 알기는 어려운데, 대개 주택 아닌 건축물 소유자라고 하더라도 토지를 소유하고 있어 토지를 기반으로 한 분양권을 가지고 있기 때문이다. 조속히 개정되어야 할 조례 규정이다. 경기도 도시정비조례에서는 서울시 도시정비조례 제36조와 같은 규정을 두지 않아 이런 논란을 피해가고 있다.

3.2 소유자이거나 조합원인데도 분양권을 주지 않는 경우

3.2.1 지상권

지상권자는 소유자와 공동으로 조합원 자격을 갖는다. 도시정비법은 지상권자도 토지 등 소유자의 한 사람으로 보라고 하고 있고, 시행령 역시 동의를 받을 때 소유자와 지상권자를 대표하는 사람을 지정받아 동의를 받으라고 하고 있다. 공유자가 공유자 중 1인을 대표 조합원으로 지정해서 동의하고 조합원이 되는 것과 같다.

> **도시정비법 제2조(정의)** 이 법에서 사용하는 용어의 뜻은 다음과 같다.
>
> 1. ~ 8. 생략
> 9. "토지등소유자"란 다음 각 목의 어느 하나에 해당하는 자를 말한다. 다만, 제27조제1항에 따라 「자본시장과 금융투자업에 관한 법률」 제8조제7항에 따른 신탁업자(이하 "신탁업자"라 한다)가 사업시행자로 지정된 경우 토지등소유자가 정비사업을 목적으로 신탁업자에게 신탁한 토지 또는 건축물에 대하여는 위탁자를 토지등소유자로 본다.
>   가. 주거환경개선사업 및 재개발사업의 경우에는 정비구역에 위치한 토지 또는 건축물의 소유자 또는 그 지상권자
>
>   (이하 생략)

> **시행령 제33조(토지등소유자의 동의자 수 산정 방법 등)** ① 법 제12조제2항, 제28조제1항, 제36조제1항, 이 영 제12조, 제14조제2항 및 제27조에 따른 토지등소유자(토지면적에 관한 동의자 수를 산정하는 경우에는 토지소유자를 말한다. 이하 이 조에서 같다)의 동의는 다음 각 호의 기준에 따라 산정한다.
>
> 1. 주거환경개선사업, 재개발사업의 경우에는 다음 각 목의 기준에 의할 것

> 가. 1필지의 토지 또는 하나의 건축물을 여럿이서 공유할 때에는 그 여럿을 대표하는 1인을 토지등소유자로 산정할 것. 다만, 재개발구역의 「전통시장 및 상점가 육성을 위한 특별법」 제2조에 따른 전통시장 및 상점가로서 1필지의 토지 또는 하나의 건축물을 여럿이서 공유하는 경우에는 해당 토지 또는 건축물의 토지등소유자의 4분의 3 이상의 동의를 받아 이를 대표하는 1인을 토지등소유자로 산정할 수 있다.
> 나. 토지에 지상권이 설정되어 있는 경우 토지의 소유자와 해당 토지의 지상권자를 대표하는 1인을 토지등소유자로 산정할 것
>
> (이하 생략)

지상권이라는 권리는 일반인에게는 생소한 권리이다. 담보용으로는 사용되지만 실제 본연의 목적으로 지상권이 설정되는 예는 드물다. 송전탑이나 터널을 설치하기 위해 지상권을 설정하는 것 정도가 실제 쓰이는 용도일 뿐 일상생활에서는 접하기 어려운 권리다. 재개발 구역에 지상권자가 자신의 권리를 주장하는 예는 찾기 어렵다. 소유자와 지상권자를 공동 조합원으로 한 규정은 현실에 맞지 않는다. 지상권은 해지되어야 하거나 유지되어야 하는 권리일 뿐 조합원 자격을 줄 사정이 있지 않다. 터널을 위해 지하 부분에 한정하는 지상권을 설정했는데, 재개발 사업이 끝나고 신축 건물이 들어섰다고 해서 터널을 없앨 것도 아니고 터널을 위한 지상권을 소멸시킬 것도 아니다. 그런데 토지 소유자의 등기부를 보면 이

러한 지상권 설정 등기가 모두 되어 있다.

이렇게 지상권 설정 등기가 되어 있다면 토지 소유자와 공동으로 조합원이 되어야 할 것인데, 지상권자 역시 스스로를 조합원으로 생각하지 않을 뿐 아니라 소유자, 조합 모두 조합원으로 생각하지 않고 조합 설립 시 동의를 받지도 않으며, 조합원 명부에도 없고 대표 조합원 지정도, 분양권도 아무것도 주지 않는다.

담보 목적 지상권도 비슷하다. 은행에서 나대지를 담보로 대출을 해주게 되면 저당권만 설정하는 것이 아니고 나대지에 지상권을 설정한다. 나대지이므로 여기서 신축 건물을 세우다가 중단되면 철거 비용만큼 토지의 가치가 감소하고, 유치권 등 복잡한 문제가 생기기 때문에 지상권을 설정해서 소유자가 건축 행위를 하는 것을 막으려는 것이다. 이러한 지상권이 설정된 경우에도 본인이 공동 조합원이라는 자각이 없다.

어떤 종류이든 지상권은 더이상 본래 목적대로 유지할 수 없는 것이라면 소멸해야 할 권리가 되고 본래 목적대로 유지할 수 있으면 그대로 유지하면 된다. 어느 쪽이든 조합원 자격을 줄 이유가 없다. 그래서인지 지상권자에게는 분양권을 주지 않는다. 문제는 분양권을 주지 않는다는 규정이 없다는 것이다. 조합원 자격이 있으면 분양권도 있다는 원칙을 고수하고 있는 듯하지만 실제는 그렇지 않은 것이다. 조합원 자격과 분양권을 일치시키지 않을 것이면 분양권에 대한 특별 규정을 두어야 한다. 분양권을 주지 않는 것이 타당하다면 조합원 자격을 준 것이 타당하지 않다는 의미가 된다.

지상권자에게는 법적 근거는 없으나 분양권을 주지 않고 있다.

3.2.2 과소 권리가액

서울시는 권리가액이 과소한 경우 분양권을 부여하지 않고 있다. 분양 신청자가 소유하고 있는 권리가액이 분양용 최소 규모 공동주택 1가구의 추산액 이상인 자에 한하여 분양권을 부여한다. 다만, 분양 신청자가 동일한 세대인 경우의 권리가액은 세대원 전원의 가액을 합산하여 산정할 수 있다(서울시 도시정비조례 제36조 제1항 3호).

여기서 권리가액은 권리 산정 기준일 이후 매입한 토지 등을 제외한 면적의 가격을 말한다. 종전 자산에 비례율을 곱하여 계산하는 것도 권리가액이라고 부르는데, 이름은 같지만 의미가 다르니 주의해야 한다.

서울시 도시및주거환경정비조례 제36조(재개발사업의 분양대상 등) ① 영 제63조제1항제3호에 따라 재개발사업으로 건립되는 공동주택의 분양대상자는 관리처분계획기준일 현재 다음 각 호의 어느 하나에 해당하는 토지등소유자로 한다.

1. 2. 생략

3. 분양신청자가 소유하고 있는 권리가액이 분양용 최소규모 공동주택 1가구의 추산액 이상인 자. 다만, 분양신청자가 동일한 세

> 대인 경우의 권리가액은 세대원 전원의 가액을 합하여 산정할 수 있다.

　권리가액이 분양용 최소 규모 공동 주택 1가구 추산액보다 적으면 분양권이 없다. 과거에는 과소 필지 소유자에게 분양권을 주지 않는다는 규정이 있었는데, 이를 삭제하고 토지 총면적 기준으로 90제곱미터 규정과 최소 권리가액 규정을 신설하였다. 이 규정의 적용은 매우 차별적이다. 일단 주택에는 적용되지 않는다. 서울시 조례는 주택을 소유한 자에 대하여는 분양권이 있다고 하고 있기 때문에 아무리 싼 주택이라도 분양권이 있다(서울시 조례 제36조 제1항 1호). 토지의 경우는 권리가액 규정과 면적 규정이 중복으로 적용된다. 총면적 90제곱미터가 넘으면 분양권이 있다. 그러나 90제곱미터가 넘지 않아도 가격이 최소 분양 물건의 가격보다 비싸면 분양권을 준다는 것이다.

　과소 필지의 소유자에게 분양권을 주지 않고 현금 청산을 하도록 하는 규정은 구토지구획정리사업법에서 유래했다. 과소 권리가액 소유자의 현금 청산 규정은 과소 필지 소유자에게 분양권을 주지 않는 제도를 모방한 것으로 보인다. 구토지구획정리사업법이 과소 필지 소유자에게 분양권을 주지 않은 이유는 환지를 거치고 나면 과소 필지가 더 줄어들어 건축할 수도 없고 사실상 활용할 수 없는 토지가 되어 환지 계획의 취지에 반하기 때문에 부득이 분양권을 주지 않고 현금 청산을 한 것이다. 환지 계획의 특수성으로 인한 제도를 건물의 경우에도 유지할 필요가 있을지 의문이다.

그러나 헌법재판소는 과소 필지 소유자에게 분양권을 주지 않는 규정을 합헌이라고 하고 있다. 서울시 조례는 과소 필지 분양권 제한을 과소 권리가액 분양권 제한으로 변형시키려는 과도기적 실험이 아닐까 싶다. 과소 필지의 경우와 과소 권리가액의 경우가 같을까? 같지 않다. 과소 필지의 경우 건축할 수 없는 면적이라는 것이 객관화되어 있지만 과소 권리가액은 어떠한 건물을 짓는가 등 최소 분양 물건을 어떻게 설정하느냐에 달려 있기도 하고 당시 부동산 시세에 달려 있기도 하다. 또 과소 필지는 건물을 지을 수 없는 땅을 환지해야 하는 것이 불합리하기 때문에 그 제한이 정당화될 수 있지만 과소 권리가액의 경우 그 차액을 납부하면 되기 때문에 그 제한이 정당화될 수 없다. 재개발 사업 방식으로 환지 방식을 채택할 경우에는 과소 필지임에도 분양해야 하는지 혼란이 발생한다. 이 규정이 논란이 되어 소송이 제기된다면 위헌 또는 위법한 조례라는 판결이 선고될 가능성도 있다.

헌법재판소 2012. 2. 23. 선고 2010헌바484 결정

〈결정 요지〉
가. 이 사건 법률조항은 정비사업시행에 따른 새로운 건축물과 토지가 한정되

어 있어 너무 좁은 토지 소유자를 포함한 조합원 모두에 대해서까지 현물분양하도록 한다면 정상적인 재개발사업이 불가능하게 되므로 이러한 사태를 막을 필요가 있을 뿐만 아니라, 투기세력에 의한 이른바 '지분 쪼개기'로 인하여 다수의 선량한 조합원들의 권리가 침해되는 것을 막고 재개발사업의 원만한 진행을 통하여 국민의 주거 안정을 확보하려는 데에 그 입법목적이 있는바, 이러한 입법목적은 정당하고, 너무 좁은 토지 소유자에 대하여 현물분양권을 제한하는 것은 위와 같은 입법목적을 달성하기 위한 유효한 수단이라 할 것이므로, 방법의 적절성 또한 인정된다.

너무 좁은 토지 소유자는 분양대상에서 제외되는 내용의 관리처분계획이 인가받게 되는 무렵을 기준으로 평가한 토지 등의 가격으로 현금청산을 받게 되고, 수용절차에 의할 때에는 부동산 인도에 앞서 청산금 등의 지급절차가 이루어져야 하므로 이 사건 법률조항에 의하여 부당하게 재산상 손해를 입는 것은 아니다. 또한, 이 사건 법률조항은 도시정비법 제48조 제2항 각 호가 정하고 있는 관리처분계획의 기준 중의 하나로서 관리처분계획의 가이드라인을 제시하고 있는 것이고, 자치단체의 조례로 지역사정에 맞게 현금청산 기준을 조정할 수 있도록 허용함으로써, 그 탄력적 운용을 통한 피해의 최소화를 도모하고 있으므로, 이 사건 법률조항이 기본권 침해의 최소성 원칙에 반한다고 볼 수 없다.

그리고 이 사건 법률조항이 달성하려는 정상적인 주택재개발사업의 진행 및 '지분 쪼개기' 등을 통한 부동산 투기억제와 일반 조합원 보호는 국민의 주거 안정에 직결되는 것으로 그 공익이 매우 큰 반면, 너무 좁은 토지 소유자가 받게 되는 재산권의 제한이라는 것은 재개발사업 시행에 따른 새로운 건축물 등에 대한 분양권을 갖지 못하는 것에 한정되므로, 법익의 균형성 원칙에도 위배되지 아니한다.

따라서 이 사건 법률조항은 과잉금지원칙에 반하여 청구인의 재산권을 침해하지 아니한다.

나. 동일한 재개발구역 내에 위치한 토지의 가격은 토지의 인접성 등을 고려할 때 같은 면적이라면 토지가격에 있어 그다지 큰 차이가 나지 않는다. 따라서 토지의 면적만을 기준으로 하더라도 그 속에는 일정 정도 토지 가격에 대한 고려도 포함되어 있다고 할 것이고, 이러한 점을 고려하면 토지의 면적 외에 달리 더 나은 기준을 찾기도 어려워, 이 사건 법률조항이 토지의 면적을 기준으로 현물분양과 현금청산 대상을 가르는 것을 두고 자의적인 차별이라 할 수 없다.

다. 이 사건 법률조항이 규정하고 있는 현금청산의 대상이 되는 "너무 좁은 토지"가 어느 정도 면적의 토지를 뜻하는지를 구체적으로 말해주는 것은 아니지만, 앞서 본 입법목적을 종합하여 보면 너무 좁은 토지 소유자를 포함한 모든 토지 소유자에 대해서까지 현물분양을 인정하게 되면 당해 사업의 구체적 규모와 정도에 비추어 정상적인 재개발사업의 진행을 어렵게 하는 면적이 그 기준이 된다는 점에 있어서 그 의미가 명확하다고 할 것이므로, "너무 좁은 토지"가 구체적으로 어느 면적의 토지를 말하는지를 알 수 없다는 이유만으로 이 사건 법률조항의 의미가 명확하지 않다고 할 수 없다.

3.2.3 소재 불명의 소유자

소재 불명의 소유자는 조합원 자격도 주지 않고, 분양권도 주지 않는다. 그러나 이에 대한 법적 근거는 없다. 동의를 받을 때 토지 소유자의 수에서 제외한다는 규정과 감정가를 공탁하고 정비 사업을 시행할 수 있다는 규정뿐이다. "토지나 건물의 감정가를 공탁하고 정비 사업을 시행할 수 있다"는 말이 무슨 의미일까? 소유자는 소재 불명의 누군가이지만 소재가 밝혀질 때까지 동의권자도 아니고 조합원도 아니고 분양권도 받지 못한다는 뜻인가? 너무 늦게 소유자가 나타나면 소유권을 잃고 그 대가로 공탁된 돈의 권리자가 된다는 의미일까? 소재 불명의 소유자에게는 조합원 자격을 주지 않을뿐더러 준다손치더라도 분양 신청을 할 수 없으니 현금 청산자가 되고 수용 절차를 거쳐 수용된다. 소재 불명의 소유자는 '소유자 = 조합원 = 분양권자'라는 등식의 예외에 해당한다.

> **도시정비법 제71조(소유자의 확인이 곤란한 건축물 등에 대한 처분)** ① 사업시행자는 다음 각 호에서 정하는 날 현재 건축물 또는 토지의 소유자의 소재 확인이 현저히 곤란한 때에는 전국적으로 배포되는 둘 이상의 일간신문에 2회 이상 공고하고, 공고한 날부터 30일 이상이 지난 때에는 그 소유자의 해당 건축물 또는 토지의 감정평가액에 해당하는 금액을 법원에 공탁하고 정비사업을 시행할 수 있다.

1. 제25조에 따라 조합이 사업시행자가 되는 경우에는 제35조에 따른 조합설립인가일
2. 제25조제1항제2호에 따라 토지등소유자가 시행하는 재개발사업의 경우에는 제50조에 따른 사업시행계획인가일
3. 제26조제1항에 따라 시장·군수등, 토지주택공사등이 정비사업을 시행하는 경우에는 같은 조 제2항에 따른 고시일
4. 제27조제1항에 따라 지정개발자를 사업시행자로 지정하는 경우에는 같은 조 제2항에 따른 고시일

② 재건축사업을 시행하는 경우 조합설립인가일 현재 조합원 전체의 공동소유인 토지 또는 건축물은 조합 소유의 토지 또는 건축물로 본다.

③ 제2항에 따라 조합 소유로 보는 토지 또는 건축물의 처분에 관한 사항은 제74조제1항에 따른 관리처분계획에 명시하여야 한다.

④ 제1항에 따른 토지 또는 건축물의 감정평가는 제74조제4항제1호를 준용한다. 〈개정 2021. 3. 16.〉

시행령 제33조(토지등소유자의 동의자 수 산정 방법 등)제33조(토지등소유자의 동의자 수 산정 방법 등) ① 법 제12조제2항, 제28조제1항, 제36조제1항, 이 영 제12조, 제14조제2항 및 제27조에 따른 토지등소유자(토지면적에 관한 동의자 수를 산정하는 경우에는 토지소유자를 말한다. 이하 이 조에서 같다)의 동의는 다음 각 호의 기준에 따라 산정한다.

1. ~ 3 (생략)

4. 토지등기부등본·건물등기부등본·토지대장 및 건축물관리대장에 소유자로 등재될 당시 주민등록번호의 기재가 없고 기재된 주소가 현재 주소와 상이한 경우로서 소재가 확인되지 아니한 자는 조합설립의 동의를 받아야 하는 토지등소유자의 수에서 제외한다.

서울서부지방법원 2011. 12. 15. 선고 2010가합15509 판결 [총회결의무효확인]

도시정비법 시행령 제28조 제1항 제4호는 '토지등기부등본·건물등기부등본·토지대장 및 건축물관리대장에 소유자로 등재될 당시 주민등록번호가 기재가 없고 기재된 주소가 현재 주소와 상이한 경우로서 소재가 확인되지 아니한 자는 토지등소유자의 수에서 제외할 것'이라고 규정하고 있고, 도시정비법 제19조 제1항은 '정비사업의 조합원은 토지등소유자로 한다.'고 규정하고 있는바, 이러한 점에 비추어 보면, 도시정비법 시행령 제28조 제1항 제4호에 의하여 행방불명자로서 토지등소유자의 수에서 제외되는 자는 조합원의 수에서도 제외되어야 한다고 봄이 상당하다.

3.2.4 다소 애매한 경우 - 국공유지

국공유지 소유자도 조합원이 될 수 있고 분양도 받을 수 있을까? 국공유지는 국유재산법 또는 지방재정법 등에 의해 관리되며 행정 재산, 일반 재산 등 종류에 따라 다르게 관리된다. 그러나 정비 사업이 시행되면 행정 재산도 일반 재산으로 용도 변경된다. 도시정비법에서는 국공유지 소유자가 조합원이 될 수 있는지, 아닌지 아무런 규정이 없고 분양권에 대한 규정도 없다. 국공유지는 정비 사업 목적 외로 사용할 수 없고, 조합원이나 조합이 매수할 수 있고, 조합이나 조합원이 일정한 요건에 따라 우선 매수할 수 있다고만 되어 있을 뿐이다.

결국 국공유지 소유자가 조합원이 될 수 있는지나 분양권을 받을 수 있는지는 해석에 달려 있다. 일반 재산은 과거 잡종 재산이라고 불렸던 것으로, 국가나 지방 자치 단체가 소유하더라도 일반 사인의 재산처럼 관리하는 것을 말한다. 일반 사인의 지위나 다름없으므로 조합원이 될 수도 있고, 분양권도 받을 수 있다고 해석할 수 있을 것이다. 국공유지를 매각할 경우 우선 매수권이 있을 뿐이므로 매각하지 않을 수도 있고, 다른 사람에게 매각할 수도 있다. 다른 사람에게 매각하는 경우는 드물고 조합이나 조합원에게 매각하거나 하지 않거나 둘 중 하나일 것이다. 나대지 같은 것은 매각하는 것이 보통이지만 기숙사 용도로 사용한 건물 같은 것은 조합원이 되어 나중에 분양받기도 하고, 천차만별이다. 매각할 것인지 분양권자가 될 것인지는 재산 관리청이 정하게 될 것이지만, 그 시기가 분명치 않고 절차가 따로 마련되어 있지도 않아 다소 애매하게 처리된다. 조합 설립 과정에서 또는 그 이후 조합원으로 등재해 달라고 요청하면 조합원이 되고, 조합원으로 등재하지 않으면 국공유지로서 매수할 토지가 되는 식이다.

> **시행령 제33조(토지등소유자의 동의자 수 산정 방법 등)제33조(토지등소유자의 동의자 수 산정 방법 등)** ① 법 제12조제2항, 제28조제1항, 제36조제1항, 이 영 제12조, 제14조제2항 및 제27조에 따른 토지등소유자(토지면적에 관한 동의자 수를 산정하는 경우에는 토지소유자를 말한다. 이하 이 조에서 같다)의 동의는 다음 각 호의 기준에 따라 산정한다.
> 1. ~ 4. (생략)
> 5. 국·공유지에 대해서는 그 재산관리청 각각을 토지등소유자로 산정할 것

국공유지 소유자가 조합원이 되기를 선택하였을 경우 법인격을 가진 국가, 지방 자치 단체가 조합원이 되는 것인지 아니면 재산 관리청이 조합원이 되는지 역시 불분명하다. 국토교통부는 재산 관리청이 된다고 하고 있다.

> 국토교통부 2019.12.06.자 질의회신
>
> 〈질의 내용〉 도시 및 주거환경정비법(이하 "도정법"이라 한다)에 의거 국·공유지를 소유하는 국가, 지방자치단체를 조합원으로 볼 수 있는지

〈회신 내용〉 도정법 제19조제1항에 따라 정비사업의 조합원은 토지등소유자(주택재건축사업과 가로주택정비사업의 경우에는 주택재건축사업과 가로주택정비사업에 각각 동의한 자만 해당한다)로 하도록 하고 있고, 같은 법 시행령 제28조제1항제5호에 따라 국유지·공유지에 대해서는 그 재산관리청을 토지등소유자로 산정하도록 하고 있으므로, 국유지·공유지의 재산관리청은 조합원에 포함됨이 타당한 것으로 판단됨.

4 분양권의 숫자

누군가에게 분양권이 있느냐 없느냐도 중요하지만 분양권의 숫자도 중요하다. 온전한 하나의 분양권이 있을 것이라고 생각했는데 수인과 공동으로 분양받아야 해서 2분의 1, 3분의 1, 심지어는 12분의 1의 분양권만 있는 경우도 생긴다. 분양권이 있느냐 없느냐에만 주목하면 이런 일을 간과하게 되고, 실제로 이런 일을 당하면 엄청나게 당황할 수밖에 없다. 반대로 5인이 공유하고 있어서 분양권이 5분의 1만 있을 줄 알았는데 분양권이 각자 하나씩 있어서 의외의 수익을 얻는 경우도 생긴다. 분양권의 숫자에 대해서 알아보자.

4.1 분양권 숫자의 몇가지 원칙

분양권의 숫자, 즉 누가 몇 개의 분양권을 갖는가 문제는 상당히 복잡하다. 여러 가지 경우가 있고, 그 경우마다 일일이 외울 수밖에 없다. 그런데 각각의 경우를 자세히 살펴보면 몇가지 원리가 씨줄과 날줄처럼 얽혀서 서로 영향을 주고받고 있음을 알 수 있다. 입법자가 어떤 원리에 기초하여 입법하였는지는 알 수 없으나, 의식적으로든 무의식적으로든 어떤 원리가 작용하고 있는 것이다.

첫 번째는 1물1권주의이고, 두 번째는 1인1권주의이며, 세 번째는 분양권 억제의 원리이다. 어떤 경우에는 1물1권주의의 원리가 작용하고 어떤 경우에는 1인1권주의 원리가 작용한다. 1인1권주의에 따라 분양권을 주다가도 1물1권주의에 따라 그 예외를 정하기도 하고, 분양권 억제의 원리에 따라 그 예외의 예외를 정하기도 한다. 1물1권주의란 하나의 소유권에 하나의 분양권을 준다는 원리이고, 1인1권주의란 소유자 1인에게 하나의 분양권을 준다는 원리이다. 도시정비법은 1인1권주의를 기본으로 하고, 1물1권주의는 채택하지 않았으나 몇가지 예외를 통해 1인1권주의를 완화하여 수개의 물건을 소유한 1인에게 분양권을 조금 더 주기도 한다. 또 수개의 물건을 소유한 소유자가 물건을 매각하여 소유자의 숫자를 늘리는 경우 1인1권주의에 따라 소유자별로 하나의 분양권을 주어야 할 것이지만 분양권 억제의 원리에 따라 분양권의 숫자를 매각 전후 동일하게 만들기도 한다. 이렇게 분양권의 숫자를 정하는 데는 일정한 원리가 작용한다.

4.1.1 조합원 자격에 상응하는 분양권

분양권 숫자에 관한 가장 기본적인 원칙은 조합원 1인이 1개의 분양권을 가진다는 원칙이다. 1인1권주의의 발현 과정이다. 분양권의 수는 특별한 사정이 없는 한 동의권의 수 및 조합원 지위의 수와 같다. 동의권의 수는 도시정비법 시행령 제33조에서 정하고 있고, 조합원 지위의 수는 도시정비법 제39조에서 정하고 있다. 분양권의 수는 동의권의 수와 조합원 지위의 수를 규정한 두 법령을 종합하여 해석해야 한다. 다만, 조합원 자격은 하나이지만 분양권이 수개인 경우가 있다.

4.1.2 공동 소유 시 1개의 소유권

하나의 물건을 수인이 공동으로 소유하면 수인이 하나의 물건을 소유한 것과 같게 처리한다. 1물1권주의의 발현 과정이다. 공동 소유의 분양권에서 중요한 원칙이다. 토지 또는 건축물의 소유권과 지상권이 수인의 공유에 속하는 때에는 공유자 수인을 합쳐서 하나의 분양권만 준다. 토지 또는 건물을 수인이 공동으로 소유한 경우에는 하나의 분양권만 준다. 여기에는 예외가 많다. 그리고 예외의 예외도 있다. 이 점은 뒤에 다시 설명한다.

4.1.3 1세대 1분양권

수인의 토지 등 소유자가 1세대에 속하는 때 세대를 합쳐서 하나의 분양권만 준다. 1세대란 거주자 및 그 배우자 또는 이들과 동일한 주소 또는 거소에서 거주하는 직계 존비속, 형제자매인 사람, 그리고 이들의 배우자들을 통칭하여 말한다.

세대의 정의를 법에서 하고 있지 않아 명확하지는 않지만 주민등록법에 따라 주민 등록을 작성하는 단위가 되고 있어 일단 주민등록법상 주민 등록표 등을 작성하는 기준을 세대로 보고 있다. 그러나 주민등록법이나 시행령에도 세대에 대한 명확한 기준은 없다. 주민 등록표를 만드는 기준이 되는 내부 규칙이 기준이 되고 있는 점은 법령의 체계상 균형이 맞지 않는다. 세대에 대한 정의가 있어야 할 주민등록법에는 세대 정의 규정이 없으나 이를 응용하는 법령, 주택공급에관한규칙이나 세법 같은 곳에서 세대에 대한 여러 기준을 제시하고 있다.

주택공급에관한규칙 제2조(정의) 이 규칙에서 사용하는 용어의 뜻은 다음과 같다.
~ 2의 2. (생략)
2의3. "세대"란 다음 각 목의 사람(이하 "세대원"이라 한다)으로 구성된 집단(주택공급신청자가 세대별 주민등록표에 등재되어 있지 않은 경우는 제외한다)을 말한다.

가. 주택공급신청자

나. 주택공급신청자의 배우자

다. 주택공급신청자의 직계존속(주택공급신청자의 배우자의 직계존속을 포함한다. 이하 같다)으로서 주택공급신청자 또는 주택공급신청자의 배우자와 같은 세대별 주민등록표에 등재되어 있는 사람

라. 주택공급신청자의 직계비속(직계비속의 배우자를 포함한다. 이하 같다)으로서 주택공급신청자 또는 주택공급신청자의 배우자와 세대별 주민등록표에 함께 등재되어 있는 사람

마. 주택공급신청자의 배우자의 직계비속으로서 주택공급신청자와 세대별 주민등록표에 함께 등재되어 있는 사람

3. "세대주"란 세대별 주민등록표에서 성년자인 세대주를 말한다.

의2. "단독세대주"란 세대별 주민등록표에 배우자 및 직계존비속이 없는 세대주를 말한다.

4. "무주택세대구성원"이란 세대원 전원이 주택을 소유하고 있지 않은 세대의 구성원을 말한다.

소득세법 제88조(정의) 이 장에서 사용하는 용어의 뜻은 다음과 같다.

1. ~5. (생략)

6. "1세대"란 거주자 및 그 배우자(법률상 이혼을 하였으나 생계를 같이 하는 등 사실상 이혼한 것으로 보기 어려운 관계에 있는 사람을 포함한다. 이하 이 호에서 같다)가 그들과 같은 주소 또는 거소에서 생

계를 같이 하는 자[거주자 및 그 배우자의 직계존비속(그 배우자를 포함한다) 및 형제자매를 말하며, 취학, 질병의 요양, 근무상 또는 사업상의 형편으로 본래의 주소 또는 거소에서 일시 퇴거한 사람을 포함한다]와 함께 구성하는 가족단위를 말한다. 다만, 대통령령으로 정하는 경우에는 배우자가 없어도 1세대로 본다.

소득세법 시행령 제112조(주택자금공제) ① 법 제52조제4항 본문에서 "대통령령으로 정하는 세대"란 거주자와 그 배우자, 거주자와 같은 주소 또는 거소에서 생계를 같이 하는 거주자와 그 배우자의 직계존비속(그 배우자를 포함한다) 및 형제자매를 모두 포함한 세대를 말한다. 이 경우 거주자와 그 배우자는 생계를 달리하더라도 동일한 세대로 본다.

도시정비법에서는 세대를 정의하고 있지 않으므로 다른 법에서 사용하고 있는 세대 개념을 차용해야 한다. 다만, 타법에 의해 세대로 보지 않는 경우라도 같은 세대로 본다는 특별 규정을 두고 있다.

도시정비법 제39조(조합원의 자격 등) ① 제25조에 따른 정비사업의 조합원(사업시행자가 신탁업자인 경우에는 위탁자를 말한다. 이하 이 조에서 같다)은 토지등소유자(재건축사업의 경우에는 재건축사업에 동의한 자만 해당한다)로 하되, 다음 각 호의 어느 하나에 해당하는 때에는 그 여러 명을 대표하는 1명을 조합원으로 본다. 다만, 「국가균형발전 특별법」 제18조에 따른 공공기관지방이전 및 혁신도시 활성화를 위한 시책 등에 따라 이전하는 공공기관이 소유한 토지 또는 건축물을 양수한 경우 양수한 자(공유의 경우 대표자 1명을 말한다)를 조합원으로 본다. 〈개정 2017. 8. 9., 2018. 3. 20.〉

1. 토지 또는 건축물의 소유권과 지상권이 여러 명의 공유에 속하는 때
2. 여러 명의 토지등소유자가 1세대에 속하는 때. 이 경우 동일한 세대별 주민등록표 상에 등재되어 있지 아니한 배우자 및 미혼인 19세 미만의 직계비속은 1세대로 보며, 1세대로 구성된 여러 명의 토지등소유자가 조합설립인가 후 세대를 분리하여 동일한 세대에 속하지 아니하는 때에도 이혼 및 19세 이상 자녀의 분가(세대별 주민등록을 달리하고, 실거주지를 분가한 경우로 한정한다)를 제외하고는 1세대로 본다.
3. 조합설립인가(조합설립인가 전에 제27조제1항제3호에 따라 신탁업자를 사업시행자로 지정한 경우에는 사업시행자의 지정을 말한다. 이하 이 조에서 같다) 후 1명의 토지등소유자로부터 토지 또는 건축물의 소유권이나 지상권을 양수하여 여러 명이 소유하게 된 때

위의 법들이 미묘한 차이가 있어서 세대를 정의하기에 어려운 점이 있다. 대략 거칠게 세대를 정의하자면 본인, 배우자, 본인 및 배

우자의 직계 존비속, 형제자매를 기본으로 하여 여기에 주민 등록을 해야 하는 것을 요건으로 추가하거나 생계를 같이 할 것을 요건으로 추가하거나 하고 있다. 생계를 같이 한다는 개념이 주민 등록을 같이 하는 것과 완전히 일치하지는 않는다. 주택 공급에 관한 규칙에서는 주민 등록을 해야 하는 것으로 규정되어 있으나 세법에서는 주민 등록 대신 생계를 같이 할 것을 요구하고 있는데, 실질 과세의 원칙 때문으로 보인다. 생계를 같이 하는 경우에 대해서도 다소 예외가 있는데, 배우자나 19세 미만인 직계 비속의 경우에는 생계를 같이 하지 않아도 같은 세대로 보기도 한다. 분양권은 주택 공급을 권리자 측면에서 본 것이므로 주택 공급에 관한 규칙이 먼저 준용되어야 할 것이므로 생계를 같이할 것이라는 요건보다 주민 등록 요건이 우선시되어야 한다. 실질적으로 생계를 같이 하고 있지만 주민 등록을 달리 하는 경우는 어떻게 해야 하는지 문제는 상당히 어려운 문제이다. 사견으로는 1세대가 아닌 것으로 보고 각각 분양권을 부여해야 하지 않을까 한다.

　1세대가 되는 기준을 몇가지 경우로 나누어 정리해본다. ○표가 되어 있는 경우가 1세대로 보는 경우이다.

	배우자(을)	직계 존속(병)	직계 비속(정)	형제자매(무)	조카(기)
본인(갑)과의 관계		어머니, 아버지, 장인, 장모, 할아버지, 할머니	아들, 딸, 손자, 손녀, 증손자, 증손녀	형, 누나, 동생, 처형, 처제, 처남	
본인과 같은 주민 등록 있음	○	○	○	○	×
주민 등록 없음	○	×	× 19세 미만 - ○	×	×

- 갑과 을이 결혼하였다면 갑과 을은 1세대이다. 배우자는 같은 세대로 본다. 갑과 을이 다른 주소에서 살아도 같은 세대이다. 이 점은 다른 세대원과 차이가 있다.
- 갑과 을이 부모 병을 모시고 주민 등록상 같은 주소에서 살면 갑, 을, 병은 1세대이다. 부모가 다른 주소에 살면 당연히 다른 세대이다.
- 갑과 을이 부모 병 및 아들 정과 주민 등록상 같은 주소에서 살면 갑, 을, 병, 정은 1세대이다.
- 갑과 을이 부모 병, 아들 정, 처남 무 등과 주민 등록상 같은 주소에서 살면 갑, 을, 병, 정, 무는 모두 같은 세대가 된다.
- 갑과 을이 부모 병, 아들 정, 처남 무, 조카 기 등과 주민 등록상 같은 주소에서 살면 갑, 을, 병, 정, 무는 모두 같은 세대가

되지만, 기는 같은 세대가 아니다. 기는 갑의 직계 비속도 아니고, 갑의 배우자인 을의 직계 비속도 아니며, 갑이나 을의 형제자매도 아니기 때문이다.

- 같은 주소에 살더라도 주민 등록표에 기재되어 있지 않으면 같은 세대로 보지 않지만, 부부인 경우, 즉 갑과 을은 같은 주민 등록표에 기재되어 있지 않아도 같은 세대로 본다.
- 같은 주소에 살더라도 주민 등록표에 기재되어 있지 않으면 같은 세대로 보지 않지만, 미혼인 19세 미만의 직계 비속은 1세대로 본다. 정이 19세 미만이면 갑, 을, 정은 한 세대이다.
- 시간이 늦은 세대 분리가 있는 경우 1세대로 본다. 1세대로 구성된 수인의 토지 등 소유자가 조합 설립 인가 후 세대를 분리하여 동일 세대에 속하지 않은 때에는 1세대로 본다.
- 조합 설립 인가 후 세대를 분리하면 동일 세대로 보지만 이혼 및 19세 이상 자녀의 분가의 경우에는 다른 세대로 본다.
- 19세 미만의 미성년자인 자녀들을 학교 앞에 방을 얻어주고 주민 등록도 조합 설립 인가일 이전에 옮겨놓았다고 하더라도 1세대로 본다.

4.1.4 분양권 증가 억제 원칙

소유권이 변동하는 과정에서 소유자가 증가할 수 있다. 소유자가 증가하면 소유자의 증가에 따라 조합원 숫자도 늘어나고 분양권도 늘어날 수도 있다. 1물 1분양권 원칙을 가지고 있다면 이렇게 늘어날 일이 없다. 그러나 1세대 1분양권, 1조합원 1분양권의 원칙하에서는 조합원이 수개의 물건을 소유하고 있거나 한 세대가 수개의 물건을 소유하고 있다가 이를 제3자에게 매각하면 소유자의 증가에 따라 조합원의 숫자, 분양권의 숫자가 증가하는 것이 필연이다.

그러나 도시정비법은 분양권의 숫자가 늘어나는 것을 좋아하지 않아 여러 제한을 두고 있다. 상당수의 분양권 관련 규정은 이러한 제한을 설정하는 것을 내용으로 한다.

① 조합 설립 인가일 이후 소유자 숫자 증가

조합 설립 인가 이후 1인의 토지 등 소유자로부터 토지 또는 건축물의 소유권이나 지상권을 양수하여 수인이 소유하게 된 때 양도인과 양수인을 합쳐서 하나의 조합원 자격만 준다. 하나의 조합원 자격을 주는 결과 분양권도 하나가 된다. 이에 대하여 조합원 자격이 하나가 될지언정 분양권은 변함이 없다는 판례도 있다. 저자는 이와 의견이 다르다. 법 개정의 취지가 조합원 자격이 늘어나는 것을 방지하려는 데 있지 않고 분양권을 줄이려는 데 있으므로 입법 취지에 따라 분양권도 같은 길을 가야 한다는 의견이다.

조합 설립 인가 당시 1인의 조합원이 수개의 주택을 가지고 있는 경우 그중 하나를 판다고 해서 조합원 자격이 소멸하는 것은 아니다. 새로 주택을 소유한 사람도 조합원 지위를 가지게 되므로 조합원 지위는 늘어난다. 법 개정 전에는 이와 같은 사유로 조합원들이 늘어났었다. 조합원이 늘어나는 것을 방지하기 위해 1인이 수개의 건물이나 토지를 가지고 있더라도 조합 설립 인가 이후에 양도하면 양도인이나 양수인을 모두 합쳐 하나의 조합원 지위만 인정한다.

이때 조합원 지위가 하나라고 해서 분양권이 하나일까? 꼭 그렇지는 않다. 양도인이 양도 전에 하나의 조합원 자격과 하나의 분양권을 가진다면 양도인과 양수인이 합하여 하나의 조합원 자격 하나의 분양권을 갖는다. 양도인이 양도 전에 2개의 분양권을 갖는다면 양도인과 양수인이 합하여 하나의 조합원 자격, 2개의 분양권을 갖는다. 후자의 경우에는 분양권을 분배하는 내부 약정이 필요할 것이다. 재개발의 경우에는 다물권자라고 하더라도 분양권을 최대 2개까지 가질 수 있지만, 재건축의 경우에는 소유권의 숫자만큼 분양권을 가질 수 있기 때문에 더 복잡해진다.

② 권리 산정 기준일 이후 소유자 숫자 증가

건물의 소유권이나 토지의 개수는 변동이 가능하다. 정비 사업의 시행으로 분양권을 부여받아 이익이 생길 수 있다면 토지를 분할하고, 건물의 소유권 및 소유자의 숫자도 늘리는 것이 현명한 방법이다. 그러나 조합 처지에서는 상당한 부담이 될 수 있다. 도시정비법은 2009. 2. 6. 개정 시 제50조의2를 신설하여 이해관계의 조절을 목적으로 일정한 기준일을 정해 토지 필지를 분할하거나 소유자 숫자를 늘려도 분양권을 주지 않을 수 있도록 하고 있다(현재에는 도시정비법 제77조). 그 일정한 기준일이 권리 산정 기준일이다. 서울시의 경우 위와 같이 도시정비법에서 권리 산정 기준일을 도입하기 전부터 도시정비법 시행령 제52조 제1항 제3호에 기하여 2003. 12. 30.을 기준으로 분양권의 숫자 변동을 제한하였다(2010. 7. 15. 이전에 기본 계획이 수립되어 있는 지역 및 지구 단위 계획이 결정·고시된 지역에 대하여는 위 종전 규정을 적용하도록 하고 있다).

권리 산정 기준일은 정비 계획 및 구역 지정의 고시가 있은 날 또는 시·도지사가 투기 억제를 위하여 기본 계획 수립 후 정비 구역 지정·고시 전에 따로 정하는 날이 된다. 권리 산정 기준일 이후에 아래의 행위가 있어도 분양권의 숫자는 바뀌지 않는다.

- 1필지의 토지가 수개의 필지로 분할되는 경우
- 단독 또는 다가구 주택이 다세대 주택으로 전환되는 경우
- 하나의 대지 범위 안에 속하는 동일인 소유의 토지와 주택 등 건축물을 토지와 주택 등 건축물로 각각 분리하여 소유하는 경우
- 나대지에 건축물을 새로이 건축하거나 기존 건축물을 철거하고 다세대 주택, 그 밖의 공동 주택을 건축하여 토지 등 소유자가 증가되는 경우

4.2 '1조합원 1분양권'의 예외

조합원 1인이 수개의 분양권을 얻는 경우가 있다. 일반적인 경우

는 아니다. 법령에 수개의 분양권을 보유할 수 있다고 규정하고 있어 수개의 분양권을 갖게 되는 경우도 있고, 법령의 해석상 1조합원이 수개의 분양권을 갖게 되는 경우도 있다. 1물1권주의가 반영된 사례라고도 할 수 있다.

4.2.1 기숙사 등

근로자(공무원인 근로자를 포함한다) 숙소, 기숙사 용도로 주택을 소유하고 있는 토지 등 소유자에게는 소유한 주택의 수만큼 분양권을 부여한다.

4.2.2 국가, 지방 자치 단체 및 주택 공사 등

국가, 지방 자치 단체 및 주택 공사 등이 소유한 주택의 수만큼 분양권을 부여한다.

4.2.3 종전 자산 가격이 다액인 경우

종전 자산의 가액이 신축 건물의 분양 가격을 상회하는 경우, 종전 자산의 가격의 범위 또는 종전 주택의 주거 전용 면적의 범위에서 2주택을 공급할 수 있고, 이 중 1주택은 주거 전용 면적을 60제곱미터 이하로 한다. 다만, 60제곱미터 이하로 공급받은 1주택은 제86조 제2항에 따른 이전 고시일 다음날부터 3년이 지나기 전에는 주택을 전매(매매·증여나 그 밖에 권리의 변동을 수반하는 모든 행위를 포함하되 상속의 경우는 제외한다)하거나 이의 전매를 알선할 수 없다.

4.2.4 공공 기관 이전에 따른 양수인

국가균형발전특별법 제18조에 따른 공공 기관 지방 이전 시책 등에 따라 이전하는 공공 기관이 소유한 주택을 양수한 자는 조합 설립 인가 이후에 양수하였더라도 1개의 분양권을 준다.

4.2.5 다가구 주택 등

다가구 주택, 협동 주택 등 집합 건물로 등기되지 않은 건물은 단독 주택을 구분하여 소유하고 있는 것과 마찬가지로 보아 공유자들을 모두 합하여 하나의 조합원 자격만 부여한다. 하나의 조합원 자격을 가지고 있으니 1조합원 1분양권 원칙에 따라 하나의 분양권만 부여되어야 할 것인데, 조례에 의해 수개의 분양권을 갖기도 한다. 이에 대해서는 다가구 주택의 분양권에서 자세히 살펴보기로 한다.

4.3 공동 소유의 분양권 숫자

4.3.1 집합 건물의 분양권

집합 건물이란 집합건물의소유및관리에관한법률에서 정의하고 있는 건물로서 물리적으로 구분되고 이를 건축물 대장에 등재한 후 구분 소유권을 등기한 건물을 말한다. 아파트, 연립 주택, 다세대 주택의 각 전유 부분 소유자는 집합 건물의 구분 소유자에 해당한다. 집합 건물의 구분 소유자는 구분 소유권 1개마다 하나의 분양권을 준다. 예를 들어 로원 아파트 101동 401호 소유자 갑과 402호 소유자 을이 있다고 치자. 이 경우 갑도 하나의 분양권, 을도 하나의 분양권을 갖는다. 101동 403호의 소유자가 병과 정이 공동으로 매수하여 각각 지분을 1/2씩 가지고 있을 경우 101동 403호에 해당하는 병과 정을 한 사람처럼 보고 하나의 분양권을 주게 된다. 나중에 신축 아파트 로투가 완공되면 로투 102동 401호는 갑에게, 402호는 을에게, 403호는 병, 정이 각 1/2씩 공유하는 형태로 등기된다.

수인의 공유자가 건물이나 토지를 공동으로 소유한 경우 1개의 분양권만 준다는 원칙의 예외이다. 그러나 이 예외에도 예외가 있다.

4.3.2 집합 건물의 구분 소유별 분양권 원칙의 예외

① 권리 산정 기준일 이후 신축

권리 산정 기준일 후 나대지에 건축물을 새로이 건축하거나 기존 건축물을 철거하고 다세대 주택, 그 밖에 공동 주택을 건축하여 토지 등 소유자가 증가되는 경우에는 집합 건물인데도 합쳐서 하나의 분양권만 부여한다.

② 권리 산정 기준일 이후 다세대 주택 전환

단독 주택을 수인이 소유할 경우 그 수인을 합쳐서 하나의 분양권만 준다. 다가구 주택의 각 세대 소유자는 단독 주택의 공유자와 마찬가지로 취급한다. 다가구 주택은 집합 건물이 아니기 때문이다. 다가구 주택이 다세대 주택으로 전환하면 집합 건물이 된다. 이렇게 집합 건물로 변신하면 분양권이 구분 소유권 하나마다 부여될 것인가? 권리 산정 기준일 이후에 다가구 주택을 다세대 주택으로 전환한 경우에는 원칙적으로 분양권을 하나만 부여한다.

다만, 여기서 주의할 점이 있다. 다가구 주택이라도 수개의 분양권을 가지고 있는 경우가 있다. 수개의 분양권을 가지고 있는 다가구 주택을 다세대 주택으로 전환한 경우에는 권리 산정 기준일 이후의 전환이라고 하더라도 여전히 수개의 분양권을 가지고 있다. 따라서 권리 산정 기준일 이후의 전환으로 분양권을 늘리지 못하는 경우는 다가구 주택으로서 하나의 분양권만 가지고 있는 경우만 말한다(서울시 도시정비조례 제4824호 부칙 제3조 참조).

③ 다세대 주택 전환의 예외의 예외

권리 산정 기준일 이후의 다세대 주택 전환이 있더라도 아래의 사유가 있으면 분양권을 수개 부여한다.

• 정관으로 정한 경우

서울시 도시정비조례 제22조(조합정관에 정할 사항) 제4호는 "단독 또는 다가구 주택을 건축물 준공 이후 다세대 주택으로 전환한 주택을 취득한 자에 대한 분양권 부여에 관한 사항"을 정관으로 정하도록 하고 있는데, 정관으로 정하는 바에 따라 분양권을 부여한다는 취지이다.

• 정관으로 정하지 않은 경우

만약 정관으로 정하지 않은 경우, 단독 주택 또는 다가구 주택이 건축물 준공 이후 다세대 주택으로 전환된 경우 전체 구분 소유자를 합쳐서 하나의 분양권만 주게 된다(서울시 도시정비조례 제36조).

④ 다세대 주택 전환에 대한 서울시 조례상 특례

권리 산정 기준일 이전에 다가구 주택을 다세대 주택으로 전환하여 다가구 주택의 각 세대들이 구분 소유권을 취득하면 각 구분 소유권 1개마다 1개의 분양권을 얻을 수 있다. 그런데 서울시 조례에는 특이한 것이 있다. "2003년 12월 30일 이전에 단독 또는 다가구 주택을 다세대 주택으로 전환하여 구분 등기를 완료한 주택에 대하여는 전용 면적 60제곱미터 이하의 주택을 공급하거나 정비 구역 안의 임대 주택을 공급할 수 있다."는 규정이다. 이 규정에 따르면 권리 산정 기준일이 아니라 2003. 12. 30. 이전에 다세대 주택으로 전환해야만 각 구분 소유권별 하나의 분양권을 얻을 수 있다. 이 규정은 1997년 1월 15일 전에 가구별로 지분 또는 구분 소유 등기를 필한 다가구 주택이 건축 허가를 받은 가구수의 증가 없이 다세대 주택으로 전환된 경우에는 가구별 각각 1인을 분양 대상자로 한다(서울시 도시정비조례 제4824호 부칙 제3조)는 규정과의 관계와도 다소 모순된다. 권리 산정 기준일, 2003. 12. 30., 1997. 1. 15. 등 3자의 관계를 정립할 필요가 있다. 이런 문제 때문에 판례는 조례에서 말하는 다세대 주택으로의 전환을 달리 해석하고 있었다.

> **서울시 도시정비조례 부칙 제5조**
>
> 2003년 12월 30일 이전에 단독 또는 다가구주택을 다세대주택으로 전환하여 구분등기를 완료한 주택에 대하여는 전용면적 60제곱미터 이하의 주택을 공급하거나 정비구역안의 임대주택을 공급할 수 있다

판례는 여기서의 전환이란 건축물 대장상 집합 건물로의 전환을 말한다고 하고 있다(대법원 2009. 9. 10. 선고 2009두10628 판결). 집합 건물 등기는 하지 않고 건축물 대장에만 기재하여 구조상 독립성은 확인되는데, 구분 소유권 자체는 등기되지 않아 여전히 지분별로 등기를 이전하는 경우로 한정하여 해석하고 있다. 조례의 문구처럼 구분 등기를 완료하여 거래되고 있다면 2003. 12. 30.을 기준으로 할 이유가 없다. 2003. 12. 30. 이후에 전환하여 거래하더라도 권리 산정 기준일 이전에 전환이 이루어졌다면 구분 소유권마다 하나의 분양권을 부여하는 게 맞다. 조례는 일정 시점 이전에 다세대 주택으로 전환한 소유자들에게 분양권의 숫자를 늘려주기 위한 것이었는데, 마치 2003. 12. 30. 이후에 다세대로 전환해봐야 분양권을 늘리는 데는 아무 도움도 되지 않는다는 내용으로 입법이 된 것이다. 이러한 모순을 해결하면서도 조례의 취지를 살리기 위해 판례는 구분 소유 등기는 되지 않았으나 건축물 대장에서의 전환은 이루어진 경우로 제한하여 해석한 것이다.

대법원 2009. 9. 10. 선고 2009두10628 판결

[1] 구 서울특별시 도시 및 주거환경 정비조례(2005. 11. 10. 조례 제4330호로 개정되기 전의 것) 제24조 제2항 제1호, 제3호, 부칙 제5조, 제7조의 입법 취지, 연혁 및 위 각 규정의 체계적 구조 등에 비추어 보면, 위 조례 제24조

제2항 제3호, 부칙 제7조는 다가구주택에 관하여 지분등기 또는 구분소유 등기만이 경료된 경우에 관한 규정임에 대하여, 제24조 제2항 제1호, 부칙 제5조는 다가구주택이 다세대주택으로 전환된 경우에 관한 규정으로서 이 때의 '전환'이란 구 건축물대장의 기재 및 관리 등에 관한 규칙(2007. 1. 16. 건설교통부령 제547호로 전부 개정되기 전의 것) 제6조 제1항에 의한 '건축물대장의 전환'을 의미한다고 봄이 상당하다.

[2] 다가구주택인 건물에 관하여 2002년 10월 지분등기를, 2003. 7. 31. 구분소유등기를 각 마쳤을 뿐, 2003. 12. 30.까지 다세대주택으로 건축물대장의 전환을 하지 않은 채 분양신청을 한 경우, 구 서울특별시 도시 및 주거환경 정비조례(2005. 11. 10. 조례 제4330호로 개정되기 전의 것) 제24조 제2항 제3호에서 정한 '하나의 주택을 수인이 소유하고 있는 경우'에 해당하는데, 경과규정인 위 조례 부칙 제7조의 요건인 '1997. 1. 15. 이전에 가구별로 지분등기 또는 구분소유등기를 경료할 것'이란 요건을 갖추지 못하였으므로 공동분양대상이 된다고 한 사례.

또한 2009. 7. 30. 이후 최초로 사업 시행 인가를 신청하는 분부터는 1997년 1월 15일 전에 가구별로 지분 또는 구분 소유 등기를 필한 다가구 주택이 건축 허가 받은 가구수의 증가 없이 다세대 주택으로 전환된 경우에는 가구별 각각 1인을 분양 대상자로 한다(서울시 도시정비조례 제4824호 부칙 제3조). 2009. 7. 30. 이전에 사업 시행 인가를 신청한 사업장은 거의 남아 있지 않을 것이다. 현재는 대부분 2009. 7. 30. 이후에 사업 시행 인가를 신청하였을 것이므로 1997. 1. 15.이라는 기준을 잘 기억하고 있어야 된다.

1997. 1. 15. 이전에 가구별로 지분 등기가 되어 있고 구조상 독립성이 있으면 다가구 주택도 수개의 분양권을 주고 있으므로 다세대로 전환이 있든 없든 1997. 1. 15. 이전에 가구별로 지분 등기가 되어 있고 구조상 독립성이 있는 다가구 주택에는 위 다세대 전환의 규정은 적용되지 않는다. 어차피 분양권이 있기 때문이다.

그런데 1997. 1. 15. 이후에 가구별로 지분 등기가 되어 있고 구조상 독립성이 있는 경우는 어떠할까? 위 특별 규정(서울시조례 부칙 제5조)에 의거 건축물 대장상 전환을 추가하면 분양권이 생긴다. 건축물 대장상 전환과 구분 등기 모두를 하게 되면 위 특별 규정이 없더라도 분양권이 생기므로 1997. 1. 15. 이후에 지분 등기는 하였고, 건축물 대장상 전환은 하였으나 구분 소유 등기는 하지 못한 경우, 건축물 대장상 전환이 2003. 12. 30. 이전에 이루어진 매우 특수한 다가구 주택에 대해서만 적용된다.

반대로 2003. 12. 30. 이전에 구분 소유 등기가 이루어졌으나 건축물 대장에서 다세대로 전환이 이루어지지 않았다면 다세대로 전환이 이루어진 것으로 보지 않는다. 건축물 대장만 전환된 경우와 등기부에서만 전환된 경우 2가지가 있는데, 전자는 수개의 분양권이 있고, 후자는 하나의 분양권만 있다는 것이다. 이 점에 유의해야 한다.

다가구 주택의 다세대 전환의 시기별 분양권을 정리하면 아래와 같다.

첫째, 권리 산정 기준일 이후에 구분 등기를 포함한 다세대 전환을 하였더라도 분양권을 주지 않는다. 권리 산정 기준일 이전에 구분 등기를 포함한 다세대 전환을 하면 구분 소유권 1개마다 하나씩 분양권을 준다. 둘째, 구분 등기를 하지 않으면 건축물 대장상 다세대 전환을 하더라도 다가구와 동일하게 취급하여야 하므로 가구별로 분양권을 주지 않는 것이 원칙이나, 불완전한 다세대 전환이 2003. 12. 30. 이전에 있었다면 불완전성에도 불구하고 가구별로 분양권을 준다. 셋째, 구분 등기도 하지 않고 건축물 대장상 다세대 전환을 하지 않았더라도 1997. 1. 15. 이전에 지분 등기를 하고 구조상 독립성을 갖추었으면 분양권을 준다.

4.3.3 다가구 주택의 분양권

① 원칙

1물1권주의에 따라 하나의 물건을 소유하고 있으면 하나의 분양권을 준다. 따라서 하나의 물건을 수인이 가지고 있더라도 사람별로 하나의 분양권을 주는 것이 아니라 물건의 개수에 따라 하나의 분양권을 주는 것이다. 다만 구분 소유권일 경우 구분 소유권 하나하나를 하나의 물건으로 취급한다. 그래서 집합 건물인 경우에는 구분 소유권마다 하나의 분양권을 주는 것이다. 단독 주택을 수인이 공유하고 있다면 1물1권주의에 따라 하나의 분양권을 준다.

단독 주택과 집합 건물의 중간에 위치한 물건들이 있다. 다가구 주택이나 협동 주택 같은 것인데, 집합 건물처럼 구조상 독립성은 있지만 집합 건물로 구분 소유권을 등기하지 않아 법률상 집합 건물은 아닌 경우이다. 구조나 모양 거래의 실태는 집합 건물에 가까운데 법률상으로는 집합 건물이 아닌 경우, 법률상 집합 건물이 아니기 때문에 원칙적으로 단독 주택과 동일하게 취급한다. 단독 주택은 수인이 공유하더라도 1물1권주의에 따라 하나의 분양권을 주지 사람 숫자대로 분양권을 주지 않는다. 다가구 주택도 마찬가지이다.

② 예외

서울시 조례 등은 다가구 주택과 같은 중간적 형태의 물건 소유자에게 예외적으로 수개의 분양권을 주는 규정을 두고 있다. 집합 건물의 실질을 가지고 있음에 착안한 것이며, 분양권이 있을 것이라고 믿고 거래한 사람을 구제하기 위해서이기도 하다.

"1997년 1월 15일 이전에 가구별로 지분 또는 구분 소유 등기를 필한 다가구 주택(1990년 4월21일 다가구 주택 제도 도입 이전에 단독 주택으로 건축 허가를 받아 지분 또는 구분 등기를 필한 사실상의 다가구 주택을 포함한다)은 다가구 주택으로 건축 허가를 받은 가구수에 한하여 가구별 각각 1인을 분양 대상자로 한다"(서울시 도시정비조례 제4167호 부칙 제7조 다가구 주택의 분양 기준에 관한 경과 조치).

이 경우는 특이하게도 조합원 자격은 하나인데 분양권은 여러 개인 경우이다. 서울시 조례 부칙 제7조에 의해 분양권을 갖는 소유자들은 여러 명이더라도 조합에서 총회를 개최하면 하나의 의결권밖에 행사하지 못한다. 그러나 분양 신청은 각각 하나씩을 할 수 있다(대법원 2011. 3. 10. 선고 2010두4377 판결).

- 다가구 주택의 수개 분양권 부여 요건

다가구 주택이 첫째, 구조상 독립성이 있고, 둘째, 이에 상응하는 지분 등기가 되어 있고, 셋째, 그 지분 등기가 1997년 1월 15일 이전이면 건축 허가를 받은 가구의 수만큼 분양권을 받을 수 있다. 소유권 보존 당시는 지분 등기가 되어 있지 않았다면 지분 등기가 된 시점부터를 기준으로 한다.

- 다세대 주택 전환 기준과의 관계

2010년 7월 15일 이전에 정비 기본 계획이 수립된 구역에 대해서는 다가구 주택이 2003년 12월 30일 이전에 다세대 주택으로 전환한 경우에, 2010년 7월 15일 이후 최초로 정비 기본 계획이 수립된 구역에 대해서는 권리 산정 기준일 후 다세대 주택으로 전환한 경우 각 구분 소유권의 수만큼 분양권을 부여한다(서울시 도시정비조례 제4167호 부칙 5조, 제5007호 부칙 제3조). 그러면 서울시 조례 제4167호 부칙 제7조 '다가구 주택의 분양 기준에 관한 경과 조치' 규정은 다가구를 다세대로 전환한 경우에는 별 의미가 없는 것일까?

다세대 전환이 늦어졌더라도 1997년 1월 15일 이전에 다가구로서 수개의 분양권을 받을 자격이 되면 수개를 받을 수 있다(서울시 도시정비조례 제4824호 부칙 제3조). 그러나 1997년 1월 15일 이후에 다가구가 된 경우에는 2003년 12월 30일 이전 또는 권리 산정 기준일 이전에 다세대로 전환하지 않는 한 수개의 분양권을 받을 수 없게 된다. 다음의 인용 판례는 1997년 1월 15일 이후에 지분 등기가 되었다는 점을 들어 수개의 분양권을 줄 수 없다고 한다.

대법원 2009. 4. 23. 선고 2008두22853 판결

원심판결 이유에 의하면, 소외인이 1992. 12. 10. 8가구가 거주할 수 있는 다가구주택으로 건축허가를 받아 자신의 소유인 서울 성동구 (이하 생략) 대 198㎡ 위에 지하 1층, 지상 3층의 다가구주택을 신축하여 1993. 7. 29. 자신 명의로 소유권보존등기를 경료한 후, 1997. 10. 7. 위 건물에 관하여 원고들의 소유대상인 각 가구에 상응하는 지분이전등기를 경료하였음을 알 수 있으므로, 원고들은 이 사건 조례 부칙 제7조에서 정한 요건을 갖추지 않았음이 명백하고, 원심이 같은 취지에서 원고들 각각 1인을 분양대상자로 할 수 없다고 판단한 것은 정당하다.

4.4 건물과 그 부속 토지의 소유자가 다를 때

집을 한 채 소유한 사람은 하나의 물건을 소유했다고 생각한다. 그러나 우리 법제상 대부분 2개 이상의 물건을 소유한 경우가 많다. 집이 한 채이더라도 그 대지가 있기 때문이고 대지가 한 필지이면 건물과 토지 2개를 가진 것이고, 대지가 2필지이면 건물 하나와 토지 둘 합쳐서 3개의 물건을 가진 것이다. 1인1권주의의 원리에 의해 한 명이 수개의 물건을 소유해도 하나의 분양권을 주고 있다. 이것을 보면 건물과 토지가 각각 하나의 소유권을 구성한다는 것이 분양권에 별 관여를 하지 않는 것처럼 보인다.

하지만 소유자가 달라지면 이 점이 부각된다. 건물의 소유자와 토지의 소유자가 다르다면, 1인1권주의 및 1물1권주의의 원리에 충실하다면 건물 소유자에게 하나의 분양권, 토지의 소유자에게 하나의 분양권을 주게 된다. 이렇게 되면 대지와 건물을 모두 소유한 주택 소유자와 균형이 맞지 않는다. 대지와 건물을 같은 사람이 소유하는 것이 일반적이어서 대부분은 2개 이상의 물건을 가지고 있는데, 그래도 하나의 분양권만 받는다. 분양권을 많이 갖는 것이 경제적으로 이익인 시점에서는 인위적으로라도 소유권을 분리하여 토지 소유자와 건물 소유자를 달리하여 분양권을 더 가지려 할 것이다. 이러한 경향을 그대로 수용한다면 당초 조합이 생각했던 조합원 숫자나 분양권 숫자보다 많아지게 된다. 분양권 개수를 좌우하는 원리에는 1물1권주의, 1인1권주의만 있는 것이 아니다. 세 번째 원리, 분양권 증가 억제 원리가 작용한다.

하나의 대지 범위 안에 속하는 동일인 소유의 토지와 주택을 건축물 준공 이후 토지와 주택으로 각각 분리하여 소유한 경우는 건물 소유자와 토지 소유자를 합쳐서 하나의 분양권만 부여하는 것이 원칙이다. 준공 이전부터 토지와 건물의 소유자가 달랐다면 – 건물이 신축되기 전부터 토지와 건물 소유자가 달랐다면 – 인위적으로 소유자 숫자를 늘린 것이 아니기 때문에 각 소유자별로 1개의 분양권을 준다. 반대로 준공 시점에 같은 사람의 소유였다가 달라진 경우 마치 1인이 소유한 것처럼 토지 소유자와 건물 소유자를 합쳐서 하나의 분양권을 준다. 인위적으로 소유자를 늘린 것은 아닌 때는 다소 억울하다고 생각할지 모르겠으나 인위적으로 소유자를 늘렸는지 아닌지는 알 수 없기에 불가피한 조치이다.

예외로 권리 산정 기준일 이전부터 소유한 대지의 면적이 90제곱미터 이상인 자는 각각 하나의 분양권을 부여하기도 한다. 이는 대토지 소유자의 특례가 적용되기 때문이다.

서울시의 경우 2010년 7월 15일 이전에 기본 계획이 수립되어 있는 지역 및 지구 단위 계획이 결정·고시된 지역에서는 2003년 12월 30일 전에 토지와 주택으로 각각 분리하여 소유한 경우로써 토지의 규모가 90제곱미터 이상인 경우에는 각각 하나의 분양권을 부여한다.

4.5 토지 필지별 분양권 부여와 그 예외

토지는 1필지마다 하나의 분양권을 부여한다. 1물1권주의의 원리가 적용된다. 그런데 토지 1필지는 면적이 천차만별이다. 불과 3~4제곱미터 토지부터 1만제곱미터 토지까지 다양하다. 3제곱미터 토지도 한 필지로 구획되면 한 개의 물건이고, 1만제곱미터 토지도 한 필지로 구획되면 한 개의 물건이다.

1물1권주의를 그대로 적용하기 곤란한 모습이다. 이 때문에 분양권에 대한 예외 규정이 생겨났다.

4.5.1 과소 필지, 과소 권리가액 분양권 제한 규정

도시정비법은 "너무 좁은 토지 또는 건축물이나 정비 구역 지정 후 분할된 토지를 취득한 자에게는 현금으로 청산할 수 있다."라고 규정하고, 동 시행령은 "정비 구역의 토지등소유자(지상권자는 제외한다. 이하 이 항에서 같다)에게 분양할 것. 다만, 공동 주택을 분양하는 경우 시·도조례로 정하는 금액·규모·취득 시기 또는 유형에 대한 기준에 부합하지 아니하는 토지등소유자는 시·도조례로 정하는 바에 따라 분양 대상에서 제외할 수 있다."라고 하면서 과소 필지 소유자에게는 분양권을 주지 않을 수 있는 여지를 두었다.

도시정비법 제76조(관리처분계획의 수립기준) ① 제74조제1항에 따른 관리처분계획의 내용은 다음 각 호의 기준에 따른다. 〈개정 2017. 10. 24., 2018. 3. 20., 2022. 2. 3.〉

1. 종전의 토지 또는 건축물의 면적·이용 상황·환경, 그 밖의 사항을 종합적으로 고려하여 대지 또는 건축물이 균형 있게 분양신청자에게 배분되고 합리적으로 이용되도록 한다.

2. 지나치게 좁거나 넓은 토지 또는 건축물은 넓히거나 좁혀 대지 또는 건축물이 적정 규모가 되도록 한다.

3. 너무 좁은 토지 또는 건축물이나 정비구역 지정 후 분할된 토지를 취득한 자에게는 현금으로 청산할 수 있다.

4.~7. (이하 생략)

시행령 제63조(관리처분의 방법 등) ① 법 제23조제1항제4호의 방법으로 시행하는 주거환경개선사업과 재개발사업의 경우 법 제74조제4항에 따른 관리처분은 다음 각 호의 방법에 따른다.

1. 시·도조례로 분양주택의 규모를 제한하는 경우에는 그 규모 이하로 주택을 공급할 것

2. 1개의 건축물의 대지는 1필지의 토지가 되도록 정할 것. 다만, 주택단지의 경우에는 그러하지 아니하다.

3. 정비구역의 토지등소유자(지상권자는 제외한다. 이하 이 항에서 같다)에게 분양할 것. 다만, 공동주택을 분양하는 경우 시·도조례로 정하는 금액·규모·취득 시기 또는 유형에 대한 기준에 부합

하지 아니하는 토지등소유자는 시·도조례로 정하는 바에 따라 분양대상에서 제외할 수 있다.

4. 1필지의 대지 및 그 대지에 건축된 건축물(법 제79조제4항 전단에 따라 보류지로 정하거나 조합원 외의 자에게 분양하는 부분은 제외한다)을 2인 이상에게 분양하는 때에는 기존의 토지 및 건축물의 가격(제93조에 따라 사업시행방식이 전환된 경우에는 환지예정지의 권리가액을 말한다. 이하 제7호에서 같다)과 제59조제4항 및 제62조제3호에 따라 토지등소유자가 부담하는 비용(재개발사업의 경우에만 해당한다)의 비율에 따라 분양할 것

5. 분양대상자가 공동으로 취득하게 되는 건축물의 공용부분은 각 권리자의 공유로 하되, 해당 공용부분에 대한 각 권리자의 지분 비율은 그가 취득하게 되는 부분의 위치 및 바닥면적 등의 사항을 고려하여 정할 것

6. 1필지의 대지 위에 2인 이상에게 분양될 건축물이 설치된 경우에는 건축물의 분양면적의 비율에 따라 그 대지소유권이 주어지도록 할 것(주택과 그 밖의 용도의 건축물이 함께 설치된 경우에는 건축물의 용도 및 규모 등을 고려하여 대지지분이 합리적으로 배분될 수 있도록 한다). 이 경우 토지의 소유관계는 공유로 한다.

7. 주택 및 부대시설·복리시설의 공급순위는 기존의 토지 또는 건축물의 가격을 고려하여 정할 것. 이 경우 그 구체적인 기준은 시·도조례로 정할 수 있다.

이 두 규정에 의거해 개정 전 서울시 조례 등에서는 과소 필지 소유자에게는 분양권을 주지 않았다. 서울시 조례는 과소 필지의 기준을 건축 제한 면적(90제곱미터) 미만으로 하였다가 총면적 90제곱미터로 바꾸었다. 총면적으로 90제곱미터 미만의 토지를 소유한 사람에게는 1물1권주의, 1인1권주의에도 불구하고 분양권을 주지 않는다는 것이다.

현행 서울시 조례에는 토지 면적이 작더라도 최소 권리가액 이상이면 분양권을 준다. 분양 신청자가 소유하고 있는 권리가액이 분양용 최소 규모 공동 주택 1가구의 추산액 이상인 자에게 분양권을 준다. 다만, 분양 신청자가 동일한 세대인 경우의 권리가액은 세대원 전원의 가액을 합하여 산정할 수 있도록 하였다(서울시 도시정비조례 제36조).

4.5.2 수필지에 대해 1분양권을 부여하는 경우

1필지의 토지를 권리 산정 기준일 후 수개의 필지로 분할한 경우는 예외로서 수개의 필지임에도 불구하고 하나의 분양권만 부여한다. 권리 산정 기준일 이전에 분할하면 각 필지별로 분양권을 얻을 수 있다. 최소 필지 이하로 분할하면 도리어 분양권이 소멸하므로 최소 필지 이상의 면적으로 분할해야 수개의 분양권을 얻는다. 180제곱미터의 땅을 100제곱미터 하나, 80제곱미터 하나 이렇게 분할하면 분할에도 불구하고 하나의 분양권만 생기는 것이다.

4.5.3 1필지에 대해 수개의 분양권을 부여하는 경우

2인 이상이 1토지를 공유한 경우로서 시·도 조례로 주택 공급에 관하여 따로 정하고 있는 경우에는 시·도 조례로 정하는 바에 따라 주택을 공급할 수 있다(도시정비법 제76조 제1항 7호 가목).

서울시 조례는 2인 이상이 1토지를 공유한 경우 한 개의 분양권만 부여하는 것이 원칙이지만 예외로 권리 산정 기준일 이전부터 공유로 소유한 토지의 지분 면적이 90제곱미터 이상인 때에는 90제곱미터가 넘는 공유자 각인에게 하나씩 분양권을 부여한다(서울시 도시정비조례 제36조 제2항 3호 단서). 90제곱미터는 과소 필지의 기준이다.

경기도의 경우에도 같은 규정이 있다. 과소 필지의 면적에 대해서는 조금 다르다. 경기도 조례에서는 과소 필지를 건축법상 최소 분할 면적으로 하고 있고, 최소 분할 면적은 각 시군구 조례에 따르고 있어 시군구별로 그 면적을 찾아보아야 한다. 대개 60제곱미터이다(경기도 도시정비조례 제26조 제1항 3호).

4.6 주택 소유자에 대한 수개 분양권 예외

재건축 사업의 경우 보유하고 있는 물건의 수에 비례하여 분양권을 주는 규정이 존재하지만, 재개발 사업의 경우에는 이러한 규정이 없다. 1인이 수개의 물건을 소유하고 있더라도 특수한 경우에 한하여 수개의 분양권을 주는데, 아래와 같은 경우이다.

4.6.1 기숙사 등

근로자(공무원인 근로자를 포함한다) 숙소, 기숙사 용도로 주택을 소유하고 있는 토지 등 소유자에게는 소유한 주택의 수만큼 분양권을 부여한다.

4.6.2 국가, 지방 자치 단체 및 주택 공사 등

국가, 지방 자치 단체 및 주택 공사 등이 소유한 주택의 수만큼 분양권을 부여한다.

4.6.3 종전 자산 가격이 다액인 경우

종전 자산의 가액이 신축 건물의 분양 가격을 상회하는 경우, 종전 자산의 가격의 범위 또는 종전 주택의 주거 전용 면적의 범위에서 2주택을 공급할 수 있고, 이 중 1주택은 주거 전용 면적을 60제곱미터 이하로 한다. 다만, 60제곱미터 이하로 공급받은 1주택은 도시정비법 제86조 제2항에 따른 이전 고시일 다음날부터 3년이 지나기 전에는 주택을 전매(매매·증여나 그 밖에 권리의 변동을 수반하는 모든 행위를 포함하되 상속의 경우는 제외한다)하거나 이의 전매를 알선할 수 없다.

4.6.4 공공 기관 이전에 따른 양수인

국가균형발전특별법 제18조에 따른 공공 기관 지방 이전 시책 등에 따라 이전하는 공공 기관이 소유한 주택을 양수한 자는 조합 설립 인가 이후에 양수하였더라도 1개의 분양권을 준다.

4.7 분양 신청과 주택 등의 공급

4.7.1 재개발의 공급 기준

조합은 법령과 조례에 따라 관리 처분의 기준을 만들어 누구에게 분양할 것인지(분양권자), 기존의 소유권과 신축 건물의 소유권의 양적 비례 관계는 어떠할 것인지(분양권의 수) 등을 정하고 있다. 이런 것이 정해지고 나면 재개발 사업의 주택 공급의 순위를 정해야 한다. 유형별 신축 건물의 분양 물량이 한정되어 있는데 그 물량보다 더 많은 조합원이 원할 경우, 누구에게 우선권을 줄 것이냐는 문제가 대두되기 때문이다. 주택의 경우 신축 건물의 분양 물량이 부족하지 않다. 주택 아닌 건물은 물량이 부족할 수 있고, 분양받지 못하는 사람이 있을 수 있다. 이런 경우는 우선순위가 매우 중요하다.

법령은 주택 아닌 건물은 주택에 대한 분양권을 가지고 있지 않고, 부대 복리 시설에 대한 분양 우선권만 가지고 있는 것처럼 되어 있다. 서울시 조례는 근린 생활 시설 등 주택 아닌 건물이라도 사실상 주거로 이용되어왔다면 주택 분양권을 주고 있었는데, 이를 개정하여 사실상 주거를 포함한다는 부분을 삭제해 버렸다. 법률상 주거가 아니면 주택에 대한 분양권을 주지 않겠다는 의미이다. 결국 주택 아닌 건물 소유자들은 부대 복리 시설의 분양권을 받아야 하는데, 1대 1 매칭이 되지 않으면 누군가는 분양받지 못하는 사람이 나올 수 있다. 이는 부당한 일이다. 그런데 분양권을 받지 못한다면 부당한 권리 침해일 것이고 상당한 반발이 있을 것인데 이런 일을 찾아보기 어렵다. 그 이유는 건물이 근린 생활 시설의 소유자라 하더라도 토지 소유자를 겸하고 있고, 토지 소유자는 누구든지 주택을 분양받을 수 있기 때문에 이를 기초로 주택을 분양받기도 하고 조합도 분양 신청자들을 적절히 설득 유도하여 부대 복리 시설이 부족하지 않도록 하기 때문이다. 오히려 부대 복리 시설에서 미분양이 나는 경우가 많지 부족한 경우는 찾아보기 어렵다. 토지를 소유하고 있지 않은 근린 생활 시설 소유자가 신축되는 부대 복리 시설의 소유권 개수보다 많아야 비로소 부대 복리 시설의 부족 문제가 대두될 것인데 이런 경우는 여간해서 발생하지 않는다.

그런데 부대 복리 시설은 좋은 위치와 나쁜 위치가 확연히 차이가 난다. 주택도 어느 정도는 그렇다. 그래서 우선순위가 문제되기도 한다. 모두에게 분양할 수는 있지만 모두에게 펜트하우스를 분양할 수는 없는 것이다. 분양의 우선순위에 관한 법령은 다소 모호하고 부족하다. 시행령은 이를 조례에 위임하고 있다. 서울시 조례는 권리가액과 분양 주택 가격이 유사한 것을 분양하되, 권리가액이 2가지 분양가 사이인 경우는 신청에 따르도록 하고 있되, 정관으로 조례가 정하는 기준을 채택할 수 있도록 하고 있다. 여기서 권리가액은 전체 문맥에 비추어 종전 자산에 비례율을 곱한 것을 말한다.

서울시 도시정비조례 제38조(주택 및 부대·복리시설 공급 기준 등) ①
영 제63조 제1항 제7호에 따라 법 제23조 제1항 제4호의 방법으로 시행하는 주거환경개선사업, 재개발사업 및 단독주택재건축사업의 주택공급에 관한 기준은 다음 각 호와 같다.

1. 권리가액에 해당하는 분양주택가액의 주택을 분양한다. 이 경우 권리가액이 2개의 분양주택가액의 사이에 해당하는 경우에는 분양대상자의 신청에 따른다.

2. 제1호에도 불구하고 정관등으로 정하는 경우 권리가액이 많은 순서로 분양할 수 있다.

3. 법 제76조 제1항 제7호 다목에 따라 2주택을 공급하는 경우에는 권리가액에서 1주택 분양신청에 따른 분양주택가액을 제외하고 나머지 권리가액이 많은 순서로 60제곱미터 이하의 주택을 공급할 수 있다.

> 4. 동일규모의 주택분양에 경합이 있는 경우에는 권리가액이 많은 순서로 분양하고, 권리가액이 동일한 경우에는 공개추첨에 따르며, 주택의 동·층 및 호의 결정은 주택규모별 공개추첨에 따른다.

위 조례에 의하면 26평형(4억 원), 34평형(5억 원), 40평형(6억 원) 등 3종류의 아파트를 짓는데, 권리가액이 4억5천만 원이면 26평형과 34평형 2가지를 우선 신청할 수 있고, 권리가액이 5억5천만 원이면 34평형과 40평형 2가지를 우선 신청할 수 있다. 권리가액이 3억 원이면 26평형만 우선 신청할 수 있다. 이는 어디까지나 우선권의 순서이므로 분양하고 남는 물건에 대해서는 제한 없이 분양 신청할 수 있다. 26평형이 한 채인데 권리가액 3억 원인 사람과 4억5천만 원인 사람이 동시에 신청하면 권리가액이 다액인 순서대로 분양하게 되어 있으므로 3억 원인 사람은 분양받지 못한다. 권리가액이 동일한 경우, 즉 권리가액이 3억 원인 사람이 2명 이상이 25평형을 신청한 경우에는 둘 중 한 사람을 추첨한다.

서울시 조례는 위와 같이 평형에 대해서는 우선 공급 순서를 정해 이에 따르고 평형이 결정되면 같은 평형 내부에서 동호수만 추첨하도록 하고 있다. 보통의 주택 재개발의 경우 평형이 단순하고 평형에 해당하는 물건이 많으므로 문제가 되는 경우가 드물지만 도심 재개발 사업(구 도시 환경 정비 사업)과 같이 배정될 신축 건물의 규모가 다양하고 개수도 적을 경우, 위 기준이 위력을 발휘하게 된다.

4.7.2 재개발 상가의 공급

　재건축의 경우 주택 소유자는 주택을 분양받고 상가 소유자는 상가를 분양받는데, 도시정비법 시행령 제63조 제2항에서 그러한 원칙을 천명하고 있기 때문이다. 그런데 재개발은 이런 규정이 없다. 서울시 조례에 따르면 재개발의 경우 주택 아닌 건물의 소유자 즉 상가 소유자에게 주택의 분양권을 준다는 명시적 규정이 없다. 그 대신 부대 복리 시설의 분양권을 주고 있는데 구소유권에 기한 환권(換權)인지 아니면 일반 분양자의 지위에서 우선권만 부여한 것인지 명확하지 않다. 다만, 상가 건물 소유자라고 하더라도 토지를 소유한 경우에는 토지 소유자로서 주택을 분양받을 수 있다. 주택 아닌 건물만 소유한 사람은 동의권자이자 조합원이므로 분양권이 있음은 자명함에도 이와 같이 불분명한 권리만 부여한 것은 재산권을 침해한 것이라고 할 것이다.

　서울시의 경우 제1 순위부터 제6 순위까지 순위를 정해 부대 복리 시설을 분양하고 있는데 주택 아닌 건물의 소유자를 일반 주택 소유자보다 선순위로 하여 분양받을 수 있도록 하고 있다. 주택 재개발 사업으로 조성되는 상가 등 부대 복리 시설은 관리 처분 계획 기준일 현재 아래와 같은 순위를 기준으로 공급한다.

　제1 순위 : 용도 동일, 사업자 등록, 권리가액 충분 : 종전 건축물의 용도가 분양 건축물 용도와 동일하거나 유사한 시설이며 사업자 등록(인가·허가 또는 신고 등을 포함)을 필한 건축물의 소유자로서, 권리가액(공동 주택을 분양받은 경우에는 그 분양 가격을 제외한 가액을 말한다)이 분양 건축물의 최소 분양 단위 규모 추산액 이상인 자

제2 순위 : 용도 동일, 사업자 등록 없음, 권리가액 충분 : 종전 건축물의 용도가 분양 건축물 용도와 동일하거나 유사한 시설인 건축물의 소유자로서, 권리가액이 분양 건축물의 최소 분양 단위 규모 추산액 이상인 자

제3 순위 : 용도 동일, 사업자 등록, 권리가액 부족, 주택 분양 없음 : 종전 건축물의 용도가 분양 건축물 용도와 동일하거나 유사한 시설이며 사업자 등록을 필한 건축물의 소유자로서, 권리가액이 분양 건축물의 최소 분양 단위 규모 추산액에 미달되나 공동 주택을 분양받지 않은 자

제4 순위 : 용도 동일, 사업자 등록 없음, 권리가액 부족, 주택 분양 없음 : 종전 건축물의 용도가 분양 건축물 용도와 동일하거나 유사한 시설인 건축물의 소유자로서, 권리가액이 분양 건축물의 최소 분양 단위 규모 추산액에 미달되거나 공동 주택을 분양받지 않은 자

제5 순위 : 용도 다름, 권리가액 충분, 주택 분양 없음 : 공동 주

택을 분양받지 않은 자로서, 권리가액이 분양 건축물의 최소 분양 단위 규모 추산액 이상인 자

제6 순위 : 용도 다름, 권리가액 충분, 주택 분양 : 공동 주택을 분양받은 자로서, 권리가액이 분양 건축물의 최소 분양 단위 규모 추산액 이상인 자

위 순위를 표로 간략히 요약하면 아래와 같다.

	용도 동일	사업자 등록	권리가액 최소가 이상	주택 분양
제1 순위	○	○	○	
제2 순위	○	×	○	
제3 순위	○	○	×	×
제4 순위	○	×	×	×
제5 순위	×	×	○	×
제6 순위	×	×	○	○

⑤ 재건축 분양권

5.1 재건축 분양권자

재건축의 분양권자와 재개발의 분양권자는 조금 다르다. 재개발이 좀 더 복잡하다. 재건축 사업은 집합건물법에서 유래한 제도이며, 집합건물법은 아직도 재건축에 관한 규정을 두고 있다. 집합건물법상 재건축을 좀 더 원활하게 할 목적으로 주택건설촉진법에 재건축 조합에 관한 규정을 두고 조합 설립을 좀 더 쉽게 할 수 있게 완화해 주었다. 그러던 것이 도시정비법이 제정되면서 재건축 사업을 도시 정비 사업으로 흡수하는 한편, 기본 계획 – 정비 계획 및 구역 지정 – 조합 설립 – 사업 시행 인가 – 관리 처분 계획 – 준공 – 이전 고시 – 해산 등의 순서에 의해 사업을 진행하도록 하고 있다. 재개발과 같은 도시 계획 사업으로 전환되기는 하였으나 구법에서 가지고 있던 제도를 그대로 가지고 오는 바람에 다소 혼선을 빚고 있다. 그 대표적인 것이 토지 등 소유자에 대한 규정이다. 도시정비법 제2조의 정의 규정에서 재건축 사업에 있어서 토지 등 소유자는 건물과 그 건물의 부속 토지를 소유한 자라고 되어 있다. 그렇다면 조합을 설립할 때 동의하는 자도 토지 등 소유자여야 한다. 그러나 아직도 구분 소유자의 동의를 얻으라고 하고 있다. 건물과 그 부속 토지를 소유한 사람과 구분 소유자는 완벽하게 같은 사람인가? 아니다. 이처럼 재건축 사업에는 구법의 잔재가 남아 있어 이에 유의하면서 분양권을 살펴보아야 한다.

재건축 사업에서 분양권자는 누구일까? 가장 기본적으로는 조합원 자격을 가진 사람이다. 조합원 자격을 가진 사람은 누구일까? 토지 등 소유자로서 조합 설립에 동의한 사람이라고 할 것이다. 조합 설립에 관한 규정에서는 구분 소유자라고 되어 있으나 이는 입법의 오류로 보인다. 토지 등 소유자라고 하든지, 구분 소유자라고 하든지 어느 하나로 통일해야 할 것인데, 그렇지 않다. 그보다 더 근본적으로는 토지와 건물이 일체화되어 있지 않은 경우 각각의 소유자에게는 조합원 자격도 분양권도 주지 않는 이유를 해명해야 한다.

5.1.1 건물과 그 부속 토지의 소유자

건물을 소유한 사람에는 주택을 소유한 사람과 주택 이외의 것을 소유한 사람 두 종류가 있다. 주택인 건물을 소유하고 그 부속 토지를 소유한 사람이 조합 설립에 동의하면 신축 건물 중 주택을 주고, 근린 생활 시설 같은 상가 건물을 소유하고 그 부속 토지를 소유한 사람에게는 신축 건물 중 부대 복리 시설을 주는 것이 원칙이다. 분양권의 내용에는 약간 차이가 있지만 건물과 그 부속 토지의 소유자에게 분양권을 준다는 원칙은 분명하다.

> <참고> 구분 소유자인가? 토지 등 소유자인가?
>
> 구분 소유자에게 분양권을 주는 것과 건물 및 그 부속 토지의 소유자에게 분양권을 주는 것은 같은 것일까? 구분 소유자라고 하더라도 토지의 소유권이 없을 수 있다. 이런 일이 종종 있다. 반대로 건물의 소유자가 구분 소유자가 아니면서 건물과 그 부속 토지를 소유할 수도 있다. 아파트 단지 내에 독립적으로 존재하는 유치원 건물이 있을 때, 그 유치원 건물의 소유자는 구분 소유자가 아닐 것이다. 이 문제는 입법으로 해결해야 한다. 두 가지 모순되는 규정 중 어느 쪽이 적용되고 있을까? 구분 소유권을 기초로 조합원 자격이나 분양권을 주지 않고 건물과 그 부속 토지 소유자에게 분양권을 주고 있다. 20년 가까이 지적되고 있는데도 아직도 고쳐지지 않는 이유를 모르겠다.

5.1.2 토지 또는 건물 어느 하나만 소유한 사람

재건축 사업에서 분양권자는 건물 및 그 부속 토지를 소유한 사람이다. 어느 하나만 소유하고 있다면 분양권이 없다. 건물 소유권만 있고, 토지의 소유권이 없는 사람에게는 분양권을 주지 않는 이유는 무엇인가? 사실 아무 이유도 없다. 그냥 그렇게 입법했기 때문이다. 공동 주택 재건축의 경우 소유자는 대부분 구분 소유자이고, 그 부속 토지를 소유한다. 도시정비법 입법 이전에도 그러했고, 도시정비법 제정 이후에도 대부분 그러하다. 그저 익숙하였기 때문에 그렇게 입법한 것이지 그렇게 입법하지 않으면 안 되었던 이유는 애초부터 없었다. 늘 해오던 대로 하면서 복잡하게 만들고 싶지 않았던 것뿐이다. 그러나 재건축을 하다 보면 집합 건물 등기를 하는 과정에서 건물의 등기와 그 건물의 대지권이 일체화되지 못하여 건물의 등기만 넘겨받았던 사례가 끊이지 않았다. 그렇게 실수로 인해 건물만 소유하고 있는 사람은 조합원 자격도 분양권도 받지 못해야 마땅한가? 그냥 재개발처럼 토지 소유자와 건물의 소유자가 다를 때, 양자를 합쳐서 하나의 분양권이 있다고 하면 되는 것 아닌가? 공동 주택 단지가 인근 단독 주택 부지와 합쳐져 하나의 재건축 구역을 구성할 때도 토지만 소유한 사람에게 조합원 자격과 분양권을 주지 않는다. 조합원 자격과 분양권을 주지 않을 것이면 동의권을 왜 주었는가? 재건축 사업과 재개발 사업은 본질적으로 차이가 없다. 재건축 사업은 재개발 구역 내에 공동 주택의 숫자가 많은 경우와 같다. 구역 지정 요건이 약간 다른데, 그것이 조합원 자격을 달리할 사유가 되기는 어렵다.

관련 법령은 건물만 소유하거나 토지만 소유한 사람에게는 조합원 자격이나 분양권을 주지 않고 매도 청구하라고 하고 있다. 개정되어야 할 규정이다.

도시정비법 제64조(재건축사업에서의 매도청구) ① 재건축사업의 사업시행자는 사업시행계획인가의 고시가 있은 날부터 30일 이내에 다음 각 호의 자에게 조합설립 또는 사업시행자의 지정에 관한 동의 여부를 회답할 것을 서면으로 촉구하여야 한다.

1. 제35조제3항부터 제5항까지에 따른 조합설립에 동의하지 아니한 자

2. 제26조제1항 및 제27조제1항에 따라 시장·군수등, 토지주택공사등 또는 신탁업자의 사업시행자 지정에 동의하지 아니한 자

② 제1항의 촉구를 받은 토지등소유자는 촉구를 받은 날부터 2개월 이내에 회답하여야 한다.

③ 제2항의 기간 내에 회답하지 아니한 경우 그 토지등소유자는 조합설립 또는 사업시행자의 지정에 동의하지 아니하겠다는 뜻을 회답한 것으로 본다.

④ 제2항의 기간이 지나면 사업시행자는 그 기간이 만료된 때부터 2개월 이내에 조합설립 또는 사업시행자 지정에 동의하지 아니

> 하겠다는 뜻을 회답한 토지등소유자와 건축물 또는 토지만 소유한 자에게 건축물 또는 토지의 소유권과 그 밖의 권리를 매도할 것을 청구할 수 있다.

5.1.3 인근 지역을 병합하여 재건축 사업을 할 때의 소유자

　도시정비법은 공동 주택 단지만 단독으로 재건축을 하는 경우 외에 주변 인근 지역과 함께 재건축 사업을 하는 경우도 상정하고 있다. 도시정비법은 "공동주택단지가 아닌 지역이 정비구역에 포함된 때에는 주택단지가 아닌 지역의 토지 또는 건축물 소유자의 4분의 3 이상 및 토지 면적의 3분의 2 이상의 토지 소유자의 동의를 받아야 한다."라고 하고 있다.

　이 규정 중 "또는"이라는 부분을 유심히 보아야 한다. 도시정비법 제2조의 정의 규정에서는 재건축 사업의 토지 등 소유자를 "건축물 및 그 부속 토지의 소유자"라고 되어 있다. 정의 규정에서는 "및"이라고 하고 있고 이 규정에서는 "또는"이라고 하고 있다. 이렇게 동의자를 달리 규정했다면, 주택 단지와 함께하는 단독 주택의 경우에는 토지만 소유하여도 조합원이 될 수 있고, 건물만 소유하여도 조합원이 될 수 있어야 한다. 그러나 정의 규정을 고집하면 조합원이 될 수도 없고 분양권도 없다.

> **도시정비법 제35조(조합설립인가 등)** ③ 재건축사업의 추진위원회(제31조제4항에 따라 추진위원회를 구성하지 아니하는 경우에는 토지등소유자를 말한다)가 조합을 설립하려는 때에는 주택단지의 공동주택의 각 동(복리시설의 경우에는 주택단지의 복리시설 전체를 하나의 동으로 본다)별 구분소유자의 과반수 동의(공동주택의 각 동별 구분소유자가 5 이하인 경우는 제외한다)와 주택단지의 전체 구분소유자의 4분의 3 이상 및 토지면적의 4분의 3 이상의 토지소유자의 동의를 받아 제2항 각 호의 사항을 첨부하여 시장·군수 등의 인가를 받아야 한다.
> ④ 제3항에도 불구하고 주택단지가 아닌 지역이 정비구역에 포함된 때에는 주택단지가 아닌 지역의 토지 또는 건축물 소유자의 4분의 3 이상 및 토지면적의 3분의 2 이상의 토지소유자의 동의를 받아야 한다. 〈개정 2019. 4. 23.〉

5.1.4 단독 주택 재건축 분양권자

서울시 조례에서는 공동 주택 재건축의 분양권에 대하여는 특별한 규정을 두고 있지 않지만, 단독 주택 재건축의 분양권에 대해서는 규정을 두고 있다.

서울시 조례 제37조(단독주택재건축사업의 분양대상 등) ① 단독주택재건축사업(대통령령 제24007호 도시 및 주거환경정비법 시행령 일부 개정령 부칙 제6조에 따른 사업을 말한다. 이하 같다)으로 건립되는 공동주택의 분양대상자는 관리처분계획기준일 현재 다음 각 호의 어느 하나에 해당하는 토지등소유자로 한다.

　1. 종전의 건축물 중 주택 및 그 부속토지를 소유한 자
　2. 분양신청자가 소유하고 있는 권리가액이 분양용 최소규모 공동주택 1가구의 추산액 이상인 자. 다만, 분양신청자가 동일한 세대인 경우의 권리가액은 세대원 전원의 가액을 합하여 산정할 수 있다.

② 제1항에도 불구하고 다음 각 호의 어느 하나에 해당하는 경우에는 여러 명의 분양신청자를 1명의 분양대상자로 본다.

　1. 단독주택 또는 다가구주택을 권리산정기준일 후 다세대주택으로 전환한 경우
　2. 법 제39조제1항제2호에 따라 여러 명의 분양신청자가 1세대에 속하는 경우
　3. 1주택과 그 부속토지를 여러 명이 소유하고 있는 경우
　4. 권리산정기준일 후 나대지에 건축물을 새로 건축하거나 기존 건축물을 철거하고 다세대주택, 그 밖에 공동주택을 건축하여 토지등소유자가 증가되는 경우

단독 주택 재건축은 공동 주택 재건축과 달리 소유의 형태가 다양하다. 소유의 형태만 본다면 주택 재개발과 같아서 재건축의 분양에서 미처 생각지 못한 부분을 주택 재개발의 규정을 유추 적용하는 것이 필요하다.

다가구 주택의 분양권의 경우에 한정하여 법원의 판결은 엇갈리고 있다. 서울행정법원 2009. 3. 20. 선고 2008구합44471 사건에서는 재개발 분양권에 관한 규정을 유추 적용할 수 없다고 판결하고 있고, 서울행정법원 2008. 8. 14. 선고 2008구합12917 판결에서는 유추 적용할 수 있다고 판결하고 있다. 유추 적용이 안 된다는 판결에서도 다가구 주택의 경우에는 특혜성 분양권이라고 본 까닭이므로 다른 경우에도 일관되게 유추 적용이 안 된다는 취지는 아닐 것이다.

5.2 재건축 분양권의 숫자

재건축 사업에서 분양권자의 숫자는 재개발과는 조금 다르다. 재건축 사업에서는 1물1권주의가 조금 더 강하게 나타난다.

5.2.1 소유권 개수에 따른 분양권 숫자

① 과밀 억제 권역이 아닌 곳에 위치한 재건축 사업의 경우
과밀 억제 권역에 위치하지 않은 재건축 사업의 토지 등 소유자

(도시정비법 제76조 제1항 7호 나. 1) 참조)에게는 소유하고 있는 건물 및 부속 토지의 개수만큼 분양한다. 그러나 과밀 억제 권역에 위치하지 않았더라도 투기 과열 지구나 조정 대상 지역으로 지정된 후에 사업 시행 인가를 신청하는 사업지의 경우에는 소유권 개수에 따른 분양권을 받을 수 없다. 투기 과열 지구나 조정 대상 지역으로 지정된 경우에 분양권을 몇 개 받을 수 있는지 명확하지 않으나 그 취지상 분양권을 하나만 부여하라는 것으로 해석된다.

과밀 억제 권역은 다음과 같다(수도권정비계획법 시행령 별표 1).

1. 서울특별시
2. 인천광역시[강화군, 옹진군, 서구 대곡동·불로동·마전동·금곡동·오류동·왕길동·당하동·원당동, 인천경제자유구역(경제자유구역에서 해제된 지역을 포함한다) 및 남동 국가산업단지는 제외한다]
3. 의정부시
4. 구리시
5. 남양주시(호평동, 평내동, 금곡동, 일패동, 이패동, 삼패동, 가운동, 수석동, 지금동 및 도농동만 해당한다)
6. 하남시
7. 고양시

8. 수원시

9. 성남시

10. 안양시

11. 부천시

12. 광명시

13. 과천시

14. 의왕시

15. 군포시

16. 시흥시[반월특수지역(반월특수지역에서 해제된 지역을 포함한다)은 제외한다]

투기 과열 지구나 조정 대상 지역은 미리 정하는 것이 아니라 그때그때 상황에 따라 지정하는 것이어서 매번 달라진다. 이를 조심해야 한다. 2022년 1월 기준 투기 과열 지구와 조정 대상 지역은 다음과 같다.

투기과열지구 지정 해제

[시행 2021. 8. 30.] [국토교통부공고 제2021-1308호, 2021. 8. 30., 일부개정.]

국토교통부(주택정책과), 044-201-3328

1. 지정해제 지역 : 경상남도 창원시 의창구 동읍, 북면

(다만, 북면 감계리 일원 감계지구, 무동리 일원 무동지구는 투기과열지구 지정을 유지)

2. 해제일 : 2021년 8월 30일

3. 효력발생시기 : 이 공고문은 공고한 날부터 효력을 발생한다.

※ 투기과열지구 지정 현황

지정일자	지정지역
2017. 8. 3.	서울특별시 전역(25개區), 경기도 과천시, 세종특별자치시[주1]
2017. 9. 6.	경기도 성남시 분당구, 대구광역시 수성구
2018. 8. 28.	경기도 광명시, 하남시
2020. 6. 19.	경기도 수원시, 성남시 수정구, 안양시, 안산시 단원구, 구리시, 군포시, 의왕시, 용인시 수지구·기흥구, 동탄2택지개발지구[주2], 인천광역시 연수구, 남동구, 서구, 대전광역시 동구, 중구, 서구, 유성구
2020. 12. 18.	경상남도 창원시 의창구[주3]

주1) 건설교통부고시 제2006-418호(2006. 10. 13.)에 따라 지정된 행정중심복합도시 건설 예정지역으로, 「신행정수도 후속대책을 위한 연기·공주지역 행정중심복합도시 건설을 위한 특별법」제15조제1호에 따라 해제된 지역을 포함

주2) 화성시 반송동·석우동, 동탄면 금곡리·목리·방교리·산척리·송리·신리·영천리·오산리·장지리·중리·청계리 일원에 지정된 동탄2택지개발지구에 한함

주3) 대산면, 동읍 및 북면제외(북면 감계리 일원 감계지구*, 무동리 일원 무동지구**는 투기과열지구 지정을 유지)

* 「창원도시관리계획(감계지구 지구단위계획)결정(변경) 및 지형도면 고시(창원시 고시 제2020-379호, 2020. 12. 31.), 「창원도시관리계획(감계지구 지구단위계획)결정(변경) 및 지형도면 고시에 대한 정정고시(창원시 고시 제2021-11호(2021. 1. 29.)」에 따른 구역

** 「창원도시관리계획(무동지구 지구단위계획) 결정(변경) 및 지형도면 고시(창원시 고시 제2020-110호, 2020. 5. 29.)」에 따른 구역

조정대상지역 지정

[시행 2021. 8. 30.] [국토교통부공고 제2021-1309호, 2021. 8. 30., 일부개정.]

국토교통부(주택정책과), 044-201-3328

1. 지정지역 : 경기도 동두천시(광암동, 걸산동, 안흥동, 상봉암동, 하봉

암동, 탑동동 제외)

2. 지정기간 : 2021. 8. 30. ~ 지정 해제시까지

3. 지정효력

○ 「주택법」제64조에 따른 분양권 전매 제한

○ 기타 조정대상지역 지정에 따라 관련법령 및 규정에서 정하는 사항

4. 효력발생시기 : 이 공고문은 공고한 날부터 효력을 발생한다.

※ 조정대상지역 지정 현황

시·도	현행	조정('21. 8. 30.)
서울	서울 25개구	좌동
경기	과천시, 광명시, 성남시, 고양시, 남양주시[주1], 하남시, 화성시, 구리시, 안양시, 수원시, 용인시[주2], 의왕시, 군포시, 안성시[주3], 부천시, 안산시, 시흥시, 오산시, 평택시, 광주시[주4], 양주시[주5], 의정부시, 김포시[주6], 파주시[주7]	좌동
	〈신규 지정〉	동두천시[주8]
인천	중구[주9], 동구, 미추홀구, 연수구, 남동구, 부평구, 계양구, 서구	좌동
부산	해운대구, 수영구, 동래구, 연제구, 남구, 서구, 동구, 영도구, 부산진구, 금정구, 북구, 강서구, 사상구, 사하구	좌동

대구	수성구, 중구, 동구, 서구, 남구, 북구, 달서구, 달성군[주10]	좌동
광주	동구, 서구, 남구, 북구, 광산구	좌동
대전	동구, 중구, 서구, 유성구, 대덕구	좌동
울산	중구, 남구	좌동
세종	세종특별자치시[주11]	좌동
충북	청주시[주12]	좌동
충남	천안시 동남구[주13], 서북구[주14], 논산시[주15], 공주시[주16]	좌동
전북	전주시 완산구, 덕진구	좌동
전남	여수시[주17], 순천시[주18], 광양시[주19]	좌동
경북	포항시 남구[주20], 경산시[주21]	좌동
경남	창원시 성산구	좌동

주1) 화도읍, 수동면 및 조안면 제외

주2) 처인구 포곡읍, 모현읍, 백암면, 양지면 및 원삼면 가재월리·사암리·미평리·좌항리·맹리·두창리 제외

주3) 일죽면, 죽산면, 삼죽면, 미양면, 대덕면, 양성면, 고삼면, 보개면, 서운면 및 금광면 제외

주4) 초월읍, 곤지암읍, 도척면, 퇴촌면, 남종면 및 남한산성면 제외

주5) 백석읍, 남면, 광적면 및 은현면 제외

주6) 통진읍, 대곶면, 월곶면 및 하성면 제외

주7) 문산읍, 파주읍, 법원읍, 조리읍, 월롱면, 탄현면, 광탄면, 파평면, 적성면, 군내면, 장단면, 진동면 및 진서면 제외

주8) 광암동, 걸산동, 안흥동, 상봉암동, 하봉암동, 탑동동 제외

주9) 을왕동, 남북동, 덕교동 및 무의동 제외

주10) 가창면, 구지면, 하빈면, 논공읍, 옥포읍, 유가읍 및 현풍읍 제외

주11) 건설교통부고시 제2006-418호(2006. 10. 13.)에 따라 지정된 행정중심복합도시 건설 예정지역으로, 「신행정수도 후속대책을 위한 연기·공주지역 행정중심복합도시 건설을 위한 특별법」제15조제1호에 따라 해제된 지역을 포함

주12) 낭성면, 미원면, 가덕면, 남일면, 문의면, 남이면, 현도면, 강내면, 옥산면, 내수읍 및 북이면 제외

주13) 목천읍, 풍세면, 광덕면, 북면, 성남면, 수신면, 병천면 및 동면 제외

주14) 성환읍, 성거읍, 직산읍 및 입장면 제외

주15) 강경읍, 연무읍, 성동면, 광석면, 노성면, 상월면, 부적면, 연산면, 벌곡면, 양촌면, 가야곡면, 은진면 및 채운면 제외

주16) 유구읍, 이인면, 탄천면, 계룡면, 반포면, 의당면, 정안면, 우성면, 사곡면 및 신풍면 제외

주17) 돌산읍, 율촌면, 화양면, 남면, 화정면 및 삼산면 제외

주18) 승주읍, 황전면, 월등면, 주암면, 송광면, 외서면, 낙안면, 별량면, 상사면 제외

주19) 봉강면, 옥룡면, 옥곡면, 진상면, 진월면 및 다압면 제외

주20) 구룡포읍, 연일읍, 오천읍, 대송면, 동해면, 장기면 및 호미곶면 제외

주21) 하양읍, 진량읍, 압량읍, 와촌면, 자인면, 용성면, 남산면 및 남천면 제외

② 과밀 억제 권역에 위치한 경우

과밀 억제 권역에 위치한 재건축 사업의 경우에는 토지 등 소유자가 소유한 주택수의 범위에서 3주택까지 공급할 수 있다. 다만, 투기 과열 지구 또는 조정 대상 지역에서 사업 시행 계획 인가(최초 사업 시행 계획 인가를 말한다)를 신청하는 재건축 사업의 경우에는 그렇지 않다. 투기 과열 지구나 조정 대상 지역으로 지정된 경우 수 개의 물건을 소유했더라도 하나의 분양권을 부여한다.

도시정비법 제76조(관리처분계획의 수립기준) ① 제74조제1항에 따른 관리처분계획의 내용은 다음 각 호의 기준에 따른다. 〈개정 2017. 10. 24., 2018. 3. 20., 2022. 2. 3.〉

1. ~ 5. (생략)
6. 1세대 또는 1명이 하나 이상의 주택 또는 토지를 소유한 경우 1주택을 공급하고, 같은 세대에 속하지 아니하는 2명 이상이 1주택 또는 1토지를 공유한 경우에는 1주택만 공급한다.
7. 제6호에도 불구하고 다음 각 목의 경우에는 각 목의 방법에 따라 주택을 공급할 수 있다.

   가. 2명 이상이 1토지를 공유한 경우로서 시·도조례로 주택공급을 따로 정하고 있는 경우에는 시·도조례로 정하는 바에 따라 주택을 공급할 수 있다.

   나. 다음 어느 하나에 해당하는 토지등소유자에게는 소유한 주택 수만큼 공급할 수 있다.

1) 과밀억제권역에 위치하지 아니한 재건축사업의 토지등소유자. 다만, 투기과열지구 또는 「주택법」 제63조의2제1항제1호에 따라 지정된 조정대상지역(이하 이 조에서 "조정대상지역"이라 한다)에서 사업시행계획인가(최초 사업시행계획인가를 말한다)를 신청하는 재건축사업의 토지등소유자는 제외한다.
2) 근로자(공무원인 근로자를 포함한다) 숙소, 기숙사 용도로 주택을 소유하고 있는 토지등소유자
3) 국가, 지방자치단체 및 토지주택공사등
4) 「국가균형발전 특별법」 제18조에 따른 공공기관지방이전 및 혁신도시 활성화를 위한 시책 등에 따라 이전하는 공공기관이 소유한 주택을 양수한 자

다. 나목1) 단서에도 불구하고 과밀억제권역 외의 조정대상지역 또는 투기과열지구에서 조정대상지역 또는 투기과열지구로 지정되기 전에 1명의 토지등소유자로부터 토지 또는 건축물의 소유권을 양수하여 여러 명이 소유하게 된 경우에는 양도인과 양수인에게 각각 1주택을 공급할 수 있다.

라. 제74조제1항제5호에 따른 가격의 범위 또는 종전 주택의 주거전용면적의 범위에서 2주택을 공급할 수 있고, 이 중 1주택은 주거전용면적을 60제곱미터 이하로 한다. 다만, 60제곱미터 이하로 공급받은 1주택은 제86조제2항에 따른 이전고시일 다음 날부터 3년이 지나기 전에는 주택을 전매(매매·증여나 그 밖에 권리의 변동을 수반하는 모든 행위를 포함하되 상속의

경우는 제외한다)하거나 전매를 알선할 수 없다.
마. 과밀억제권역에 위치한 재건축사업의 경우에는 토지등소유자가 소유한 주택수의 범위에서 3주택까지 공급할 수 있다. 다만, 투기과열지구 또는 조정대상지역에서 사업시행계획인가(최초 사업시행계획인가를 말한다)를 신청하는 재건축사업의 경우에는 그러하지 아니하다.

5.2.2 수개의 분양권을 주는 경우

① 기숙사 등

과밀 억제 권역이거나 투기 과열 지구 또는 조정 대상 지역으로 지정되었더라도 근로자(공무원인 근로자를 포함한다) 숙소, 기숙사 용도로 주택을 소유하고 있는 토지 등 소유자에게는 소유한 주택의 수만큼 분양권을 부여한다.

② 국가, 지방 자치 단체 및 주택 공사 등

과밀 억제 권역이거나 투기 과열 지구 또는 조정 대상 지역으로 지정되었더라도 국가, 지방 자치 단체 및 주택 공사 등이 소유한 주택의 수만큼 분양권을 부여한다.

③ 공공 기관 이전에 따른 양수인

과밀 억제 권역이거나 투기 과열 지구 또는 조정 대상 지역으로 지정되었더라도 국가균형발전특별법 제18조에 따른 공공 기관 지방 이전 시책 등에 따라 이전하는 공공 기관이 소유한 주택을 양수한 자는 조합 설립 인가 이후에 양수하였더라도 양도인과는 별개로 1개의 분양권을 준다.

④ 종전 자산 가격이 다액인 경우

종전 자산의 가액이 신축 건물의 분양 가격을 상회하는 경우, 종전 자산의 가격의 범위 또는 종전 주택의 주거 전용 면적의 범위에서 2주택을 공급할 수 있고, 이 중 1주택은 주거 전용 면적을 60제곱미터 이하로 한다. 다만, 추후 처분에 제한을 받는다.

추가로 분양받은 60제곱미터 이하의 1주택은 도시정비법 제86조 제2항에 따른 이전 고시일 다음 날부터 3년이 지나기 전에는 주택을 전매(매매·증여나 그 밖에 권리의 변동을 수반하는 모든 행위를 포함하되 상속의 경우는 제외한다)하거나 이의 전매를 알선할 수 없다.

과밀 억제 권역이거나 투기 과열 지구 또는 조정 대상 지역으로 지정되었더라도 적용되며 재개발 재건축 모두에 적용된다.

5.2.3 재개발 분양권이 응용되는 경우

공동 주택의 경우에는 무허가 건물이나 다가구 주택이 있을 수 없으므로 재건축 분양권은 상대적으로 단순하다. 그러나 인근 지역을 합쳐서 사업을 하는 경우, 공동 주택 단지와 단독 주택지를 합쳐서 하나의 재건축 사업 구역으로 지정한 후 사업을 진행하는 경우, 단독 주택지에는 무허가 건물이나 다가구 주택, 다세대 주택 등이 혼재되어 있다. 이 경우 재개발 분양권을 응용할 수 있을 것이다. 다만, 추가되는 인근 지역의 경우, 토지만 소유하거나 건물만 소유한 사람에게도 분양권을 줄 것인가? 판례는 주지 않는다고 한다. 동의권은 있으나 분양권이 없다는 것은 납득하기 어렵다.

5.2.4 부대 복리 시설 소유자에게 공동 주택을 분양하는 경우

재건축의 경우 주택 이외의 건물, 즉 부대 복리 시설 소유자에게는 부대 복리 시설을 공급하는 것을 원칙으로 하고 있다(도시정비법 시행령 제63조 제2항). 부대 복리 시설 대신 주택을 공급하거나 주택을 추가로 공급하는 예외가 있다. 부대 복리 시설 소유자에게 공동 주택을 분양하는 경우 분양권의 숫자가 늘어나기도 한다. 모든 경우 늘어나는 것은 아니고 사례마다 다른데, 부대 복리 시설 소유자에게 공동 주택을 분양할 수 있는 특례가 있는 경우를 살펴보면서 개별적으로 살펴볼 수밖에 없다.

첫째, 새로운 부대 복리 시설을 건설하지 않는 경우로, 기존 부대 복리 시설의 가액이 분양 주택 중 최소 분양 단위 규모의 추산액에 정관 등으로 정하는 비율(정관 등으로 정하지 않는 경우에는 1로 한다)

을 곱한 가액보다 큰 경우. 정관으로 정한 비율이 1, 기존 상가 가액이 3억 원이고 최소 분양 단위 가액이 2억 원이라면, 3억 원을 자신의 종전 자산 가액으로 하므로 공동 주택을 분양받는다. 만약 정관에서 3배로 정했다면 최소 분양 가액이 6억 원이 되어 공동 주택을 분양받지 못한다. 정관에서 정하는 비율에 한계가 없기 때문에 발생하는 문제이다. 합리적인 배율이 아니라면 무효라고 할 것이다. 반대로 0.8로 정한다거나 더 낮은 비율을 정할 경우에는 초과하는 권리가액에 기해 분양권을 하나 더 가질 수도 있다. 나아가 물건을 하나를 가지고 있으면 하나의 분양권, 수개를 가지고 있되 과밀 억제 권역이 아니라면 그 숫자만큼 분양권을 갖게 된다.

둘째, 기존 부대 복리 시설의 가액에서 새로이 공급받는 부대 복리 시설의 추산액을 뺀 금액이 분양 주택 중 최소 분양 단위 규모의 추산액에 정관 등으로 정하는 비율을 곱한 가액보다 큰 경우에는 분양권이 2개가 될 수 있다. 이 경우에는 부대 복리 시설을 분양받고 주택을 하나 더 분양받는 것이므로 분양권의 숫자가 늘어난다.

부대 복리 시설의 면적이 커서 20억 원이 넘는데 새로 지은 부대 복리 시설의 최대치가 12억 원짜리라면 8억 원을 현금으로 받아야 한다. 그리고 이 현금에는 양도 소득세가 부과되어 큰 손실이 발생한다. 그러나 정관으로 정한 비율이 1이라는 가정하에, 8억 원의 남는 가액으로 6억 원짜리 공동 주택을 받고 2억 원에 대해서만 양도 소득세를 내게 된다면 그나마 손실이 최소화된다.

셋째, 새로이 공급받는 부대 복리 시설의 추산액이 분양 주택 중 최소 분양 단위 규모의 추산액보다 큰 경우. 이 경우는 분양권의 숫자가 늘어나는 것은 아니다. 부대 복리 시설을 주택보다 비싸게 구획한 경우 형평에 반하는 것을 구제하려는 제도일 뿐이다. 아파트는 가장 작은 것이 3억 원짜리인데 어쩐 일인지 새로 짓는 부대 복리 시설(상가)은 가장 작은 것이 10억 원짜리일 때 새로 짓는 부대 복리 시설을 분양받지 않고 아파트를 분양받을 수 있다는 것이다. 이렇게 해주지 않으면 10억 원짜리를 억지로 분양받거나 분양을 포기해야 한다. 이것은 형평에 맞지 않다.

> **도시정비법 시행령 제63조** ② 재건축사업의 경우 법 제74조제4항에 따른 관리처분은 다음 각 호의 방법에 따른다. 다만, 조합이 조합원 전원의 동의를 받아 그 기준을 따로 정하는 경우에는 그에 따른다.
> 1. 제1항제5호 및 제6호를 적용할 것
> 2. 부대시설·복리시설(부속토지를 포함한다. 이하 이 호에서 같다)의 소유자에게는 부대시설·복리시설을 공급할 것. 다만, 다음 각 목의 어느 하나에 해당하는 경우에는 1주택을 공급할 수 있다.
>   가. 새로운 부대시설·복리시설을 건설하지 아니하는 경우로서 기존 부대시설·복리시설의 가액이 분양주택 중 최소분양단위규모의 추산액에 정관등으로 정하는 비율(정관등으로 정하지 아

니하는 경우에는 1로 한다. 이하 나목에서 같다)을 곱한 가액보다 클 것

나. 기존 부대시설·복리시설의 가액에서 새로 공급받는 부대시설·복리시설의 추산액을 뺀 금액이 분양주택 중 최소분양단위규모의 추산액에 정관등으로 정하는 비율을 곱한 가액보다 클 것

다. 새로 건설한 부대시설·복리시설 중 최소분양단위규모의 추산액이 분양주택 중 최소분양단위규모의 추산액보다 클 것

6 분양권 전매

재개발이든 재건축이든 원칙적으로 분양권의 전매는 허용된다. 주택법상 일반 분양을 받은 사람들이 분양권 전매에 제한을 받는 것과는 판이하다. 재개발이든 재건축이든 특별한 사정이 없는 한 소유권 – 조합원 자격 – 분양권 이 3자가 같이 움직이는 것이 원칙이므로 기존의 물건의 소유권을 양도하면 조합원 자격도 양도되고 분양권도 양도된다. 그러나 예외적으로 소유권 양도 시 분양권이 소멸하거나 축소되는 경우가 있고, 다시 이 예외에도 예외가 있으므로 조심해야 한다. "원칙 – 예외 – 예외의 예외" 3단계 구조를 모두 기억하지 않으면 실수할 수도 있다.

6.1 분양권의 1/N 소멸

다물권자가 조합 설립 인가일 이후에 양도하는 경우 양도인과 양수인 합하여 하나의 조합원 자격을 준다. 분양권은 어떻게 될까? 재개발과 재건축이 조금 다르다. 재개발의 경우 1인1권주의에 따라 1인이 수개의 물건을 가지고 있어도 하나의 분양권만 갖는다. 당초 양도인이 하나의 분양권만 가지므로 양도인과 양수인이 공동으로 갖게 되는 분양권도 하나이다. 그러나 재건축은 조금 다르다. 재건축의 경우 1인이 수개의 물건을 가지고 있는 경우 분양권은 3가지 중 하나가 된다. 투기 과열 지구 등에 속할 경우(투기 과열 지구 조정 대상 지구로 지정된 후 사업 시행 인가를 신청한 구역에 속할 경우를 말한다. 이하 같다) 분양권은 하나이다. 투기 과열 지구 등은 아니나 과밀 억제 권역이면 분양권이 최대 3개이다. 투기 과열 지구도 아니고 과밀 억제 권역이 아니면 분양권은 소유권의 개수만큼 가지게 된다.

재건축의 경우 조합 설립 인가일 이후 양도하게 되면 양도인과 양수인은 하나의 조합원 자격을 함께 가지게 되며, 분양권도 함께 가지게 된다. 함께 가지게 되는 분양권이 3개이면 3개를, 5개면 5개를 함께 가지는 것인지 양수한 물건의 개수만큼의 분양권을 가지게 되는 것인지는 다소 불확실하다. 내부 약정이 있다면 이에 따르면 되겠지만 이를 불분명하게 한 경우는 어떻게 해야 할 것인가?

예를 들어, 양도인이 5개의 물건을 가지고 있고, 이 중 2개를 양수인에게 매각하였다면 어떻게 될까? 투기 과열 지구로 지정된 적도 없고 과밀 억제 권역도 아니면 하나의 조합원 자격을 가질지언정 분양권은 수개이므로 이를 나눌 수 있다. 물건의 개수마다 분양권을 가지게 되며, 양수인도 2개의 분양권을 가지게 된다. 그런데 투기 과열 지구는 아니나 과밀 억제 권역이면 어떻게 되는가? 분양권은 당초부터 3개였으므로 양도인과 양수인이 분양권을 함께 가진다면 각각 양도인은 (3개×3/5)을, 양수인은 (3개×2/5)를 갖게 되는 것일까? 아니면 양수인이 분양권 있는 물건을 사겠다는 의사일 것이므로 양수인이 분양권을 2개 가지게 되는 것일까? 이와 같은 문제는 상당히 골치 아픈 문제이다.

아무튼 다물권자가 조합 설립 인가일 이후 소유 물건을 매각하면 재개발 사업이나 재건축 사업이나 모두 합하여 조합원 자격을 하나만 가지게 되며, 분양권은 양도인과 양수인 합하여 당초 양도인이 가지고 있던 분양권만큼만 가지게 된다. 그리고 분양권의 분배가 어려운데, 사견으로는 양도인과 양수인의 의사에 따르되, 양도인과 양수인의 의사를 알 수 없다면 모든 분양권을 함께 하는 것으로 해석할 수밖에 없다.

양도인이 가지고 있던 분양권이 그대로 유지되는 원리이니 엄밀히 말하면 분양권의 1/N 소멸이라고 이름지을 수 없다. 다만, 양수인의 입장에서는 온전한 분양권이 있는 줄 알았는데 온전하지 않으니 온전하지 않은 것만큼 소멸한 느낌이다. 또 1/2로 줄어드는 것이 아니라 1/N이 되는 이유는 양수인이 여러 명일 경우(양도인 + 제1 양수인 + 제2 양수인 + 제3 양수인 ... = N명이 될 경우) 분양권을 소유자들 수만큼 '함께' 한다는 의미이다.

조합 설립 인가일 이후에 양도하더라도 어쩔 수 없는 사유가 있는 경우에는 예외로 조합원 자격도 분양권도 줄지 않는다. 그런데

법은 예외를 공공 기관으로부터 양수한 경우에 한정하고 있고, 그 외 사유는 규정하고 있지 않다.

투기 과열 지구로 지정된 후 기준일 이후에 양도한 경우에는 아예 양수인의 조합원 자격과 분양권을 소멸시키는데, 이 경우에는 더 많은 예외를 규정하고 있다. 그로 인해 양쪽의 균형이 맞지 않는다. 이 불균형의 문제를 설명하기 전에 양도의 개념을 설명할 필요가 있다. 조합 설립 인가일 이후 양도에서의 양도와 투기 과열 지구 지정 후 양도의 의미가 조금 다를 수 있다.

양도의 사전적 개념은 당사자의 의사에 기한 권리의 이전이다. 상속과 같이 당사자의 의사와 무관한 경우 양도가 아니다. 조합 설립 인가일 이후 양도에는 상속이 포함되지 않는다. 따라서 굳이 상속의 경우에는 분양권이 줄어드는 양도의 예외라고 규정할 필요가 없다. 그런데 투기 과열 지구 지정 후 양도에서는 사정이 조금 다르다. 양도의 개념을 확장시켜 권리 변동을 일으키는 일체의 행위라고 하고 있다. 그로 인해 상속 이혼 등 다양한 예외를 규정하게 되었다. 뒤에 다시 설명하겠지만, 투기 과열 지구로 지정된 곳에서 양도하게 되면 양수인이 분양권을 얻지 못하는데, 결과적으로 양도인 양수인 모두 분양권이 없어 분양권이 소멸한 것과 같게 된다. 이 점이 너무 가혹하여 어쩔 수 없는 경우에는 예외를 규정하였다. 그 예외가 아래의 것들이다.

- 세대원의 근무상 또는 생업상의 사정이나 질병 치료·취학·결

혼으로 세대원이 모두 해당 사업 구역에 위치하지 아니한 특별시·광역시·특별자치시·특별자치도·시 또는 군으로 이전하는 경우

- 상속으로 취득한 주택으로 세대원 모두 이전하는 경우
- 세대원 모두 해외로 이주하거나 세대원 모두 2년 이상 해외에 체류하려는 경우
- 1세대 1주택자로서 양도하는 주택에 대한 소유 기간이 10년 및 거주 기간이 5년 이상인 경우
- 조합 설립 인가일부터 3년 이상 사업 시행 인가 신청이 없는 재건축 사업의 건축물을 3년 이상 계속하여 소유하고 있는 자가 사업 시행 인가 신청 전에 양도하는 경우
- 사업 시행 계획 인가일부터 3년 이내에 착공하지 못한 재건축 사업의 토지 또는 건축물을 3년 이상 계속하여 소유하고 있는 자가 착공 전에 양도하는 경우
- 착공일부터 3년 이상 준공되지 않은 재개발 사업·재건축 사업의 토지를 3년 이상 계속하여 소유하고 있는 경우
- 토지 등 소유자로부터 상속·이혼으로 인하여 토지 또는 건축물을 소유한 자
- 국가·지방 자치 단체 및 금융 기관에 대한 채무를 이행하지 못하여 재개발 사업·재건축 사업의 토지 또는 건축물이 경매 또는 공매되는 경우
- 투기 과열 지구로 지정되기 전에 건축물 또는 토지를 양도하

기 위한 계약을 체결하고, 투기 과열 지구로 지정된 날부터 60일 이내에 「부동산 거래 신고 등에 관한 법률」 제3조에 따라 부동산 거래를 신고한 경우

그런데 이런 예외 중에는 조합 설립 인가일 이후 양도하는 경우의 분양권 축소의 예외로도 인정할 만한 것들이 많은데, 막상 조합 설립 인가 이후의 양도를 규정한 도시정비법 제39조 제1항에서는 이러한 예외를 규정하지 않고 있다.

투기 과열 지구로 지정된 곳에서의 양도의 예외가 인정된다면 이 경우에도 같은 내용의 예외가 인정되어야 할 것이다.

예를 들어, 조합 설립 인가 이전에 양수하였으나 양도인이 등기를 해 주지 않아 불가피하게 소송까지 제기하여 간신히 등기하였는데, 그 사이 조합 설립이 되어버렸다면 어찌될 것인가? 양수인은 아무 잘못도 없이 분양권의 일부를 잃게 된다. 그리고 이런 경우 예외를 법정하지 않고 있다. 그러나 투기 과열 지구에서의 양도에 관한 예외 규정을 유추 적용하는 것이 합리적으로 보인다.

판례 중에는 조합 설립 인가일 이후에 양도하였어도 조합원 자격만 양도인과 양수인이 함께 가질 뿐 분양권은 소유 물건별로 가질 수 있다는 것이 있다. 이 판례대로 한다면 위의 설명과는 달리 분양권은 양도인, 양수인이 각각 가지게 된다. 다만, 반대의 판례도 있으니 유의해야 한다.

또 한 가지 유의할 것은 양도에 의해 분양권이 축소된다는 점

을 설명하기 위해 편의상 분양권 숫자가 상황에 따라 변동되지 않는 것으로 하였다. 1분양권 외에 1+1분양권을 갖는 경우도 있기 때문이다. 1분양권이냐 1+1분양권이냐를 구분하면 설명이 복잡해져 단순화를 위해 1+1분양권의 특별한 상황은 배제하였다. 1+1분양권의 경우는 관리 처분 계획을 수립하는 과정에서 확정되는 것인데, 종전 자산의 가액이 "원하는 물건의 분양 가액 + 60제곱미터 이하 물건 가액"보다 클 경우 하나 더 분양받을 수 있게 되는 것을 말한다. 이런 경우라도 1분양권의 경우와 그 원리는 같다.

> **도시정비법 제39조(조합원의 자격 등)** ① 제25조에 따른 정비사업의 조합원(사업시행자가 신탁업자인 경우에는 위탁자를 말한다. 이하 이 조에서 같다)은 토지등소유자(재건축사업의 경우에는 재건축사업에 동의한 자만 해당한다)로 하되, 다음 각 호의 어느 하나에 해당하는 때에는 그 여러 명을 대표하는 1명을 조합원으로 본다. 다만, 「국가균형발전 특별법」 제18조에 따른 공공기관지방이전 및 혁신도시 활성화를 위한 시책 등에 따라 이전하는 공공기관이 소유한 토지 또는 건축물을 양수한 경우 양수한 자(공유의 경우 대표자 1명을 말한다)를 조합원으로 본다. 〈개정 2017. 8. 9., 2018. 3. 20.〉
> 1. 토지 또는 건축물의 소유권과 지상권이 여러 명의 공유에 속하는 때
> 2. 여러 명의 토지등소유자가 1세대에 속하는 때. 이 경우 동일한 세대별 주민등록표 상에 등재되어 있지 아니한 배우자 및 미혼인

> 19세 미만의 직계비속은 1세대로 보며, 1세대로 구성된 여러 명의 토지등소유자가 조합설립인가 후 세대를 분리하여 동일한 세대에 속하지 아니하는 때에도 이혼 및 19세 이상 자녀의 분가(세대별 주민등록을 달리하고, 실거주지를 분가한 경우로 한정한다)를 제외하고는 1세대로 본다.
> 3. 조합설립인가(조합설립인가 전에 제27조제1항제3호에 따라 신탁업자를 사업시행자로 지정한 경우에는 사업시행자의 지정을 말한다. 이하 이 조에서 같다) 후 1명의 토지등소유자로부터 토지 또는 건축물의 소유권이나 지상권을 양수하여 여러 명이 소유하게 된 때
>
> (2항 이하 생략)

6.2 분양권 전부의 소멸

투기 과열 지구 등으로 지정된 후 사업 시행 인가를 신청한 정비사업 구역의 경우, 일정한 기준 시점 이후의 양도가 있었을 때, 조합원 자격과 분양권을 소멸시키는 특별 규정이 있다. 재개발 사업의 경우 관리 처분 계획 인가일 이후 자신의 소유권을 양도하였을 때 양수한 소유권에 기한 조합원 자격 및 분양권은 소멸한다. 재건축 사업의 경우 조합 설립 인가일 이후 자신의 소유권을 양도하였을 때, 그 소유권에 기한 조합원 자격과 분양권은 소멸한다.

양도 시 분양권을 잃게 되는 기준일이 재개발, 재건축이 서로 다

르다. 재개발 사업은 관리 처분 계획 인가일을 기준으로 하고, 재건축 사업은 조합 설립 인가일을 기준으로 한다. 이런 차이가 발생하는 이유는 무엇일까? 뚜렷한 근거를 찾을 수 없다. 그냥 관성에 의한 다름으로 보인다. 재건축 조합은 동의에 의해 자발적으로 조합원이 되고, 재개발 조합은 동의 없어도 강제로 조합원이 되는 강제 조합원 제도를 가지고 있어 그 절차나 구조가 달라 보이지만 실제는 별반 다르지 않다. 재개발 조합도 조합원에서 이탈할 수 있는 절차가 있다. 분양 신청 기간 동안 분양 신청을 하지 않거나 분양 신청을 하고도 분양 계약을 체결하지 않으면 현금 청산자가 되어 조합원 신분에서 벗어나게 된다. 재건축 조합도 똑같다. 분양 신청 기간 동안 분양 신청을 하지 않거나 분양 신청을 하고도 분양 계약을 체결하지 않으면 현금 청산자가 되어 조합원 신분에서 벗어나게 된다. 재건축 조합은 조합 설립에 동의하지 않음으로써 조합원 신분을 처음부터 갖지 않을 수 있지만 그렇다고 해서 바로 매도 청구하여 소유권을 넘겨 주고 자유롭게 되는 것도 아니다. 조합이 매도 청구를 할 의무가 있는 시점은 사업 시행 인가 시점에 이르러서이다. 재건축 조합은 동의하지 않아 조합원 자격을 갖지 않은 상태에서 사업 시행 인가 시점까지 기다리는 것이고, 재개발 조합은 조합원 자격을 가진 상태에서 분양 신청 절차 개시 시점까지 기다리는 것이 차이다. 양자 사이의 차이는 사실상 조합 내부의 절차적 권리를 행사할 수 있는가 없는가밖에 없다.

　재건축 조합이 소유권을 조합이 매수하지 않는 한, 조합원이 아니라고 해서 재건축 구역의 속박에서 이탈할 수 없다. 동의하지 않은 소유자라 하더라도 그때까지는 제약받는 소유권을 가지고 있는 수밖에 없다. 소유권의 제약이라는 실체적 권리 행사의 면에서는 아무런 차이가 없다. 오히려 재개발 조합의 조합원이 더 자유로울 수 있다. 조합원 자격을 가지고 있지만, 분양권 있는 소유권을 양도할 수 있고 양수인은 분양을 받아도 되고 조합원에서 이탈할 수도 있다. 양쪽을 모두 선택할 수 있으니 더 자유롭다. 강제 조합원 제도하의 조합원이 자유 조합원 제도하의 조합원보다 더 자유로운 것이다. 재건축 조합의 조합원과 재개발 조합의 조합원 사이의 이와 같은 불평등은 위헌인지까지는 판단하기 어렵지만 불필요한 불평등이며 입법적으로 해소되어야 한다.

조합 설립 인가일 이후 양도의 경우에는 양도인과 양수인이 함께 분양권을 갖는다. 반면 투기 과열 지구 등으로 지정된 후 양수하게 되면 양수한 물건에 기한 조합원 자격과 분양권을 소멸시키는데, 결과적으로 양수인의 것만 소멸한다. 재개발 구역에서 2개의 물건을 가지고 있던 사람이 하나의 물건을 양도하였다고 가정해 보자. 투기 과열 지구 등으로 지정되지 않았더라면 양도인과 양수인이 함께 하나의 조합원 자격과 분양권을 가질 것이었으나 투기 과열 지구로 지정된 후 사업 시행 인가를 신청한 이상 위와 같은 양도 양수가 있으면 양수인의 조합원 자격과 분양권만 소멸한다. 그 결과 양도인은 혼자서 하나의 조합원 자격, 분양권을 가지게 된다.

투기 과열 지구로 지정되면 재건축이라고 하더라도 소유한 개수대로 분양권을 가지지 못하고 하나의 분양권만 가지게 된다. 투기 과열 지구 지정 후 사업 시행 인가를 신청한 재건축 구역에서 수개의 물건을 소유하고 있는 사람이 그중 일부를 양도한 경우 양수인은 조합원 자격도 분양권도 가지지 못한다. 통상 하나의 조합원 자격과 분양권을 갖는 경우 양도가 있으면 양수인이 조합원 자격과 분양권을 갖는데 투기 과열 지구 등으로 지정된 경우에는 그렇지 않은 것이다. 양도인은 소유하고 있는 물건의 숫자만 줄어들었을 뿐 조합원 자격의 수나 분양권의 수는 그대로이다.

여기에는 상당히 많은 예외가 있다. 해외 이주로 인한 양도나 질병으로 인한 양도, 취학 결혼으로 인한 양도, 10년 이상 소유하고 5년 이상 거주한 조합원의 양도, 3년 이상 보유하고 있었음에도 사업 시행 인가를 3년 이내 하지 않거나, 사업 시행 인가를 받고도 3년 이내에 착공하지 않는 등 대통령령이 정하는 사업 부진으로 인해 부득이 양도하는 경우, 상속받은 후 양도하는 경우 등 여러 경우가 있다. 자세한 내용은 도시정비법 제39조 제2항과 도시정비법 시행령 제37조를 읽어 보아야 하며, 수시로 개정되는 부분이니 조심해야 한다.

> **도시정비법 제39조(조합원의 자격 등)** ① 생략
> ② 「주택법」 제63조제1항에 따른 투기과열지구(이하 "투기과열지구" 라 한다)로 지정된 지역에서 재건축사업을 시행하는 경우에는 조합설립인가 후, 재개발사업을 시행하는 경우에는 제74조에 따른

관리처분계획의 인가 후 해당 정비사업의 건축물 또는 토지를 양수(매매·증여, 그 밖의 권리의 변동을 수반하는 모든 행위를 포함하되, 상속·이혼으로 인한 양도·양수의 경우는 제외한다. 이하 이 조에서 같다)한 자는 제1항에도 불구하고 조합원이 될 수 없다. 다만, 양도인이 다음 각 호의 어느 하나에 해당하는 경우 그 양도인으로부터 그 건축물 또는 토지를 양수한 자는 그러하지 아니하다. 〈개정 2017. 10. 24., 2020. 6. 9., 2021. 4. 13.〉

1. 세대원(세대주가 포함된 세대의 구성원을 말한다. 이하 이 조에서 같다)의 근무상 또는 생업상의 사정이나 질병치료(「의료법」 제3조에 따른 의료기관의 장이 1년 이상의 치료나 요양이 필요하다고 인정하는 경우로 한정한다)·취학·결혼으로 세대원이 모두 해당 사업구역에 위치하지 아니한 특별시·광역시·특별자치시·특별자치도·시 또는 군으로 이전하는 경우
2. 상속으로 취득한 주택으로 세대원 모두 이전하는 경우
3. 세대원 모두 해외로 이주하거나 세대원 모두 2년 이상 해외에 체류하려는 경우
4. 1세대(제1항제2호에 따라 1세대에 속하는 때를 말한다) 1주택자로서 양도하는 주택에 대한 소유기간 및 거주기간이 대통령령으로 정하는 기간 이상인 경우
5. 제80조에 따른 지분형주택을 공급받기 위하여 건축물 또는 토지를 토지주택공사등과 공유하려는 경우
6. 공공임대주택, 「공공주택 특별법」에 따른 공공분양주택의 공

급 및 대통령령으로 정하는 사업을 목적으로 건축물 또는 토지를 양수하려는 공공재개발사업 시행자에게 양도하려는 경우

7. 그 밖에 불가피한 사정으로 양도하는 경우로서 대통령령으로 정하는 경우

(이하 생략)

도시정비법 시행령 제37조(조합원) ① 법 제39조제2항제4호에서 "대통령령으로 정하는 기간"이란 다음 각 호의 구분에 따른 기간을 말한다. 이 경우 소유자가 피상속인으로부터 주택을 상속받아 소유권을 취득한 경우에는 피상속인의 주택의 소유기간 및 거주기간을 합산한다.

1. 소유기간: 10년
2. 거주기간(「주민등록법」 제7조에 따른 주민등록표를 기준으로 하며, 소유자가 거주하지 아니하고 소유자의 배우자나 직계존비속이 해당 주택에 거주한 경우에는 그 기간을 합산한다): 5년

② 법 제39조제2항제6호에서 "대통령령으로 정하는 사업"이란 공공재개발사업 시행자가 상가를 임대하는 사업을 말한다. 〈신설 2021. 7. 13.〉

③ 법 제39조제2항제7호에서 "대통령령으로 정하는 경우"란 다음 각 호의 어느 하나에 해당하는 경우를 말한다. 〈개정 2020. 6. 23., 2021. 7. 13.〉

1. 조합설립인가일부터 3년 이상 사업시행인가 신청이 없는 재건

축사업의 건축물을 3년 이상 계속하여 소유하고 있는 자(소유기간을 산정할 때 소유자가 피상속인으로부터 상속받아 소권을 취득한 경우에는 피상속인의 소유기간을 합산한다. 이하 제2호 및 제3호에서 같다)가 사업시행인가 신청 전에 양도하는 경우

2. 사업시행계획인가일부터 3년 이내에 착공하지 못한 재건축사업의 토지 또는 건축물을 3년 이상 계속하여 소유하고 있는 자가 착공 전에 양도하는 경우

3. 착공일부터 3년 이상 준공되지 않은 재개발사업·재건축사업의 토지를 3년 이상 계속하여 소유하고 있는 경우

4. 법률 제7056호 도시및주거환경정비법 일부개정법률 부칙 제2항에 따른 토지등소유자로부터 상속·이혼으로 인하여 토지 또는 건축물을 소유한 자

5. 국가·지방자치단체 및 금융기관(「주택법 시행령」 제71조제1호 각 목의 금융기관을 말한다)에 대한 채무를 이행하지 못하여 재개발사업·재건축사업의 토지 또는 건축물이 경매 또는 공매되는 경우

6. 「주택법」 제63조제1항에 따른 투기과열지구(이하 "투기과열지구"라 한다)로 지정되기 전에 건축물 또는 토지를 양도하기 위한 계약(계약금 지급 내역 등으로 계약일을 확인할 수 있는 경우로 한정한다)을 체결하고, 투기과열지구로 지정된 날부터 60일 이내에 「부동산 거래신고 등에 관한 법률」 제3조에 따라 부동산 거래의 신고를 한 경우

양도의 사전적 의미는 당사자의 의사에 기한 권리 의무의 변동을 말한다. 증여, 매매, 교환 이런 것들에 의해 소유권이 이전되면 양도다. 상속은 당사자의 의사에 기한 것이 아니라 피상속인의 사망이라는 사건에 의해 소유권이 이전되는 것이므로 양도에 해당하지 않는다. 그런데 도시정비법은 권리 변동을 수반하는 모든 행위를 양도라고 규정하여 양도의 의미를 확장하고 있다. 이로 인해 다시 상속, 이혼 등을 제외한다는 것을 비롯하여 많은 예외를 규정하고 있다.

양도에 의한 권리 이전은 등기 시에 효력이 발생하므로 등기 시점을 기준으로 양도 시점을 정해야 한다. 그런데 보통 부동산 계약은 계약 시점부터 몇달이 지난 후 등기하기 때문에 양도 계약을 체결한 후 등기하기 전에 투기 과열 지구로 지정되면 좀 억울한 문제가 생긴다. 분양권이 생긴다는 가정하에 양수한 사람은 예측하지 못한 손해를 입게 되는 것이다. 그래서 투기 과열 지구로 지정되기 전에 소유권 양도를 계약한 사람이 부동산 거래를 신고한 경우에는 예외로 등기 시점이 아닌 양도 계약 시점을 기준으로 양도일을 정한다. 이것 외에도 상당히 다양한 예외를 정하고 있는데, 이는 법조문을 인용하는 것으로 대신한다.

7 분양권 소송

정비 사업의 발전 단계에 따라 그 권리의 내용 또는 지위가 다르기 때문에 권리를 부인당할 경우 소송을 해야 하는 형태 역시 다를 것이다. 구소유권을 부인당할 경우에는 소유권 확인의 소를 제기하여야 하고, 소유권 자체는 부인하지 않지만 조합원 지위를 부인당할 경우에는 조합원 지위 확인의 소를, 조합원 지위를 부인하지 않지만 분양권을 부인당할 경우에는 분양권 확인의 소를 제기하게 된다. 조합원 지위는 조합이 설립되어야 가능하므로 조합원 지위 확인의 소는 조합이 설립되기 전에는 불가능하다. 정비 구역이 지정되어 소유권에 기해 장차 조합원 지위를 얻을 수 있을 것이라고 기대된다고 하더라도 아직 조합이 설립되어 있지 않은 상태에서는 조합원 지위를 부인하는 것이 불가능하다. 조합이 설립되기 전에는 조합원이 아니고, 조합원이 아니므로 조합원 지위의 부인 형태도 구체성을 갖추지 못하였기 때문이다. 구소유자 → 조합원 → 분양권자 → 신소유자의 단계를 거치는데, 단계별로 그에 맞는 소송을 해야 한다.

7.1 무허가 건물 대장 명의 변경을 구하는 소

이 소송은 구소유권(사실상 소유자)을 다투는 단계의 소송이다. 무허가 건물을 양수한 사람은 양도인의 협력을 얻어 무허가 건물 대장의 소유자 명의를 변경할 수 있다. 양도인이 이를 협력하지 않을 경우, 양도인을 상대로 무허가 건물 대장 명의 변경을 구하는 소를 제기할 수 있다.

7.2 조합원 지위 확인의 소

조합원임에도 조합이 조합원임을 부인하는 경우에는 조합원 지위 확인의 소를 제기할 수 있다. 보통 분양권과 관련한 조합원 지위 확인의 소는 조합원 지위의 숫자를 둘러싸고 이루어진다. 그래서 조합원 지위 확인의 소에서는 "단독" 조합원 지위 확인의 소라는 이름이 자주 등장한다. 조합원 지위가 "공동" 조합원이냐 "단독" 조합원이냐를 둘러싼 것이다. 이러한 소송이 유효한 경우도 있지만, 조합원 지위 자체를 부인하는 것이 아니라 그 실질이 분양권인 경우에는 원하는 확인 판결이 이루어지지 않는 경우도 있다. 우리 소송 제도의 한계점이다.

7.3 분양권 확인의 소

분양권의 확인은 관리 처분 계획 인가 이후에만 가능하다. 대법원은 분양권 또는 분양권자라는 지위는 관리 처분 계획이 인가되어야 비로소 발생하므로 그 이전에는 분양권 존부의 확인을 구하는 소를 제기할 수 없다고 하고 있다.

대법원은 "대지 또는 건축 시설에 대한 수분양권의 취득을 희망하는 토지 등 소유자가 한 분양 신청에 대하여 조합이 분양 대상자가 아니라고 하여 관리 처분 계획에 의하여 이를 제외시키거나 원하는 내용의 분양 대상자를 결정하지 아니한 경우, 토지 등 소유자에게 원하는 내용의 구체적인 수분양권이 직접 발생한 것이라고 볼 수 없어서 곧바로 조합을 상대로 하여 민사 소송이나 공법상 당사자 소송으로 수분양권의 확인을 구하는 것은 허용될 수 없다."고 판시한 바 있다(대법원 1996. 2. 15. 선고 94다31235 판결).

그러나 분양권은 조합원 권리의 일부이므로 관리 처분 계획이 인가되지 않았다고 해서 권리로서 존재하지 않는 것은 아니다. 아직 형성 중인 권리인 것은 맞지만 형성 중일 뿐이지 권리가 아니라거나 권리가 존재하지 않는다거나 하는 것은 아니다. 형성 중인 권리이기 때문에 구체성 있는 부인의 형태를 갖추었는가가 다소 애매할 뿐이다. 그러나 대법원은 아예 분양권이라는 권리가 없다고 보고 있다. 조합이 설립되지 않아서 조합원 지위가 발생하지 않은 상태에서 조합원 지위의 부인과 관리 처분 계획이 인가되기 전의 분양권의 부인이 형태가 같다고 할 수 없다. 관리 처분 계획 인가 전에도 분양권이라는 권리는 존재하며 그 권리의 유무에 대한 불안이 존재한다. 대법원은 실재하는 것을 실재하지 않는다고 강변하고 있는 것이다.

대법원은 조합원 지위 확인의 소의 형식으로 분양권 확인을 구하는 것은 허용하고 있다. 다가구 주택의 경우 다가구 주택의 각 가구별로 1개의 조합원 자격이 있음에 대해 확인을 구하면 확인의 이익이 있다고 하고 있다. 그러면서 그 판결 이유에서 분양권에 대하여 설시(알기 쉽게 설명)하여 분양권에 대한 분쟁을 해결한다. 그러나 이는 편법이다. 수개의 가구가 각각 단독 조합원 자격이 있다는 확인을 구하면 합하여 하나의 조합원 자격이 있을 뿐 각각은 조합원 자격이 없다고 판결하게 될 것이고, 그 과정에서 당사자들이 궁금해하는 분양권에 대해서는 아무런 말도 하지 않아도 된다. 이에 대해서는 쟁점이 아니므로 설시 의무가 없다. 당사자가 원하는 것이 분양권이라는 것을 알기 때문에 분양권에 대해 판결 이유에서 설시해주는 것일 뿐이며 이는 편법이다. 이런 편법을 쓸 바에야 아예 분양권에 대한 판결을 허용하는 것이 낫다.

[대법원 2011. 3. 10., 선고, 2010두4377, 판결] 조합원지위확인

【판시사항】

[1] 주택재개발사업구역 내의 토지 또는 건축물을 수인이 공유하는 경우, 공유자들이 각각 주택재개발정비사업조합의 단독 조합원 지위에 있는지 여부(소극)

[2] 협동주택의 공유자들이 주택재개발정비사업조합을 상대로 각자가 단독 조합원의 지위에 있음의 확인을 구하는 사안에서, 위 공유자들이 각 건물 지하층의 공유자들에 불과한 이상 각 해당 공유 부분의 다른 공유자들과 함께 그 전원이 1인의 조합원으로 될 뿐 각자 단독 조합원의 지위에 있는 것은 아니라고 한 사례

【판결요지】

[1]

구 도시 및 주거환경정비법(2009. 2. 6. 법률 제9444호로 개정되기 전의 것) 제19조 제1항,

제48조 제7항,

구 도시 및 주거환경정비법 시행령(2009. 8. 11. 대통령령 제21679호로 개정되기 전의 것) 제52조 제1항 제3호, 구 서울특별시 도시 및 주거환경 정비조례(2008. 7. 30. 서울특별시조례 제4657호로 개정되기 전의 것) 제24조 제2항 제3호, 서울특별시 도시 및 주거환경 정비조례 부칙(2003. 12. 30.) 제7조(2005. 11. 10. 서울특별시조례 제4330호로 개정된 것)의 각 규정과 주택재개발정비사업

조합의 조합원은 주택재개발사업으로 건립되는 공동주택에 대한 분양신청권, 조합원 총회 의결권, 조합 임원 등의 선임권과 피선임권을 가지게 되는 점 등을 종합하여 보면, 주택재개발사업구역 내의 토지 또는 건축물을 수인이 공유하는 경우에는 원칙적으로 그 공유자 전원에게 1인의 조합원 지위만 부여되는 것이고, 다만 주택재개발사업으로 건립되는 공동주택의 분양대상자격에 관하여는 서울특별시 도시 및 주거환경 정비조례 부칙 제7조의 일정한 요건을 갖춘 다가구주택 또는 사실상의 다가구주택의 공유자들의 경우 가구별로 각각 1인을 분양대상자로 한다는 취지로 보아야 한다.

[2] 협동주택의 건물 및 토지의 공유자들이 주택재개발정비사업조합을 상대로 각자가 단독조합원의 지위에 있음의 확인을 구하는 사안에서, 위 건물 지하층의 각 가구는 건축단계부터 가구별로 독립적인 주거생활을 영위할 수 있는 구조를 갖추고 실제로 독립된 주거로 이용되어 왔고, 다가구주택 제도 도입 이전에 가구별로 지분등기가 이루어져 각 해당 가구를 그 지분등기 이전의 방법으로 양수받은 점, 해당 주택재개발정비사업조합의 정관이 조합원의 자격에 관하여
구 도시 및 주거환경정비법(2009. 2. 6. 법률 제9444호로 개정되기 전의 것) 제19조와 같은 내용을 규정하고 있을 뿐 달리 협동주택의 공유자들에게 단독 조합원의 자격을 부여하고 있지는 않은 점 등을 보면, 건물 지하층의 각 해당 가구를 실질적으로 구분소유하고 있는 위 공유자들은 서울특별시 도시 및 주거환경 정비조례 부칙(2003. 12. 30.) 제7조(2005. 11. 10. 서울특별시조례 제4330호로 개정된 것)에서 정한 사실상의 다가구주택의 공유자들

> 로서 가구별로 분양대상자격을 가진다고 할 것이나, 각 건물 지하층의 공유자들에 불과한 이상 다른 공유자들과 함께 그 전원이 1인의 조합원으로 될 뿐 각자 단독 조합원의 지위에 있는 것은 아니라고 한 사례.

조합원 자격이 인정되더라도 수분양권이 인정되지 않는다거나 조합원 자격이 인정됨에는 다툼이 없으나 수분양권의 숫자만 다툼이 있는 경우에는 조합원 지위의 확인을 구하는 소송은 아무런 힘을 쓰지 못한다.

조합원 자격에 대해서는 부인하지 않지만 수분양권은 부인되는 경우이면서 관리 처분 계획이 수립되기 이전인 경우에는 어떠한 소송을 하여야 하는가?

조합원 지위 확인을 구해봤자 조합원 지위를 부인한 적이 없다는 답변이 돌아올 것이다. 조합원 지위는 하나이지만 분양권은 수개임을 분양권자 스스로도 인정하고 있을 때는 어떠한가? 조합원 지위의 숫자에 다툼이 없지 않은가? 조합은 조합원 자격을 부인한 적은 없지만 분양권이 2개가 아니라 한 개라는 사실, 즉 분양권의 숫자에 대해서만 부인하고 있는 것이다. 이런 경우 법원 판례 이론은 속수무책이다.

실례를 들어보겠다. 일정한 권리가액 이상의 소유자에게 분양권을 2개 주는 경우가 있다. 조합이 이 소유자에 대한 조합원 지위를 부인하지 않으면서 분양권은 하나라고 할 경우 조합원은 어떤 소송을 해야 하나? 조합원 지위 확인의 소? 분양권 확인의 소? 현 판례대로 하면 어느 것도 부적당하다. 조합원 자격 자체에는 이견이 없으나 수분양권의 숫자에 대해서만 다툼이 있는 경우에는 속수무책이다. 구조례상으로는 사실상의 주거에 해당하는 근린 생활 시설의 소유자도 마찬가지 문제가 있었다. 이런 경우 조합원 지위 확인의 소로는 문제를 해결할 수 없다. 판례 이론대로라면 분양 신청을 하기 전이면 분양권이 있는지 확인을 구할 수 없어 권리가 침해당한다. 조합이 분양권을 부인하는 물건을 매도하려고 할 때 누가 제값에 사주겠는가? 헐값에 팔 수밖에 없는 것이다. 확인의 이익이 없다는 판례는 분양권이 있음에도 억울하게 부인당하는 조합원에게는 치명적일 수 있다.

7.4 관리 처분 계획 취소 소송 또는 분양 신청 거부 처분 취소 소송

관리 처분 계획이 수립된 이후에는 분양권에 대해 다툴 수 있다. 법원의 기본적인 태도는 조합이 분양권을 부인하면 관리 처분 계획 취소 소송으로 다투거나 분양 거부 처분 취소 소송으로 다투라는 것이다. 그런데 이런 방법에는 여러 문제점이 있다. 관리 처분 계획 취소 소송의 문제는 전체 분양 설계 중 권리자 자신에 대해 분양권을 부여하지 않은 부분, 즉 존재하지 않는 부분을 취소해달라는 청구 취지를 내야 하는데, 분양권이 없음을 취소하라는 내용의 소송은 가능하지 않다는 것이다.

어떠한 처분이 존재했을 때 존재하는 부분을 취소해달라는 것은 가능하나, 어떠한 처분이 존재하지 않음이 위법하니 존재하지 않는 부분을 취소해달라고 할 수는 없다. 그것은 의무 이행 소송이지 취소 소송은 아니다.

관리 처분 계획 취소 소송을 고집한다면, 자신에 관련한 부분이 없음을 이유로 하여 자신에 대한 것은 물론 모든 조합원의 관리 처분 계획 전부를 취소해달라고 할 수밖에 없다. 그러나 이는 매우 비경제적이고 선뜻 받아들이기 어렵다. 아무 문제가 없는 다른 사람에 대한 분양권을 인질로 자신의 분양권을 달라고 조합과 흥정하고 있는 느낌이다.

관리 처분 계획 취소 소송 대신 분양 신청 거부 처분 취소 소송을 하면 된다고 할 수도 있는데, 분양권을 부인하는 경우 조합은 분양 신청을 접수하지 않는다. 내용 증명으로 분양 신청서를 보내고 소송을 하는 수밖에 없다. 그러나 분양 거부 처분이라는 처분이 언제 어떤 식으로 존재하는지도 분명하지 않고 분양 거부 처분 취소 소송으로 다투고 있는 동안 관리 처분 계획이 인가되면 분양 거부 처분 취소 소송과는 별개로 관리 처분 계획 취소 소송을 제기해야 하는 것인지, 이를 하지 않아도 무방한 것인지 불안한 지위에 놓이게 된다.

분양 거부 처분 취소 소송이 가능하다고 한다면 분양 거부라는 처분은 언제 있었던 것일까? 분양 거부라는 실제 행위는 분양 신청권을 부여하지 않았던 시점, 즉 분양 신청권을 부인했던 시점에 있지 관리 처분 계획을 작성한 시점에 있지 않다. 내용 증명을 보냈을 때 "귀하는 분양 신청권이 없습니다."라는 답신을 보냈거나 구두나 이메일 등으로 안내했을 때 거부 행위가 있게 된다. 실제는 분양권자에게 분양 신청을 통지할 때 해당 부분에 대해 분양 신청을 통지하지 않는 부작위 형식으로 거부 행위가 있게 되는데, 언제 거부 처분이 있었는지 확정짓기도 어렵고 그 처분의 실체를 찾기도 어렵다. 이러한 부작위를 일관성 있게 이어가서 이후의 모든 절차에서 분양권 없음을 내용으로 하는 부작위를 하게 될 것인데 각각의 부작위들이 모두 거부 행위에 해당하는 것인지도 불분명하다.

관리 처분 계획이라는 실제 문서에서는 자신의 분양권을 부인하고 현금 청산자라고 표시하는 것이 전부이다. 분양권 부분에서는 아무 내용도 없는 내용을 관리 처분 계획을 작성하여 인가 신청을 하게 되는데, 이때 그 부작위가 더욱 뚜렷해지고 분양권자에 대한 분양 설계가 누락된 채 인가를 받게 되면 어느 정도 확정적이라고 볼 수 있다. 어느 것이든 거부 처분의 실체를 파악하기 힘들다.

판례들은 취소하는 처분이 무엇인지에 대해 침묵하고 있다. 그저 "○○○에 대한 관리 처분을 취소한다."라고 판결하고 있을 뿐이고, 그 판결 이유를 통해, ○○○에게 추후 분양권을 부여하는 관리 처분 계획을 변경하라는 의미로 파악하고 있을 뿐이다. 사실상 의무 이행 소송이나 다름없다.

부록

분양권 관련 주요 판례

> 대법원 2012. 12. 13. 선고 2011두21218 판결 [조합 설립 무효 확인 등]

> 1. 무허가건물의 사실상 소유자가 조합설립 동의권자인지 (아님)
> 2. 무허가 건물 소유자에게 조합원 자격을 부여하는 정관 규정이 없다면 조합원 자격은 없다.
> 3. 처분의 위법성은 처분시를 기준으로 하지만 사후에 발견 제출되는 자료를 이용하지 말라는 취지는 아니다.
> 4. 부부가 합하여 여러 물건을 소유하는 경우 한 세대로서 하나의 분양권을 갖는다고 해서 조합설립 동의권이 하나라는 의미는 아니고 각각 동의권을 갖는다.
> 5. 조합설립변경 인가 중 경미한 변경에 대한 인가는 강학상 특허가 아니고 수리처분에 해당한다.

〈판결 이유〉

피고 및 피고보조참가인(이하 '참가인'이라고 한다)의 각 상고이유를 함께 본다.

1. 토지등소유자의 동의율과 관련된 주장에 대하여

가. 원심의 판단

원심판결의 이유에 의하면 원심은 그 채택 증거를 종합하여 그 판시와 같은 사실을 인정한 후 피고가 산정한 토지등소유자 수 617명에서 무허가건축물 소유자 6명을 제외하고, 소재불명자로 제외한 2

명(소외 1, 2), 제외된 토지등소유자 2명(망 소외 3 또는 상속인 소외 4, 한국철도시설공단)을 추가하면 토지등소유자는 615명(617명 - 6명 + 2명 + 2명)이 되고, 동의자 수 468명에서 설계개요 등이 공란으로 된 동의서를 자의적으로 보충하여 효력이 없는 동의자 5명, 무허가 건축물 소유자 중 동의자 5명을 제외하면 동의자 수는 458명(468명 - 5명 - 5명)으로서, 동의율은 74.47%(458명/615명)에 불과하므로, 조합설립 동의에 필요한 토지등소유자의 4분의 3 이상의 동의를 얻지 못하였는데도 조합설립을 승인한 이 사건 처분은 위법하다고 판단한 후 이 사건 처분을 취소하였다.

나. 피고 및 참가인의 상고이유에 대한 판단
(1) '신축건축물의 설계개요 등'에 관해 임의로 보충 기재한 동의서의 효력에 대하여
(가) 사문서는 본인 또는 대리인의 서명이나 날인 또는 무인이 있는 때에는 진정한 것으로 추정되므로, 사문서의 작성명의인이 스스로 당해 사문서에 서명·날인·무인하였음을 인정하는 경우, 즉 인영 부분 등의 성립을 인정하는 경우에는 다른 특별한 사정이 없는 한 그 문서 전체에 관한 진정성립이 추정되고, 인영 부분 등의 진정성립이 인정된다면 다른 특별한 사정이 없는 한 당해 문서는 그 전체가 완성되어 있는 상태에서 작성명의인이 그러한 서명·날인·무인을 하였다고 추정되며, 그 문서의 전부 또는 일부가 미완성된 상태에서 서명날인만 먼저 하였다는 등의 사정은 이례에 속하므로 완성문서로서의 진정성립의 추정력을 뒤집으려면 그럴만한 합리적인 이유와 이를 뒷받침할 간접반증 등의 증거가 필요하다(대법원 1994. 10. 14.

선고 94다11590 판결 참조). 만일 그러한 완성문서로서의 진정성립의 추정이 번복되어 백지문서 또는 미완성 부분을 작성명의자 아닌 자가 보충하였다는 등의 사정이 밝혀진 경우라면, 그 백지문서 또는 미완성 부분이 정당한 권한에 기하여 보충되었다는 점에 관하여는 그 문서의 진정성립을 주장하는 자 또는 문서제출자에게 그 입증책임이 있다(대법원 2003. 4. 11. 선고 2001다11406 판결 참조).

(나) 원심판결의 이유에 의하면, 원심은 조합설립 동의서상의 건축물의 설계개요, 건축물 철거 및 신축비용의 개산액에 관한 사항은 그 나머지 기재사항인 비용의 분담에 관한 사항, 사업완료 후의 소유권의 귀속에 관한 사항과 함께 토지등소유자의 동의 여부를 판단함에 있어서 기초가 되는 사항으로서 동의서의 본질적인 내용을 이룬다 할 것이므로, 그 기재사항이 누락되어 있거나 누락된 상태에서 그 기재를 보충할 권한을 위임받지 않고 보충한 때에는 그 동의서는 효력을 인정할 수 없다고 전제한 다음, 그 채택 증거에 의하여 휘경3재정비촉진구역 주택재개발정비사업조합 설립추진위원회(이하 '추진위원회'라고 한다)가 이 사건 동의서 중 29장에 관하여 건축물의 설계개요, 건축물 철거 및 신축비용의 개산액에 관한 사항이 공란인 상태에서 토지등소유자의 서명·날인을 받고, 이후 위 건축물의 설계개요 등을 수기로 보충한 사실, 위 토지등소유자 29명 중 5명(소외 5, 6, 7, 8, 9)을 제외한 24명이 건축물의 설계개요, 건축물 철거 및 신축비용의 개산액에 관한 사항에 관하여 설명을 듣고 이를 수기로 보충함에 동의한 사실을 각 인정한 후, 수기로 보충함에 동의하지 않은 위 5명의 동의서는 그 효력을 인정할 수 없으므로 동의자 수에서 제외되어야 한다고 판단하고, 피고가 수기로 보충함에 동의하

지 않았다는 위 5명 중 소외 7, 6은 이 사건 처분 전에 건축물의 설계개요 등이 인쇄된 동의서(이하 '새로운 동의서'라 한다)를 다시 제출하였으므로 위 2명을 동의자 수에 추가하여야 한다는 피고 및 피고보조참가인(이하 '참가인'이라고 한다)의 주장에 대하여는 제출된 증거만으로는 이 사건 처분 이전에 소외 7, 6의 새로운 동의서가 피고에게 제출되어 피고가 기존의 동의서가 아닌 새로운 동의서를 동의율 산정자료로 삼았다고 보기 어렵다는 이유로 이를 배척하였다.

(다) 원심판결의 이유를 앞서 본 법리와 기록에 비추어 살펴보면, 원심이 수기로 보충함에 동의하지 않은 5명의 동의서의 효력을 인정할 수 없다며 동의자 수에서 제외한 판단은 수긍이 가고 거기에 피고 및 참가인이 상고이유에서 주장하는 바와 같은 조합설립동의서의 적법 여부, 문서의 진정성립 추정 및 번복에 관한 법리오해 등의 잘못이 있다고 할 수 없다.

(라) 그러나 원심이 소외 7, 6의 새로운 동의서를 부적법한 동의서로 보고 동의자 수에서 제외한 판단은 쉽게 수긍하기 어렵다. 원심이 인정한 사실관계 및 기록에 비추어 알 수 있는 다음과 같은 사정, 즉 ① 소외 7의 새로운 동의서에 작성일자가 기재되어 있지는 않지만, 2008. 11. 19.자로 발행된 인감증명서가 첨부되어 있고, 소외 6의 동의서 역시 2008. 12. 2.자로 발행된 인감증명서가 첨부되어 있어 이 사건 처분 이전에 새로운 동의서가 피고에게 제출되었다고 추정될 뿐 아니라, 기록상 소외 7, 6이 새로운 동의서의 효력을 부인하고 있지 않는 것으로 보이는 점, ② 2008. 11.에 작성된 토지등소유자 권리내역명부에 의하면 새로운 동의서를 제출한 소외 7, 6뿐 아니라, 당시 추가로 동의서를 제출한 소외 10, 11, 12, 13, 14, 15의 동

의서도 동의자 수에 반영되어 있는데, 추가동의서를 제출한 일자가 소외 10은 2008. 12. 2., 소외 11은 2008. 12. 1., 소외 14는 2008. 11. 29인 점에 비추어 보면 참가인이 위 토지등소유자 권리내역명부의 작성일자를 수정하지 않은 것으로 보이는 점, ③ 휘경제3정비촉진구역 수정(보완)관련 조사서상 소외 7, 6을 포함한 동의철회자 13명을 최종적으로 미동의자로 처리하였다고 기재되어 있기는 하나, 위 수정조사서상의 계산된 동의율에 따르면 종전 동의자 수 473명에서 동의철회자 13명을 제외하고, 추가로 동의서를 제출한 8명을 포함하여 동의자 수를 468명(473명 - 13명 + 8명)으로 계산하고 있음이 수리상 분명하고, 피고 역시 동일하게 동의자 수를 계산한 점에 비추어 소외 7, 6의 새로운 동의서는 이 사건 처분 전에 피고에게 제출된 것으로 봄이 경험칙에 부합하는 점, ④ 조합설립인가의 요건으로서 관할 행정청에 제출되는 조합설립동의는 '사인의 공법상 행위'에 해당하고, 사인의 공법행위는 명문으로 금지되거나 성질상 불가능한 경우가 아닌 한 그에 의거한 행정행위가 행하여질 때까지 자유로이 보정이 가능한 점 등의 제반 사정을 종합하면 소외 7과 소외 6의 새로운 동의서는 이 사건 처분 전에 피고에게 제출되어 동의율 산정에 반영되었다고 봄이 상당하다.

(마) 따라서 원심이 소외 7, 6의 새로운 동의서를 토지등소유자 수에 포함시키지 아니한 것은 잘못이라고 할 것이므로 토지등소유자 수 산정에 있어서 동의자 수에는 2명이 추가되어야 한다.

(2) 동의철회자 10명을 동의자 수에 포함시킬 것인지 여부에 대하여
(가) 항고소송에 있어서 행정처분의 적법 여부는 특별한 사정이 없

는 한 그 행정처분 당시를 기준으로 하여 판단하여야 할 것이나, 여기서 행정처분의 위법 여부를 판단하는 기준 시점에 대하여 판결 시가 아니라 처분 시라고 하는 의미는 행정처분이 있을 때의 법령과 사실상태를 기준으로 하여 위법 여부를 판단할 것이며 처분 후 법령의 개폐나 사실상태의 변동에 영향을 받지 않는다는 뜻이지 처분 당시 존재하였던 자료나 행정청에 제출되었던 자료만으로 위법 여부를 판단한다는 의미는 아니므로, 처분 당시의 사실상태 등에 대한 입증은 사실심 변론종결 당시까지 할 수 있고, 법원은 행정처분 당시 행정청이 알고 있었던 자료뿐만 아니라 사실심 변론종결 당시까지 제출된 모든 자료를 종합하여 처분 당시 존재하였던 객관적 사실을 확정하고 그 사실에 기초하여 처분의 위법 여부를 판단할 수 있다(대법원 1995. 11. 10. 선고 95누8461 판결 참조).

(나) 그런데 구 도시 및 주거환경정비법 시행령(2008. 12. 17. 대통령령 제21171호로 개정되기 전의 것, 이하 '구 도시정비법 시행령'이라 한다) 제28조 제1항 제5호는 동의자 산정기준과 관련하여 "추진위원회의 승인신청 전 또는 조합설립의 인가신청 전에 동의를 철회하는 자는 토지등소유자의 동의자 수에서 제외하되, 다만 제26조 제1항 각 호의 사항의 변경이 없는 경우에는 조합설립의 인가를 위한 동의자 수에서 이를 제외하지 아니한다"고 규정하고 있고, 구 도시정비법 시행령 제26조 제1항은 '토지등소유자의 동의는 건설되는 건축물의 설계의 개요(제1호), 건축물의 철거 및 신축에 소요되는 비용의 개략적인 금액(제2호), 제2호의 비용의 분담에 관한 사항(제1호의 설계개요가 변경되는 경우 비용의 분담기준을 포함한다. 제3호), 사업완료 후의 소유권의 귀속에 관한 사항(제4호), 조합정관(제5호)이 기재된

동의서에 동의를 받는 방법에 의한다'고 규정하고 있다.

그리고 구 도시정비법 시행령 제28조 제1항 제5호 단서 조항을 둔 입법 취지가 조합설립 인가신청 당시의 정비사업의 중요내용에 변경이 없는데도 일방적인 동의 철회에 의하여 정비사업의 시행이 무산되어 그로 인한 경제적 손실이 크게 발생하는 것을 방지하고, 사업시행의 안정성을 확보하고자 하는 데 그 목적이 있는 것으로 보이는 점, 2009. 8. 11. 개정된 도시정비법 시행령 제28조 제4항은 '토지등소유자는 법 제17조 제1항 전단 및 제12조의 동의에 따른 인허가 등의 신청 전에 동의를 철회하거나 반대의 의사표시를 할 수 있다. 다만 법 제16조에 따른 조합설립의 인가에 대한 동의 후 제26조 제2항 각 호의 사항이 변경되지 않은 경우에는 조합설립의 인가신청 전이라 하더라도 철회할 수 없다'고 개정하여 동의철회의 시기와 제26조 제2항 각 호의 변경시기를 명확히 하고 있는 점 등에 비추어 보면 구 도시정비법 시행령 제26조 제1항 각 호의 변경이 있었는지 여부는 토지등소유자가 동의철회서를 제출한 시점을 기준으로 판단을 하여야 한다.

(다) 원심판결의 이유에 의하면 원심은, 피고가 이 사건 처분 당시 동의철회를 한 13명 중 10명에 대하여 동의철회의 효력을 인정하고 미동의자로 처리하여 동의율을 산정한 후 이 사건 처분을 한 이상 위 10명은 처음부터 동의를 하지 않은 것으로 의제되고, 이 사건 처분 후에 처분청인 피고가 이들을 동의자에 포함시킬 수는 없다고 판단하였다.

(라) 원심판결의 이유를 앞서 본 법리 및 관계 법령에 비추어 살펴보면, 토지등소유자가 '동의서'를 제출한 이후에 '동의철회서'를 다시

제출한 경우에도 구 도시정비법 시행령 제26조 제1항 각 호의 사항에 변경이 없다고 인정된다면 이들은 여전히 '동의자 수'에 포함되어야 할 것이므로 원심으로서는 위 10명의 동의 철회 당시 구 도시정비법 시행령 제26조 제1항 각 호의 사항에 변경이 있었는지 여부에 관하여 심리를 하여 본 후 위 10명의 동의철회자가 동의자 수에 포함되는지 여부를 판단하였어야 할 것이므로, 원심이 구 도시정비법 시행령 제26조 제1항 각 호의 사항에 변경이 있었는지 여부를 심리·판단을 하지 아니한 것은 잘못이다.

(마) 한편 기록에 의하면 추진위원회가 2008. 6. 17. 조합창립총회에서 결의한 조합정관 제12조 제1항 단서는 "단, 법 시행 전에 주민총회 공개경쟁 입찰의 방법으로 선정된 시공자에 대해서는 조합설립인가 후 총회의 결의를 얻음으로써 본 정관에 의하여 선정된 시공자로 본다"고 규정하고, 제35조 제3항은 "사업 시행으로 철거되는 주택의 세입자는 해당 시·도 조례에서 정하는 바에 따라 임대주택을 공급하거나, 공익사업을 위한 토지의 취득 및 손실보상에 관한 법률 제54조 제2항 및 제55조 제2항 규정의 기준에 해당하는 세입자에 대하여는 동 규칙이 정한 바 에 따라 주거이전비를 지급한다"고 규정하고 있었던 사실, 추진위원회가 피고에게 이 사건 인가신청을 하면서 위 조합정관을 제출하였는데, 원고를 포함한 조합원 일부가 피고에게 위 정관 제12조 제1항 단서 규정이 도시 및 주거환경정비법 규정에 위배된다는 내용의 청원서를 제출하였고, 피고가 위 청원 내용을 검토한 후 정관 제12조 제1항 단서와 제35조 규정이 도시정비법 규정에 위반된다는 이유로 추진위원회에 보완을 요구한 사실, 이에 추진위원회가 조합정관 제12조 제1항의 '단서규정을 삭

제하고, 제35조 제3항의 '…임대주택을 공급하거나' 부분을 '…임대주택을 공급하고'로 변경한 후 피고에게 제출한 사실은 인정되나, 이는 모두 동의철회 이후에 발생한 사정들로서 동의철회자들을 동의자 수에서 제외할 사유가 되지 못할 뿐 아니라 추진위원회가 구 도시정비법(2009. 2. 6. 법률 제9444호로 개정되기 전의 것, 이하 같다)상에 규정된 조합원들의 동의나 총회의 의결을 받지 아니한 이상 위와 같은 사정들만으로 조합정관이 변경되었다고 볼 수도 없다.

(바) 따라서 원심으로서는 동의철회자 10명을 적법한 동의자로 처리하여야 하는데도 동의자 수에서 이를 제외한 잘못이 있다고 할 것이므로, 토지등소유자의 동의율 산정에서 있어서 10명은 동의자 수에 추가되어야 한다.

(3) 무허가건축물 소유자를 토지등소유자 및 동의자 수에 포함시킬 것인지 여부에 대하여

(가) 구 도시정비법 제2조 제9호 (가)목 및 제19조 제1항은 정비구역 안에 위치한 토지 또는 건축물의 소유자 또는 그 지상권자는 재개발조합의 조합원이 된다는 취지로 규정하고 있는바, 무허가건축물은 원칙적으로 관계 법령에 의하여 철거되어야 할 것인데도 그 소유자에게 조합원 자격을 부여하여 결과적으로 재개발사업의 시행으로 인한 이익을 향유하게 하는 것은 위법행위를 한 자가 이익을 받는 결과가 되어 허용될 수 없는 점, 재개발사업의 원활한 시행을 위하여는 정비구역 안의 무분별한 무허가주택의 난립을 규제할 현실적 필요성이 적지 않은 점, 무허가건축물의 소유자를 당연히 구 도시정비법 제2조 제9호 (가)목에서 정하는 토지등소유자로 해석한

다면, 다른 사람의 토지 위에 무단으로 무허가건축물을 축조한 다수의 소유자들이 조합설립추진위원회 및 재개발조합을 결성하여 그 토지소유자를 재개발사업에 강제로 편입시킴으로써 적법한 토지소유자의 재산권을 침해할 우려가 있는 점 등 여러 사정을 고려하여 볼 때, 구 도시정비법 제2조 제9호 (가)목 및 제19조 제1항에 의하여 소유자에게 조합원의 자격이 부여되는 건축물이라 함은 원칙적으로 적법한 건축물을 의미하고 무허가건축물은 이에 포함되지 않는다고 보아야 할 것이고, 다만 이와 같은 법리에 의하여 토지등소유자의 적법한 동의 등을 거쳐 설립된 재개발조합이 각자의 사정 내지는 필요에 따라 일정한 범위 내에서 무허가건축물 소유자에게 조합원 자격을 부여하도록 정관으로 정하는 경우에 비로소 그 예외가 인정될 수 있을 뿐이다(대법원 2009. 10. 29. 선고 2009두12228 판결 등 참조).

(나) 원심판결의 이유에 의하면, 원심은 참가인의 정관에 무허가건축물 소유자에게 조합원 자격을 부여하는 규정이 없는데도 피고가 이 사건 사업구역 내 무허가건축물만을 소유한 6명을 토지등소유자에 포함하고, 그 중 5명을 조합설립의 동의자에 포함하여 동의율을 산정한 사실을 인정한 후, 위 무허가건축물의 소유자들은 토지등소유자 및 동의자 수에서 제외되어야 한다고 판단하였다.

(다) 원심판결의 이유를 관련 법령 및 기록에 비추어 살펴보면, 원심이 무허가건축물의 소유자를 토지등소유자 및 동의자 수에서 제외되어야 한다고 판단한 것은 앞에서 본 법리에 따른 것으로 정당하므로, 구 도시정비법 제2조 제9호 (가)목 및 제19조 제1항의 해석·적용에 관한 법리오해 등의 위법이 없다.

(라) 한편 기록에 의하면 참가인의 정관 제9조 제2항은 '제1항의 규정에 의한 소유권, 지상권 등의 권리는 민법에서 규정한 권리를 말한다. 다만, 건축물이 무허가인 경우에는 법에 의하여 제정된 시·도 조례에서 정하는 기존 무허가건축물로서 자기 소유임을 입증하는 경우에 한하여 그 무허가건축물 소유자를 조합원으로 인정한다'고 규정하고 있으므로, 원심이 참가인의 정관에 무허가건축물의 소유자에게 조합원 자격을 부여하는 규정이 없다고 판단한 것은 잘못이다. 그러나 앞서 본 법리에 비추어 보면 정관 제9조 제2항 단서는 적법하게 주택재개발정비사업조합이 설립된 이후에 그 조합의 정관에 의하여 무허가건축물의 소유자에게도 조합원 자격 등을 부여할 수 있다는 것으로 해석될 뿐, 조합이 설립되기 전부터 무허가건축물의 소유자가 구 도시정비법 제2조 제9호 (가)목에 규정된 토지등소유자에 포함되어 당연히 조합원의 자격을 가진다는 의미로 볼 수는 없다고 할 것이므로, 원심의 위와 같은 잘못이 판결의 결과에 영향을 미친 것은 아니므로 피고 및 참가인의 이 부분 상고이유 주장 역시 받아들일 수 없다.

(마) 그리고「서울특별시 도시 및 주거환경 정비조례」(2009. 1. 8. 서울특별시 조례 제4721호로 일부 개정되기 전의 것, 이하 '시조례'라 한다) 제2조 제1호, 제3조 제2항 제1호가 기존 무허가건축물이 주택재개발정비사업의 대상이 되는 정비구역 내의 노후·불량건축물에 해당한다는 취지로 규정하고 있지만, 위 각 규정은 정비계획의 수립대상구역에 관한 것일 뿐 토지등소유자의 범위에 관한 규정이라고 해석되지 아니하므로, 위 각 규정만으로는 무허가건축물의 소유자가 구 도시정비법 제2조 제9호 (가)목 및 제19조 제1항에서 정한 토지 등

소유자에 포함된다고 볼 수 없으므로 이 부분 피고 및 참가인의 주장 역시 받아들일 수 없다.

(4) 소외 1, 2를 토지등소유자에 포함할 것인지 여부에 대하여
원심판결의 이유에 의하면 원심은, 그 채택 증거에 의하여 소외 1, 2 소유의 각 토지의 토지대장에 소외 1, 2의 주민등록번호가 존재하는 사실을 인정한 후, 피고가 소외 1, 2를 소재불명자로 처리한 것은 위법하다고 판단하면서, 소외 1, 2의 주민등록번호를 확인할 수 없다는 피고의 주장에 대하여는 토지대장에 기재되어 있는 주민등록번호 뒷자리가 '1******'로 기재되어 있는 것은 주민등록번호를 외부에 공개하지 않기 위한 것일 뿐 토지대장을 관리하는 관할 관청에는 주민등록번호 뒷자리까지 존재한다는 것이고, 토지대장을 관리하는 관할 관청은 다름 아닌 피고라는 이유로 이를 배척하였다.
관계 법령과 기록에 비추어 살펴보면, 원심의 이 부분 판단은 정당한 것으로 수긍이 되고, 거기에 상고이유로 주장하는 바와 같은 법리오해 등의 위법이 없다.

(5) 망 소외 3(또는 상속인 소외 4)을 토지등소유자에 포함시킬 것인지 여부에 대하여
원심판결의 이유에 의하면, 원심은 그 채택 증거에 의하여 망 소외 3이 서울 동대문구 (주소 1 생략) 대 $7m^2$를 소유하던 중 이 사건 처분 전인 2007. 12.경 사망하였고, 그 딸인 소외 4가 2007. 12. 21. 협의분할에 의한 상속을 원인으로 2010. 7. 8. 소유권이전등기를 마

친 사실을 인정하면서, 피고로서는 이 사건 처분 당시 망 소외 3 또는 그 상속인을 토지등소유자에 추가하여야 하는데도 이를 추가하지 아니한 위법이 있다고 판단한 후, 위 토지의 상속인인 소외 4와 이 사건 사업구역 내 토지등소유자인 소외 16은 부부로서 동일 세대원이므로 별도의 조합원 수로 산정되지 않고 조례에 따라 별도의 분양권을 취득할 수도 없으므로 위 토지에 대한 토지등소유자로 인정하지 않은 것이 위법이 아니라는 피고 및 참가인의 주장에 대하여, 토지등소유자를 확인하는 이유는 추진위원회 단계에서 조합설립인가에 대한 동의 여부를 판단하기 위한 것이고, 부부 또는 동일 세대원인 경우 토지등소유자를 1인으로 본다는 규정도 없다는 이유로 이를 배척하였다.

원심판결의 이유를 관계 법령과 기록에 비추어 살펴보면, 원심의 판단은 정당한 것으로 수긍이 되고, 거기에 상고이유로 주장하는 바와 같은 법리오해 등의 위법이 없다.

(6) 한국철도시설공단 소유의 토지를 국·공유지로 볼 것인지 여부에 대하여

원심판결의 이유에 의하면, 원심은 그 채택 증거에 의하여 서울 동대문구 (주소 2 생략) 구거 21m²의 소유자가 한국철도시설공단이므로, 피고로서는 이 사건 처분 당시 한국철도시설공단을 토지등소유자에 포함시켜야 한다고 판단한 후, 한국철도시설공단 소유의 위 토지는 국·공유지에 해당하므로 조합설립에 동의한 것으로 간주되어야 한다는 피고 및 참가인의 주장에 대하여, 위 토지에 관한 등기부상 권리명의자가 한국철도시설공단으로 기재되어 있는 이상 위 토

지를 국유지나 공유지라고 볼 수는 없고, 관계 법령 등에 비추어 보면 한국철도시설공단이 그 소유의 재산에 대한 처분에 관하여 독자적인 결정권을 가지고 있으므로 한국철도시설공단에 동의 여부를 묻지 않은 채 동의한 것으로 간주하기는 어렵다는 등의 이유로 이를 배척하였다.

원심판결의 이유를 관계 법령과 기록에 비추어 살펴보면, 원심의 판단은 정당한 것으로 수긍이 되고, 거기에 상고이유로 주장하는 바와 같은 법리오해 등의 위법이 없다.

다. 소결론

그렇다면 이 사건의 경우 토지등소유자 수 617명에서 무허가건축물 소유자 6명을 제외하고, 소재불명자로 제외한 2명(소외 1, 2), 제외된 토지등소유자 2명(망 소외 3 또는 상속인 소외 4, 한국철도시설공단)을 추가하면 토지등소유자는 615명이 되고, 동의자 수 468명에서 설계개요 등이 공란으로 된 동의서를 자의적으로 보충하여 효력이 없는 동의자 5명, 무허가건축물 소유자 중 동의자 5명을 제외하고, 새로운 동의서를 제출한 2명과 동의철회자로 인정되지 않는 10명을 추가하면 동의자 수는 470명이며, 동의율은 76.42%(470명/615명)로 조합설립 동의에 필요한 토지등소유자의 4분의 3 이상의 동의를 얻었다고 봄이 상당하므로, 원심이 새로운 동의서를 제출한 동의자 2명과 동의철회자로 인정되지 않는 10명을 동의자 수에서 제외한 것은 조합설립동의자의 자격에 대한 법리를 오해하거나 심리를 다하지 아니한 위법이 있고, 이러한 원심의 잘못은 판결의 결과에 영향을 미쳤다고 할 것이므로 이 점을 지적하는 피고 및 참가인의 상고이유 주장은 이유 있다.

2. 흠이 있는 행정행위의 치유 등에 관한 법리오해의 점에 관하여
가. 행정소송에서 행정처분의 위법 여부는 행정처분이 있을 때의 법령과 사실상태를 기준으로 하여 판단하여야 하고, 처분 후 법령의 개폐나 사실상태의 변동에 의하여 영향을 받지는 않는다고 할 것이며, 흠이 있는 행정행위의 치유는 행정행위의 성질이나 법치주의 관점에서 볼 때 원칙적으로 허용될 수 없는 것이고, 예외적으로 행정행위의 무용한 반복을 피하고 당사자의 법적 안정성을 위해 이를 허용하는 때에도 국민의 권리나 이익을 침해하지 않는 범위에서 구체적 사정에 따라 합목적적으로 인정하여야 할 것이다(대법원 2010. 8. 29. 선고 2010두2579 판결 등 참조).

원심판결의 이유에 의하면, 원심은 이 사건 처분 이후 이 사건 정비구역 내 토지등소유자들로부터 추가로 조합설립동의서가 제출되었고, 기존 조합원의 지분매매 등으로 조합원 수가 일부 변경되어 그 동의율이 78.61%에 달하여 피고가 2011. 3. 4. 조합설립변경인가처분을 하였으므로 이 사건 처분의 흠은 치유되었다는 피고 및 참가인의 주장에 대하여, 구 도시정비법 제16조 제1항에서 정하는 조합설립인가처분은 설권적 처분의 성질을 가지고 있고, 흠의 치유를 인정하더라도 원고들을 비롯한 토지등소유자들에게 아무런 손해가 발생하지 않는다고 단정할 수 없다는 점 등을 이유로 이를 배척하였다. 원심판결의 이유를 앞서 본 법리와 기록에 비추어 살펴보면, 위와 같은 원심의 판단은 정당하고, 거기에 상고이유의 주장과 같은 흠이 있는 행정행위의 치유에 대한 법리오해 등의 위법이 없다.

나. 구 도시정비법 제16조 제1항에 의하면, 주택재개발사업의 추진위원회가 조합을 설립하고자 하는 때에는 토지등소유자의 4분의 3 이상의 동의를 얻어 정관 및 건설교통부령이 정하는 서류를 첨부하여 시장·군수의 인가를 받아야 하고, 그 인가받은 사항을 변경하고자 하는 때에도 또한 같으며, 다만 대통령령이 정하는 경미한 사항을 변경하고자 하는 때에는 조합원의 동의 없이 시장·군수에게 신고하고 변경할 수 있다고 규정하고 있다. 그리고 구 도시정비법 시행령 제27조는 법 제16조 제1항 단서에서 '대통령령이 정하는 경미한 사항'에 관하여 조합의 명칭 및 주된 사무소의 소재지와 조합장의 주소 및 성명(제1호), 조합설립인가처분 후 토지 등 건축물의 매매 등으로 인하여 조합원의 권리가 이전된 경우의 조합원의 교체 또는 신규가입(제2호), 법 제4조의 규정에 의한 정비구역 또는 정비계획의 변경에 따라 변경되어야 하는 사항(제3호), 그 밖에 시·도조례가 정하는 사항(제4호)의 경우에는 시장·군수에게 신고하는 방법으로 변경할 수 있다고 규정하고 있다.

한편 재개발조합설립 인가신청에 대한 행정청의 조합설립인가처분은 법령상 일정한 요건을 갖출 경우 주택재개발사업의 추진위원회에게 행정주체로서의 지위를 부여하는 일종의 설권적 처분의 성격을 가지고 있는데(대법원 2009. 10. 15. 선고 2009다30427 판결 참조), 도시정비법 제16조 제1항은 조합설립인가처분의 내용을 변경하는 변경인가처분을 함에 있어서는 조합설립인가처분과 동일한 요건과 절차를 거칠 것을 요구하고 있다. 그런데 조합설립인가처분과 동일한 요건과 절차가 요구되지 아니하는 구 도시정비법 시행령 제27조 각 호에서 정하는 경미한 사항의 변경에 대하여 행정청이 조합설립의 변경인가라는 형식으로 처분을 하였다고 하더라도 그 성질은 당초의 조합설립인가처분과는 별개로 위 조항에서 정한 경미한 사항의 변경에 대한 신고를 수리하는 의미에 불과한 것으로 보아야 할 것이다. 따라서 경미한 사항의 변경에 대한 신고를 수리하는 의미에 불과한 변경인가처분에 설권적 처분인 조합설립인가처분이 흡수된다고 볼 것은 아니다(대법원 2010. 12. 9. 선고 2009두4555 판결 참조). 기록에 의하면 이 사건 변경인가처분은 당초 인가받은 사항 중 다른 부분에는 변동이 없이 기존조합원 지분 매입에 따른 조합원 수의 감소와 매매, 증여, 상속, 조정 등에 의한 조합원 명의변경 및 추가동의서 제출을 이유로 한 동의율 변경을 사유로 한 처분으로서, 구 도시정비법 시행령 제27조 제2호가 정하는 경미한 사항의 변경에 대한 신고를 수리하는 의미에 불과하다고 할 것이다. 따라서 원심이 이 사건 조합설립인가처분이 이 사건 변경인가처분에 흡수되었다는 피고 및 참가인의 주장에 대하여 판단을 하지 아니한 잘못은 있으나, 그것이 판결의 결과에 영향을 미친 것은 아니라고 할 것이므로 이 부분에 관한 피고 및 참가인의 상고이유의 주장은 받아들일 수 없다.

3. 결론

그러므로 원심판결을 파기하고, 사건을 다시 심리·판단하게 하기 위하여 원심법원에 환송하기로 하여, 관여 대법관의 일치된 의견으로 주문과 같이 판결한다.

> 대법원 1992. 4. 28. 선고 92다3847 판결 [무허가 건물 소유자 명의 변경]
>
> 1. 무허가 건물의 사실상 소유권을 양수한 양수인은 양도인을 상대로 무허가건물소유자 명의 변경의 소를 구할 수 있다.

〈판결 이유〉

상고이유를 본다.

제1점에 대하여

원심판결 이유에 의하면 원심은, 법률상의 등록원부가 아니라 행정상의 편의를 위하여 행정관청에 비치하여 일정한 권리자를 기재하는 장부의 일종인 이 사건과 같은 무허가건물대장의 경우에 설사 권리명의자의 변경기재가 있다고 하여도 이것만으로 권리이전의 효과가 발생하지는 아니한다고 할 것이지만, 무허가건물이라 등기가 불가능하고 달리 권리자나 그 이전관계를 표시하는 공적 장부도 없으며, 권리자로 등재된 사람은 사실상 권리자로서 평가를 받고 있는 현실이어서, 이러한 장부상의 명의변경청구는 등기가 가능한 부동산에 대한 일반가옥대장상의 명의변경청구와는 분쟁해결의 정도 및 필요성이 다르다고 볼 것이고, 이러한 대장에 등재된 권리자로부터 권리를 양수받은 사람이 그 양도인을 상대로 그러한 장부상의 명의변경에 관한 협력의무의 이행을 구하는 소는 양도인의 장부보관자에 대한 양도의사의 진술을 구하는 소로서 그러한 진술로서 양도인과 양수인 사이의 분쟁이 종국적으로 해결될 수도 있는 것이며, 특히 이 사건의 경우에 있어서는 이 사건 건물이 소재하여 있는 서울 동대문구 용두동 47의 3 주변의 건물이 철거되는 경우 1981.12.31. 이전에 축조되어 항공촬영도면에 수록되어 있는 건물은 건물보상 및 시영아파트를 특별분양할 예정인 사실을 인정할 수 있어 무허가건물대장상 그 소유명의자로 등재된 사람은 특별한 사정이 없는 한 건물철거에 따른 보상청구권이나 시영아파트 분양권을 받을 수 있는 지위를 가지게 될 것이므로, 소로써 그 명의변경절차의 이행을 구할 이익이 있다고 판단하였는바, 이 사건 건물에 대한 무허가건물대장의 명의변경절차의 이행을 청구할 소의 이익이 있다고 본 원심의 조처는 정당하고 무허가건물대장에 관한 법리를 오해한 위법이 있다고 할 수 없다. (당원 1991.11.12. 선고 91다21244 판결 참조)

무허가건물대장은 건물의 물권변동을 공시하는 법률상의 등록원부가 아니고, 권리명의자의 변경기재가 물권변동의 공시방법은 아님은 소론과 같다고 하겠으나, 그렇다고 하여 무허가건물대장상의 명의변경을 구하는 청구가 일률적으로 법률상 소의 이익이 없다고 말할 수는 없다. 따라서 논지는 이유가 없다.

제2점에 대하여

기록을 살펴보면 원심의 사실인정은 정당한 것으로 수긍이 되는바, 원심이 인정한 사실에 의하면 원고는 1984.10.28. 소외인과의 사이에 그의 실질상 소유인 이 사건 건물을 매수하는 계약을 체결한 것인데 무허가건물대장에는 그의 셋째 동생인 피고 명의로 신탁되어 있었고, 피고는 명의자에 불과하므로 그 명의수탁 당시 그 명의이전에 관련된 모든 권한과 이 사건 건물의 관리 처분권한까지 위 손정식에게 위임한 것이어서 위 손정식이 무허가건물대장상의 권리자를 대리하는 지위에서 이 사건 매매계약을 체결하게 된 것이고, 다만 위 손정식은 위 매매 당시 이 사건 건물에 관한 위 대장상의 소유명의가 그의 넷째 동생인 손두식 명의로 되어 있는 것으로 착각하고 그 매매계약서상에 매도인을 위 손두식으로 표시하고 그를 대리하는 형식으로 원고와 이 사건매매계약을 체결하였다는 것인바, 그렇다면 위 손정식과 원고와 체결한 이 사건 매매계약은 위 손정식이 무허가건물대장에 소유자로 등재되어 있는 명의자를 대리하여 체결한 것인데 그 명의자의 표시에 착오가 있었던 것에 지나지 아니하다고 할 것이므로 위 매매계약의 효력은 무허가건물대장에 소유자로 등재되어 있는 피고에게 미친다고 보는 것이 상당하다.

그렇다면 원심이 피고에게 명의변경절차의 이행을 명하는 설시이유에 부적절한 부분이 있기는 하나, 그 판단결과는 정당하고, 피고가 위의 매매계약에 직접 관여하지 아니하였다고 하여 명의변경절차에 협력할 의무가 없다고 할 수 없다.

기록에 의하면 원고가 피고에게 위 매매계약에 따른 명의변경절차에 협력할 것을 청구하는 주장에는 위와 같은 사유의 주장이 포함되어 있는 것으로 보이므로 원심의 판단이 변론주의의 원칙에 어긋난다고 볼 수 없고, 또 원심의 판단에 처분행위의 법리를 오해한 위법이 있다고 할 수 없다. 논지도 이유가 없다.

그러므로 상고를 기각하고, 상고비용은 패소자의 부담으로 하여 관여 법관의 일치된 의견으로 주문과 같이 판결한다.

> **대법원 1994. 6. 28. 선고 93다40249 판결 [분양권 확인]**
>
> 1. 무허가 건물의 사실상 소유자도 정관의 규정이 있다면 분양권을 갖는다.
> 2. 분양권을 갖는 사실상 소유자는 최종 사실상 소유자이며 누가 최종 사실상 소유자인지는 점유사용관계, 재산세 납부, 양수경위, 주민등록여부 등을 종합적으로 고려하여 판단한다.

〈판결 이유〉

상고이유를 본다.

주택개량재개발조합의 정관에서 재개발사업시행구역 안의 토지, 건물의 소유자에게 조합원의 자격을 부여하는 것으로 규정하면서 이와는 별도로 일정한 요건을 갖춘 무허가건축물을 소유한 자에 대하여는 그 소유임을 증명하는 경우에 한하여 조합원의 자격을 부여하는 것으로 규정하고 있다면, 무허가건축물에 관하여는 그 보존등기조차 사실상 불가능하다는 점과 조합원의 자격에 관하여 무허가건축물의 소유자를 허가건축물의 소유자와 구별하여 따로 규정하고 있는 정관의 규정형식에 비추어 볼 때, 무허가건축물에 관하여는 그 사실상의 소유자에게 조합원의 자격을 부여한 것이라고 해석하여야 할 것이고, 무허가건축물이 전전양도되어 최종양수인이 사실상 소유자로서 사용, 수익하는 경우에는 그 최종양수인만이 조합원의 자격을 취득한다고 할 것이지, 물권변동에 원칙적으로 등기를 요하도록 하고 있는 민법의 규정상 최초의 신축자에게 여전히 그 법률상의 소유권이 귀속된다고 하여 신축자가 조합원으로서의 자격을 취득한다고 해석할 것은 아니며, 이 경우 사실상의 소유자인 여부의 판단은 당해 무허가건축물의 양수경위, 점유 및 사용관계, 재산세 등의 납세 여부 및 무허가건축물관리대장상의 등재 여부, 당해 무허가건축물이 주거용인 경우에는 그 소재지에 주민등록을 하였는지 여부 등을 종합적으로 고려하여 판단하여야 할 것이다.

원심판결 이유에 의하면, 원심은 이러한 취지에서 피고 조합의 정관 제7조에서 조합원 자격의 하나로 규정하고 있는 무허가건축물 소유자는 사실상의 소유자를 의미하는 것이라고 전제한 다음, 피고 조합의 사업시행구역 안에 있는 이 사건 무허가건물은 원래 소외 1이 신축하여 거주하다가 1979.1.4. 소외 2에게 양도하여 소외 2가 무허가건축물관리대장상의 명의를 위 소외 1 앞으로 그대로 둔 채 사실상의 소유자로서 이를 사용하다가 1983.11.20.경 이를 원고에게 매도하여 인도하였고, 그 이후 원고가 이 사건 무허가건물의 소재지로 주민등록을 옮겨 거주하면서 이를 사용하고 있는데, 위 양수 당시 무허가건축물관리대장상의 소유명의는 여전히 신축자인 위 소외 1 명의로 둔 채, 과세대장상의 소유명의만 원고로 변경하여 취득세를 납부하고, 1988.1.28. 무허가건축물관리대장상의 소유명의가 피고보조참가인 앞으로 변경될 때까지 원고가 당해 무허가건물에 대한 재산세를 납부하여 왔으며, 한편, 피고보조참가인은 1982.2.1. 위 소외 2에게 변제기를 같은 해 6.30.로 하여 금원을 대여하면서 변제기까지 원리금이 변제되지 아니할 때에는 이 사건 무허가건물을 명도받기로 하였다가, 원리금이 변제되지 아니하자 1987.6.경에 이르러 비로소 그것이 자기 소유라고 주장하면서 원고에게 그 인도를 요구하다가 1988.1.21. 위 소외 2로부터 무허가건축물관리대장상의 명의변경에 필요한 서류를 받아 자신의 명의로 소유명의를 변경한 뒤, 주민등록을 옮기고 재산세 등을 납부하였으나 이 사건 건물을 점유한 바는 없다고 사실 인정을 한 다음, 그렇다면 무허가건축물관리대장상의 명의에 불구하고 이 사건 무허가건물의 사실상의 소유자는 피고보조참가인이 아니라 원고이고, 따라서 원고가 피고 조합의 조합원자격이 있다고 판단하고 있는바, 기록에 비추어 살펴볼 때, 이러한 원심의 사실인정과 판단은 정당하고, 거기에 민법의 소유권의 개념에 관한 법리오해, 채증법칙위배나 이유불비의 위법이 있다고 할 수 없다. 논지는 모두 이유 없다.

그러므로 상고를 기각하고 상고 비용은 패소자의 부담으로 하기로 하여 관여 법관의 일치된 의견으로 주문과 같이 판결한다.

대법원 1997. 11. 28. 선고 95다43594 판결 [명의 변경 이행]

1. 무허가 건물의 사실상 소유자라고 하더라도 이중매매에 의해 무허가건축물대장상 명의인으로 기재된 사람을 상대로 소유권 방해배제권에 기한 명의 변경을 구할 수 없다.
2. 무허가 건물의 사실상 소유자로서 조합원 자격을 가지는 자는 공법상 당사자 소송으로 조합을 상대로 한 조합원 지위 확인의 소를 제기할 수 있다.

〈판결 이유〉

상고이유를 판단한다.

무허가건물에 관하여는 당초 그 보존등기조차 사실상 불가능하다고 하더라도 법률행위에 의한 물권변동에 있어 등기 아닌 인도가 그 공시방법으로 된다고 할 수 없다. 무허가건물의 신축은 법률행위에 의하지 아니한 물권의 취득이므로 그 신축자가 등기 없이 소유권을 원시취득한다고 할 것이지만, 이를 양도하는 경우에는 등기 없이 물권행위 및 인도에 의하여 그 소유권을 이전할 수 없다고 할 것이다.

이 사건에 있어 원고가 주장하는 바와 같이 원고가 이 사건 무허가 건물의 신축자인 이영자로부터 이를 매수하여 인도받아 점유하고 있다고 하더라도, 그 소유권을 취득할 수 없고 이영자이 법률상의 처분권한을 상실하였다고 할 수 없으므로, 피고가 그 후 이 사건 무허가건물을 이영자로부터 권병노를 거쳐 이중으로 매수하여 무허가건물대장에 소유자명의를 등재하였다 하여 원고가 직접 피고에 대하여 방해배제의 방법으로서 무허가건물대장상의 명의변경을 청구할 권한이 있다고 할 수 없다(다만, 주택개량재개발조합의 정관에서 재개발사업 시행구역 안의 토지 건물의 소유자와 별도로 일정한 요건을 갖춘 무허가건물을 소유한 자에 대하여도 조합원 자격을 부여하고 있는 경우 무허가건물에 관하여는 그 사실상의 소유자에게 조합원의 자격을 부여한 것이라고 해석하여야 할 것이지 최초의 신축자에게 여전히 그 법률상의 소유권이 귀속된다고 하여 신축자가 조합원으로서의 자격을 취득한다고 해석할 것은 아니며, 이 경우 사실상의 소유자인지는 당해 무허가건물의 양수 경위, 점유 및 사용관계, 재산세 등의 납부 여부 및 무허가건물대장상의 등재 여부, 당해 무허가건물이 주거용인 경우에는 그 소재지에 주민등록을 하였는지 여부 등을 종합적으로 고려하여 판단하여야 할 것이고(대법원 1994. 6. 28. 선고 93다40249 판결 참조), 재개발조합을 상대로 한 쟁송에 있어서 조합원 자격 인정 여부에 관하여 다툼이 있는 경우에는 공법상의 당사자소송에 의하여 그 조합원 자격의 확인을 구하여야 하고 분양신청 후에 정하여진 관리처분계획의 내용에 관하여 다툼이 있는 경우에는 항고소송에 의하여 관리처분계획 또는 그 내용인 분양거부처분 등의 취소를 구할 수 있는 것이다(대법원 1996. 2. 15. 선고 94다31235 전원합의체 판결 참조)}.

같은 취지에서 원고의 이 사건 무허가건물대장 명의변경 청구를 배척한 원심의 판단은 정당하고 거기에 상고이유에서 주장하는 바와 같은 위법이 있다고 할 수 없다.

그러므로 상고를 기각하고 상고비용은 패소자인 원고의 부담으로 하기로 관여 법관들의 의견이 일치되어 주문과 같이 판결한다.

대법원 2009. 4. 23. 선고 2008두22853 판결

다가구 주택이 가구별로 분양권을 갖기 위한 요건

〈판결 이유〉

상고이유를 본다.

도시 및 주거환경정비법(이하, '도시정비법'이라 한다) 제48조 제2항 제6호는 관리처분의 내용 중 하나로 "2인 이상이 1주택을 공유한 경우에는 1주택만을 공급한다"라고, 같은 조 제7항은 "관리처분계획의 내용, 관리처분의 방법·기준 등에 관하여 필요한 사항은 대통령령으로 정한다"라고 각 규정하고 있고, 도시정비법 시행령 제52조 제1항 제3호는 관리처분을 정하는 경우 "정비구역 안의 토지등 소유자에게 분양할 것, 다만, 공동주택을 분양하는 경우 시·도조례가 정하는 금액·규모·취득 시기 또는 유형에 대한 기준에 부합하지 아니하는 토지등 소유자는 시·도조례가 정하는 바에 의하여 분양대상에서 제외할 수 있다"라고 규정하고 있다. 한편 위 시행령의 위임에 따라 서울특별시 도시 및 주거환경 정비조례(이하, '이 사건 조례'라고 한다) 제24조 제2항 제3호는 "하나의 주택 또는 한 필지의 토지를 수인이 소유하고 있는 경우에는 수인의 분양신청자를 1인의 분양대상자로 본다"고 규정하고 있고, 이 사건 조례 부칙 제7조는 다가구주택의 분양기준에 관한 경과조치로서 "1997년 1월 15일 이전에 가구별로 지분 또는 구분소유등기를 필한 다가구주택(1990년

4월 21일 다가구주택제도 도입 이전에 단독주택으로 건축허가를 받아 지분 또는 구분등기를 필한 사실상의 다가구주택을 포함한다)은 제24조 제2항 제3호의 규정에 불구하고 다가구로 건축허가 받은 가구 수에 한하여 가구별 각각 1인을 분양대상자로 한다"라고 규정하고 있다. 이와 같은 법령 및 조례의 규정에 따르면, 다가구주택의 공유자들이 가구별로 각각 주택재개발사업으로 건립되는 공동주택의 분양대상자로 인정되기 위해서는 1997. 1. 15. 이전에 그 각 가구에 상응하는 지분 또는 구분소유등기를 경료할 것을 요한다고 할 것이다.

그런데 원심판결 이유에 의하면, 소외인이 1992. 12. 10. 8가구가 거주할 수 있는 다가구주택으로 건축허가를 받아 자신의 소유인 서울 성동구 (이하 생략) 대 198㎡ 위에 지하 1층, 지상 3층의 다가구주택을 신축하여 1993. 7. 29. 자신 명의로 소유권보존등기를 경료한 후, 1997. 10. 7. 위 건물에 관하여 원고들의 소유대상인 각 가구에 상응하는 지분이전등기를 경료하였음을 알 수 있으므로, 원고들은 이 사건 조례 부칙 제7조에서 정한 요건을 갖추지 않았음이 명백하고, 원심이 같은 취지에서 원고들 각각 1인을 분양대상자로 할 수 없다고 판단한 것은 정당하다.

또한 이 사건 조례 부칙 제7조의 취지는, 다가구주택이 독립된 구조를 가진 가구별로 구분 거래되기도 하는 현실을 반영하여, 설계 및 건축 단계부터 독립된 구조를 가지고 있고 그에 상응한 지분등기가 마쳐짐으로써 그 지분등기를 이전하는 방법에 의하여 사실상 가구별로 독립적 거래가 가능한 경우에는 예외적으로 다가구주택의 가구별로 개별 분양대상자격을 인정하되, 다만 주택재개발사업에 의하여 공급되는 주택을 다수 취득할 목적으로 이른바 '지분 쪼개기'

와 같은 행위를 하는 폐해를 방지하기 위해서 일정한 시점까지 지분등기를 마칠 것을 요구하는 것으로 보이는바, 이는 다가구주택의 거래실정 및 주택재개발사업에 따른 주택분양 법률관계의 현실에 비추어 합리성이 인정되므로, 이 사건 조례 부칙 제7조가 헌법상 평등의 원칙을 침해한다고 보기는 어렵다.

원심판결에는 상고이유 주장과 같은 이 사건 조례 부칙 제7조에 관한 법리를 오해한 위법이 없다.

그러므로 상고를 모두 기각하고, 상고비용은 패소자가 부담하기로 하여, 관여 대법관의 일치된 의견으로 주문과 같이 판결한다.

대법원 2011. 3. 10. 선고 2010두4377 판결

1. 다가구주택의 각 세대는 각각 분양권이 있으나 조합원 자격은 모두 합쳐서 하나이다.
2. 다가구주택의 각 세대는 단독 조합원 확인을 구할 소의 이익이 있다.

〈판결 이유〉

상고이유에 대하여(상고이유서 제출기간이 경과한 후에 제출된 상고이유보충서의 기재는 상고이유를 보충하는 범위 내에서) 판단한다.

1. 상고이유 제1점에 대하여

원심은 제1심판결의 이유를 인용하여, 원고들이 주택재개발정비사업조합인 피고 조합의 각자 단독 조합원 지위에 있는지 아니면 이 사건 각 건물 등의 다른 공유자와 함께 1인의 조합원 지위에 있는지에 따라 원고들의 조합원으로서의 권리·의무에 영향을 받게 되고 피고 조합이 원고들의 단독 조합원으로서의 지위를 부인하고 있으므로, 원고들로서는 그 권리 또는 법적 지위에 현존하는 위험·불안을 제거하기 위하여 피고 조합을 상대로 단독 조합원 지위에 있음의 확인을 구할 이익이 있다고 판단하였다.

관련 법리와 기록에 비추어 살펴보면 원심의 위와 같은 판단은 정당하고, 거기에 상고이유 주장과 같은 조합원지위 확인소송에서의 소의 이익에 관한 법리를 오해한 위법이 없다.

2. 상고이유 제2점에 대하여

구 도시 및 주거환경정비법(2009. 2. 6. 법률 제9444호로 개정되기 전의 것, 이하 '도시정비법'이라고 한다) 제19조 제1항은 "정비사업의 조합원은 토지 등 소유자로 하되, 토지 또는 건축물의 소유권과 지상권이 수인의 공유에 속하는 때에는 그 수인을 대표하는 1인을 조합원으로 본다."고 규정하고 있고, 도시정비법 제48조 제7항 및 도시정비법 시행령(2009. 8. 11. 대통령령 제21679호로 개정되기 전의 것) 제52조 제1항 제3호의 위임에 따른 '구 서울특별시 도시 및 주거환경 정비조례'(2008. 7. 30. 서울특별시조례 제4657호로 개정되기 전의 것, 이하 '정비조례'라고 한다) 제24조 제2항은 '하나의 주택 또는 한 필지의 토지를 수인이 소유하고 있는 경우'(제3호)에 수인의 분양신청자를 1인의 분양대상자로 본다고 규정한 반면, 정비조례 부칙(2005. 11. 10. 서울특별시조례 제4330호로 개정된 것, 이하 같다) 제7조는 '1997. 1. 15. 이전에 가구별로 지분 또는 구분소유등기를 필한 다가구 주택(1990. 4. 21. 다가구주택제도 도입 이전에 단독주택으로 건축허가를 받아 지분 또는 구분등기를 필한 사실상의 다가구주택을 포함한다)'의 경우에는 위 제24조 제2항 제3호의 규정에 불구하고 다가구로 건축허가받은 가구수에 한하여 가구별 각각 1인을 분양대상자로 한다는 경과규정을 두고 있다.

위 각 규정과 주택재개발정비사업조합의 조합원은 주택재개발사업으로 건립되는 공동주택에 대한 분양신청권, 조합원 총회에서의 의결권, 조합 임원 등의 선임권과 피선임권을 가지게 되는 점 등을 종합하여 보면, 주택재개발사업구역 내의 토지 또는 건축물을 수인이 공유하는 경우에는 원칙적으로 그 공유자 전원에게 1인의 조합원 지위만 부여되는 것이고, 다만 주택재개발사업으로 건립되는 공동주택의 분양대상자격에 관하여는 정비조례 부칙 제7조 소정의 일정한 요건을 갖춘 다가구주택 또는 사실상의 다가구주택의 공유자들의 경우 가구별로 각각 1인을 분양대상자로 한다는 취지로 보아야 할 것이다.

원심이 인용한 제1심판결의 이유에 의하면, '구 서울특별시 주택개량재개발사업시행조례'(1988. 5. 7. 서울특별시조례 제2353호로 폐지되기 전의 것) 제4조 제2항에 의한 협동주택인 이 사건 각 건물 지하층의 각 가구는 건축단계부터 가구별로 독립적인 주거생활을 영위할 수 있는 구조를 갖추고 실제로 독립된 주거로 이용되어 왔고, 1990. 4. 21. 다가구주택제도 도입 이전에 가구별로 지분등기가 이루어져 원고들도 각 해당 가구를 그 지분등기 이전의 방법으로 양수받은 사실, 피고 조합의 정관 제9조는 조합원의 자격에 관하여 도시정비법 제19조와 같은 내용으로 규정하고 있을 뿐 달리 원고들과 같은 협동주택의 공유자들에게 단독 조합원의 자격을 부여하고 있지는 않은 사실을 알 수 있다.

이와 같은 사실관계를 앞서 본 법리에 비추어 보면, 이 사건 각 건물 지하층의 각 해당 가구를 실질적으로 구분소유하고 있는 원고들은 정비조례 부칙 제7조에서 정한 사실상의 다가구주택의 공유자들로서 가구별로 분양대상자격을 가진다고 할 것이나, 원고들이 이 사건 각 건물 지하층의 공유자들에 불과한 이상 각 해당 공유부분의 다른 공유자들과 함께 그 전원이 1인의 조합원으로 될 뿐 각자 단독 조합원의 지위에 있는 것은 아니라고 할 것이다.

그런데도 원심은 이와 달리 이 사건 각 건물이 정비조례 부칙 제7

조에서 정한 사실상의 다가구주택에 준하는 건물로서 그 공유자인 원고들이 가구별로 각각 분양대상자가 된다는 이유만으로 각자 단독 조합원 지위에 있다고 판단하고 말았으니, 원심판결에는 주택재개발정비사업조합의 조합원 자격에 관한 법리를 오해한 위법이 있다.

3. 결론
그러므로 원심판결을 파기하고, 사건을 다시 심리·판단하도록 원심법원에 환송하기로 하여 관여 대법관의 일치된 의견으로 주문과 같이 판결한다.

대법원 2011. 3. 10. 선고 2010두12361 판결 [조합원 지위 확인]

1. 다가구 주택의 소유자들이 각 가구별로 분양권을 갖는다고 하더라도 조합원 자격은 하나만 갖는다.

〈판결 이유〉

상고이유를 판단한다.

1. 구 도시 및 주거환경정비법(2009. 2. 6. 법률 제9444호로 개정되기 전의 것, 이하 '도시정비법'이라고 한다) 제19조 제1항은 "정비사업의 조합원은 토지등소유자(재건축사업의 경우에는 주택재건축사업에 동의한 자에 한한다)로 하되, 토지 또는 건축물의 소유권과 지상권이 수인의 공유에 속하는 때에는 그 수인을 대표하는 1인을 조합원으로 본다."라고 규정하고 있으므로, 건축법상 단독주택에 해당하는 다가구주택을 수인이 공유하는 경우에는 원칙적으로 그 공유자 전원을 1인의 조합원으로 보아야 할 것이다. 한편 구 도시정비법 제48조 제7항 및 구 도시정비법 시행령(2009. 8. 11. 대통령령 제21679호로 개정되기 전의 것) 제52조 제1항 제3호의 위임에 따른 서울특별시 도시 및 주거환경정비조례(이하 '정비조례'라고 한다) 부칙(2003. 12. 30.) 제7조는, 2인 이상이 1주택을 공유한 경우 1주택만 공급하도록 한 도시정비법 제48조 제2항 제6호의 원칙에 대한 예외로서, '1997. 1. 15. 이전에 가구별로 지분 또는 구분소유등기를 필한 다가구주택 및 1990. 4. 21. 다가구주택 제도 도입 이전에 단독주택으로 건축허

가를 받아 지분 또는 구분등기를 필한 사실상의 다가구주택'의 경우에는 가구별 각각 1인을 분양대상자로 한다고 규정하고 있으나, 이는 1인의 조합원에게 1주택을 분양하는 원칙에 대한 예외로서 일정한 요건을 갖춘 다가구주택의 공유자들에 대하여는 가구별로 각각 1인을 분양대상자로 한다는 취지에 불과할 뿐, 나아가 그 다가구주택의 공유자들에게 각자 단독 조합원의 지위를 부여하는 취지라고 볼 수는 없다고 할 것이다.

2. 원심이 확정한 사실 및 기록에 의하면, 서울 노원구 월계동 279-16 대 152m² 지상에는 1990. 1. 4. 건축허가를 받아 건축된 후 1990. 5. 21. 사용승인을 받은 지하 1층, 지상 2층의 단독주택(이하 '이 사건 주택'이라고 한다)이 있는 사실, 원고들은 이 사건 주택 중 1/6 지분씩을 소유하고 있고, 위 대지는 원고 1, 2, 3, 4가 각 2,533/15,200 지분을, 원고 5, 6이 각 2,534/15,200 지분을 각각 소유하고 있는 사실, 피고 조합의 정관 제9조 제3항은 "하나의 (구분)소유권이 수인의 공유에 속하는 때에는 그 수인을 대표하는 1인을 조합원으로 본다."라고 규정하고 있는 사실을 알 수 있다.
위와 같은 사실관계를 앞에서 본 법리에 비추어 살펴보면, 원고들은 이 사건 주택의 공유자들로서 도시정비법 제19조 제1항 및 피고 조합 정관 제9조 제3항에 의하여 그 전원이 1인의 조합원으로 될 뿐 각자 단독으로 조합원의 지위를 갖는 것은 아니라고 할 것이다. 그럼에도 원심은 이와 달리 이 사건 주택이 정비조례 부칙(2003. 12. 30.) 제7조에서 정한 사실상의 다가구주택으로서 그 공유자들인 원고들이 각별로 분양대상자가 된다는 이유만으로 각자 단독 조합원의 지위에 있다고 판단하고 말았으니, 원심판결에는 도시정비법상 주택재건축조합의 조합원 자격에 관한 법리를 오해하여 판결에 영향을 미친 위법이 있다고 할 것이다.

3. 그러므로 원심판결을 파기하고, 사건을 다시 심리·판단하게 하기 위하여 원심법원에 환송하기로 하여, 관여 대법관의 일치된 의견으로 주문과 같이 판결한다.

> 서울행정법원 2008. 8. 14. 선고 2008구합12917 판결 [조합원 지위 확인]
>
> 1. 주택재개발사업에서 다가구주택의 소유자에게 가구별로 분양권을 주도록 하는 서울시 조례의 규정은 단독주택 재건축 사업에 유추적용할 수 있다.
> 2. 단독주택재건축에 있어 다가구주택의 소유자들은 가구별로 각각 분양권을 가진다.
> <참고: 서울행정법원 2009. 3. 20. 선고 2008구합44471 사건에서는 이 판결과 반대로 유추적용할 수 없다고 하였음>

〈판결 이유〉

1. 인정사실

가. 피고는 서울 중랑구 면목동 1447번지 일대 16,628m²를 정비구역으로 하는 면목2구역주택재건축사업의 시행자로서 2007. 11. 30. 설립된 법인이고, 원고들은 위 정비구역 안에 소재한 건축물 및 그 부속토지의 소유자들이다.

나. 원고들이 소유하고 있는 각 건축물(이하 '이 사건 각 주택'이라 한다) 및 그 부속토지에 관한 소유관계는 아래와 같다.

연번 원고 지번 건축물 내역 공유지분
벽돌조 시멘기와지붕 2층 협동주택
1 OOO

토지 및 건물

이하 생략

1층 78.35m^2, 2층 78.35m^2, 지하실 16.53m^2 각 1/2

2 ○○○

(사용승인일자 1977.9.1.)

연와조 경사스라브 위기와2층 연립주택 1동

3 ○○○

1층 131.72m^2, 2층 131.72m^2, 지층 134.96m^2

토지 각 1/8

내102호 건물 각 1/3 1층 65.86m^2, 지층 33.74m^2(지층 용도 지하실)

4 ○○○

(사용승인일자 1983.5.9.)

5 ○○○

연와조 평옥개 2층 주택 및 점포 토지 및 건물

1층 74.12m^2, 2층 74.12m^2, 지하실 22.25m^2

6 ○○○ 각 1/2

(사용승인일자 1977.10.7.) 연와조 세멘와즙 단층 협동주택

7 ○○○

토지 및 건물 84.40m^2 각 1/2 지하실 80.40m^2(내 지하실 용도 지하실)

8 ○○○

(사용승인일자 1981.1.10.)

연와조 세멘와즙 단층 주택

9 ○○○

토지 및 건물 78.02m^2 각 1/2 지하실 39.67m^2

10 ○○○
(사용승인일자 1977.9.30.)

다. 이 사건 각 주택은 단독주택으로 건축허가를 받아 신축되어 등기부상 1개의 건물에 대하여 수인이 지분을 가지고 공유하는 것으로 등재된 후 각각의 지분이 이전되는 과정을 거쳐 왔으나, 구조상 각 공유자의 가구별로 별도의 출입문을 갖추고 화장실, 부엌, 보일러, 수도가 설치되어 독자적인 생활이 가능한 독립된 주거공간으로 구성되어 있으며, 이 사건 각 주택에 대한 재산세, 도시계획세, 지방교육세 등은 모두 각 가구별로 따로 부과되고 있다.

라. 또한 이 사건 각 주택의 공유자들은 1개의 주택 전부를 지분의 비율로 사용·수익하는 것이 아니라 위와 같이 구분된 특정한 주거공간을 배타적으로 점유하면서 독립한 소유권의 객체로 인식하여 왔고, 다른 공유자와 상관 없이 자신의 공유지분을 이전하는 방법으로 특정 주거공간에 대한 소유권을 양도하여 현재의 소유관계에 이르게 되었다.

[인정 근거] 갑 제1호증, 제2호증의 1, 2, 제3호증, 제4~8호증의 각 1~4, 제9~11호증의 각 1~8, 제12, 13호증의 각 1~7, 제14, 15호증, 제16, 17호증의 각 1, 2, 제18~22호증, 을 제1~3호증의 각 기재 및 영상, 변론 전체의 취지

2. 당사자들의 주장 및 판단
가. 주장

(1) 원고들

원고들은 등기부상 이 사건 각 주택과 그 부속토지를 공유지분으로 소유하고 있으나, 이 사건 각 주택 중 원고들이 각각 점유하고 있는 부분은 독자적인 가옥 구조를 갖추어 독립된 소유권의 객체로 되어 있고 원고들은 실질적으로는 이를 구분소유하고 있으므로, 원고들은 각자가 피고의 단독조합원이다.

(2) 피고

피고도 원고들의 주장에 공감하고 재건축사업의 신속한 진행을 위해서도 필요하다고 생각하여 원고들의 조합원 지위를 인정하는 내용으로 정관을 변경할 의사까지 있으나, 재건축사업을 감독하는 관할 행정청이 관련 법령의 규정을 들어 원고들의 조합원 지위를 인정하고 있지 않은 마당에 피고 임의로 원고들의 조합원 지위를 인정하는 것이 여의치 않아 부득이 원고들의 주장을 받아들일 수 없다.

나. 관련 법령 등

별지 기재와 같다.

다. 판단

(1) 도시 및 주거환경정비법(이하 '도정법'이라 한다) 제19조 제1항은 '정비사업의 조합원은 토지등소유자로 하되 토지 또는 건축물의 소유권과 지상권이 수인의 공유에 속하는 때에는 그 수인을 대표하는 1인을 조합원으로 본다'고 규정하고 있고, 앞서 본 바와 같이 원

고들은 2명씩 이 사건 각 주택을 공유하고 있으므로, 특별한 사정이 없는 한 이 사건 각 주택의 공유자 중 대표자 1인만이 피고의 조합원이 될 수 있다.

(2) 그러나 관련 법령 등과 앞서 인정한 사실 및 이 사건 변론에 나타난 아래의 제반 사정에 비추어 보면, 피고 정관 제9조 제1항에 규정된 '토지등소유자'는 형식적으로는 지분 또는 구분등기를 경료하고 있지만 1990. 4. 21. 이전에 단독주택으로 건축허가를 받아 신축되었으나 실질적으로는 구조 및 이용실태가 가구별로 구분되어 있고 거래에 있어서도 독립된 소유권의 객체로 되어 있는 사실상 다가구주택의 공유자를 포함한다고 봄이 상당하므로, 원고들은 각자 피고의 조합원인 지위를 가진다고 보아야 한다.

(가) 재개발·재건축사업의 기본법령인 도정법 및 도정법 시행령에서 위임한 사항과 그 시행에 필요한 사항을 규정하고 있는 서울특별시 도시 및 주거환경정비조례(이하 '정비조례'라 한다) 부칙(2005. 11. 10. 조례 제4330호) 제7조는 재개발사업의 분양대상으로서 하나의 주택을 소유하고 있는 수인을 1인의 분양대상자로 한다는 원칙(제24조 제2항 제3호)의 예외로, 1997. 1. 15. 이전에 가구별로 지분 또는 구분소유등기를 필한 다가구주택(1990. 4. 21. 다가구주택제도 도입 이전에 단독주택으로 건축허가를 받아 지분 또는 구분등기를 필한 사실상의 다가구주택을 포함한다)은 다가구주택으로 건축허가를 받은 가구수에 따라 가구별 각각 1인을 분양대상자로 한다는 경과조치를 규정하고 있다.

(나) 정비조례 부칙 제7조는 재개발사업에 적용되는 규정이고 이 사건과 같은 재건축사업에 위 부칙 조항이 적용된다는 명문의 규정은 없지만, 다음과 같은 이유로 재건축사업에도 유추적용된다고 봄이 상당하다.

종래 재개발사업은 도시재개발법(2003. 7. 1. 폐지), 재건축사업은 주택건설촉진법이라는 별개의 법률에 근거하여 시행되어 오다가 새로 제정된 도정법의 시행으로 2003. 7. 1.부터 양자가 단일 법률에 통합되었다. 이에 따라 상대적으로 공익성이 약하다고 인식되었던 재건축사업도 공공개발사업으로서의 성격이 강화되어 재개발사업과 비슷한 수준의 공법적 규율을 받게 되고, 도정법 제2조 제2호에 규정된 양 사업의 내용을 비교하여 보아도 정비기반시설의 우열을 제외하고는 노후·불량건축물이 밀집한 지역에서 주거환경을 개선하기 위하여 행하는 사업이라는 점에서 차이가 없음을 알 수 있다.

그런데, 도시재개발법에서 위임한 사항 및 그 시행에 필요한 사항을 규정하고 있었던 서울특별시도시재개발사업조례(2003. 12. 30. 폐지) 제27조 제2항 나목, 부칙 제6조에 이미 정비조례 제24조 제2항 제3호, 부칙 제7조와 같은 취지의 규정이 존재하고 있다가 도정법 시행과 함께 정비조례가 제정되면서 그대로 옮겨 오게 되었으나, 주택건설촉진법상 재건축사업은 재건축의 대상인 노후·불량주택의 범위를 원칙적으로 공동주택인 아파트와 연립주택에 한정하고 있었기 때문에 다가구주택이나 다세대주택을 대상으로 한 재건축사업이 이루어질 여지가 거의 없어 재건축에 관하여는 정비조례 부칙 제7

조와 같은 규정이 없는 상태로 시행되어 오다가 결국 정비조례를 제정할 때도 재건축사업에 관해서는 위와 같은 경과조치를 두지 않게 되었다.

그러나 도정법은 정비구역의 지정에 관한 도정법 시행령 제10조 제1항 관련 [별표1] 제3항 나목에서 기존의 단독주택을 재건축하고자 하는 경우 단독주택 200호 이상 또는 그 부지면적이 1만㎡ 이상으로 법정의 요건을 갖추면 정비구역으로 지정받아 재건축사업을 시행할 수 있도록 단독주택지 재건축을 폭넓게 도입한 결과 공동주택 재건축과 달리 단독주택지 재건축사업에 있어서는 재개발사업에서와 마찬가지로 정비구역 안에 소재한 다가구주택을 실제로는 수인이 독립한 주거공간으로 구분하여 소유하면서 등기부상으로는 지분에 의하여 공유하고 있는 경우가 발생할 개연성이 다분함에도 정비조례 제정시 이를 간과하고 재건축사업에 관하여 위와 같은 경과조치를 규정하지 않은 것으로 보이는바, 이러한 법령 제·개정의 경위, 재건축사업과 재개발사업의 목적과 성질의 유사성, 다가구주택 소유자간의 형평성 등에 비추어 보면 정비구역 내에 사실상의 다가구주택을 구분소유하고 있는 공유자의 취급에 있어서 재건축사업과 재개발사업을 달리 보아야 할 합리적인 근거가 없다.

(다) 이 사건 각 주택의 건축허가 당시 시행되던 건축법 시행령에서는 다가구주택을 규정하고 있지 않다가 건축법 시행령이 1999. 4. 30. 대통령령 제16284호로 개정되면서부터 비로소 주택으로 쓰이는 층수가 3개 층 이하이고 주택으로 쓰이는 바닥면적의 합계가

660m² 이하이며 19세대 이하가 거주할 수 있는 주택으로서 공동주택에 해당하지 않는 것을 다가구주택으로 규정하였는바, 이 사건 각 주택은 사실상 다가구주택의 실질을 갖추고 있었음에도 건축법령의 미비로 단독주택으로 건축허가를 받아 각 공유자들의 지분등기가 경료되었다.

(라) 이 사건 각 주택은 신축 당시부터 지분등기를 마친 이래 각 공유자들이 가구별로 특정의 독립된 주거공간을 배타적으로 점유, 사용, 처분하는 등 독자적인 소유권을 행사하여 왔다.

(3) 또한 피고가 원고들의 조합원 지위를 부인하고 있는 이상 원고들은 그 권리 또는 법적 지위에 현존하는 위험·불안을 제거하는 방법으로 피고를 상대로 조합원의 지위확인을 구할 소의 이익이 있다.

3. 결론
그렇다면 원고들의 이 사건 청구는 이유 있으므로 이를 인용하기로 하여 주문과 같이 판결한다.

서울행정법원 2009. 3. 20. 선고 2008구합44471 판결

1. 주택재개발사업에서 다가구주택의 소유자에게 가구별로 분양권을 주도록 하는 서울시 조례의 규정은 단독주택 재건축 사업에 유추적용할 수 없다.
2. 단독주택재건축에 있어 다가구주택의 소유자들은 모두 합쳐서 하나의 분양권만 가진다.
<참고 : 서울행정법원 2008. 8. 14. 선고 2008구합12917 판결에서는 이 판결과 반대로 유추적용할 수 있다고 하였음>

〈판결 이유〉

1. 기초사실

가. 피고는 2008. 9. 1. 서울특별시 ○○구청장으로부터 설립인가를 받아 서울 중랑구 ○○○ 일대 ○○○m^2를 정비구역으로 하여 주택재건축사업을 시행하는 정비사업조합이다.

나. 원고들은 위 정비구역 안에 위치한 ○○○(이하 '이 사건 대지'라 한다) 및 위 지상 2층 주택(1층, 2층 및 지층 각 79.06m^2(지층용도 지하실), 이하 '이 사건 주택'이라 한다)의 각 2분의 1 지분 공유자들이다.

다. 본래 이 사건 주택은 ○○○가 신축하여 1984. 6. 15. 소유권보존등기를 마친 건물로서, 같은 날 원고 1 및 소외 ○○○에게 각 2분의 1 지분씩 이전되었고, 그 중 ○○○의 지분은 1989. 2. 15. ○○○에게 이전되었다가 2005. 10. 26. 원고 2에게 재차 이전되었으며, 한편 이 사건 주택은 지하실 용도인 지층을 제외하고 1층과 2층이 출입문을 달리하는 등으로 구조상 독립되어 있다.
[인정근거 : 갑1, 2호증, 갑3호증의 4, 갑6호증의 1, 2, 갑8호증, 을1, 2호증의 각 기재 또는 영상, 변론 전체의 취지]

2. 원고들의 주장 및 판단
가. 원고들의 주장
　원고들은 부동산등기부상 이 사건 대지 및 주택을 공유지분으로 소유하고 있으나, 이 사건 주택은 층별로 완전히 독립되어 사용·거래되는 등 실질적으로 집합건물과 동일하게 구분소유관계에 있으므로, 원고들은 각자가 피고의 단독조합원의 지위에 있다.

나. 관계 법령
※도시 및 주거환경정비법(2009. 2. 6. 법률 제9444호로 일부 개정되기 전의 것)
제2조(용어의 정의) 이 법에서 사용하는 용어의 정의는 다음과 같다.
9. "토지등소유자"라 함은 다음 각 목의 자를 말한다.
　가. 주거환경개선사업·주택재개발사업 또는 도시환경정비사업의 경우에는 정비구역 안에 소재한 토지 또는 건축물의 소유자 또는 그 지상권자

　나. 주택재건축사업의 경우에는 다음의 1에 해당하는 자
　　(1) 정비구역 안에 소재한 건축물 및 그 부속토지의 소유자
제19조(조합원의 자격 등)
　① 정비사업(시장·군수 또는 주택공사 등이 시행하는 정비사업을 제외

한다)의 조합원은 토지등소유자(주택재건축사업의 경우에는 주택재건축사업에 동의한 자에 한한다)로 하되, 토지 또는 건축물의 소유권과 지상권이 수인의 공유에 속하는 때에는 그 수인을 대표하는 1인을 조합원으로 본다.

제48조(관리처분계획의 인가 등)

② 제1항의 규정에 의한 관리처분계획의 내용은 다음 각 호의 기준에 의한다.

6. 1세대가 1 이상의 주택을 소유한 경우 1주택을 공급하고, 2인 이상이 1주택을 공유한 경우에는 1주택만 공급한다. (단서 이하 생략)

⑦ 제1항의 규정에 의한 관리처분계획의 내용, 관리처분의 방법·기준 등에 관하여 필요한 사항은 대통령령으로 정한다.

※도시 및 주거환경정비법 시행령

제52조 (관리처분의 기준 등)

① 주택재개발사업 및 도시환경정비사업의 경우 법 제48조 제7항의 규정에 의한 관리처분은 다음 각 호의 방법 및 기준에 의한다.

3. 정비구역 안의 토지등소유자(지상권자를 제외한다. 이하 이 항에서 같다)에게 분양할 것. 다만, 공동주택을 분양하는 경우 시·도조례가 정하는 금액·규모·취득 시기 또는 유형에 대한 기준에 부합하지 아니하는 토지등소유자는 시·도조례가 정하는 바에 의하여 분양대상에서 제외할 수 있다.

② 주택재건축사업의 경우 법 제48조 제7항에 따른 관리처분은 다음 각 호의 방법 및 기준에 따른다. 다만, 조합이 조합원 전원의 동의를 받아 그 기준을 따로 정하는 경우에는 그에 따른다.

1. 제1항 제5호 및 제6호를 적용할 것. 다만, 단독주택재건축사업의 경우에는 주택재개발사업에 준하여 제1항 각 호를 적용할 것

※서울특별시 도시 및 주거환경 정비조례

제1조 (목적) 이 조례는 「도시 및 주거환경정비법」, 같은 법 시행령 및 같은 법 시행규칙에서 위임된 사항과 그 시행에 관하여 필요한 사항을 규정함을 목적으로 한다.

제24조 (주택재개발사업의 분양대상 등)

② 다음 각 호의 어느 하나에 해당하는 경우에는 수인의 분양신청자를 1의 분양대상자로 한다.

3. 하나의 주택 또는 한 필지의 토지를 수인이 소유하고 있는 경우. 다만 2003년 12월 30일 전부터 공유지분으로 소유한 토지의 지분면적이 건축조례 제25조 제1호의 규정에 의한 규모 이상인 자는 그러하지 아니하다.

제28조 (주택재건축사업의 관리처분방법 및 기준) 영 제52조 제2항에 따른 주택재건축사업의 관리처분방법 및 기준은 다음과 같다.

1. 조합원이 출자한 종전의 토지 및 건축물의 가액 또는 면적을 기준으로 새로이 건설되는 주택 등을 분양한다. 이 경우 규모별 배정은 조합원 소유 종전 주택 등의 동별·위치·층수 등을 고려하여 관리처분계획이 정하는 바에 의하여 결정한다.

5. 그 밖의 관리처분에 관하여 필요한 사항은 정관 등으로 정한다.

부칙(2003. 12. 30)

제7조 (다가구주택의 분양기준에 관한 경과조치) 1997년 1월 15일 이전에 가구별로 지분 또는 구분소유등기를 필한 다가구주택(1990년 4월 21일 다가구주택 제도 도입 이전에 단독주택으로 건축허가를 받

아 지분 또는 구분등기를 필한 사실상의 다가구주택을 포함한다)은 제24조 제2항 제3호의 규정에 불구하고 다가구주택으로 건축허가 받은 가구 수에 한하여 가구별 각각 1인을 분양대상자로 한다.

다. 판단

(1) 도시 및 주거환경정비법 제19조 제1항 및 제48조 제2항 제6호는, 주택재건축사업의 경우, 사업에 동의한 토지등소유자를 조합원으로 하되 토지 또는 건축물의 소유권이 수인의 공유에 속하는 때에는 그 수인을 대표하는 1인을 조합원으로 보고, 관리처분계획의 기준으로서 2인 이상이 1주택을 공유한 경우에는 1주택만 공급하도록 규정하고 있다(다만 서울특별시 도시 및 주거환경 정비조례 제28조 제5호 등에 의거 정관 등에서 달리 정하는 경우는 별개이나, 이 사건의 경우 피고의 조합정관 제9조 제4항은 동일하게 '하나의 소유권이 수인의 공유에 속하는 때에는 그 수인을 대표하는 1인을 조합원으로 본다'고 규정하고 있다). 반면 주택재개발사업의 경우에는 위와 동일한 원칙을 두면서도 예외적으로 도시 및 주거환경정비법 제48조 제7항 및 같은 법 시행령 제52조 제1항 제3호의 순차 위임을 받은 서울특별시 도시 및 주거환경 정비조례 제24조 제2항 제3호 및 부칙(2003. 12. 30) 제7조에서 '2003. 12. 30. 전부터 공유지분으로 소유한 토지의 지분면적이 건축조례 제25조 제1호의 규정에 의한 규모(90m²) 이상인 자' 또는 '1997. 1. 15. 이전에 가구별로 지분 또는 구분소유등기를 필한 다가구주택(1990. 4. 21. 다가구주택 제도 도입 이전에 단

독주택으로 건축허가를 받아 지분 또는 구분등기를 필한 사실상의 다가구주택을 포함한다)으로서 다가구주택으로 건축허가 받은 가구 수'는 각각 1인을 분양대상자로 하도록 규정하고 있다. 이러한 관계규정 및 피고 조합정관 등에 비추어 볼 때, 이 사건 주택재건축사업의 정비구역 안에 소재한 이 사건 대지 및 주택의 공유자에 불과한 원고들은 원고들을 대표하는 1인만이 피고조합의 조합원이 된다고 봄이 규정상 명백하다 할 것이다.

(2) 원고들은 주택재개발사업의 경우에 있어서의 위와 같은 예외규정을 주택재건축사업의 경우에도 유추 적용할 수 있다고 주장하나, 다음에서 살펴보는 바와 같은 주택재개발사업과 주택재건축사업의 성격 및 다가구주택의 법적 취급 등에 비추어 받아들이기 어려울 뿐만 아니라, 기본적으로 법률과 조합정관에서 명확히 규정하고 있는 바를 시행령의 위임에 따라 제정된 조례로서, 그것도 성격이 다른 주택재개발사업에 관한 규정을 유추하여 적용함으로서 법률과 조합정관의 규정을 배척한다는 것은 더더욱 이유 없다 할 것이다.

주택재개발사업은 공익사업을 위한 토지 등의 취득 및 보상에 관한 법률 제4조 제8호 및 도시 및 주거환경정비법 제38조에서 규정하고 있는 바와 같은 '토지 등을 수용 또는 사용할 수 있는 공익사업의 일종'으로서 재개발정비구역 안에 소재한 토지 또는 건축물의 소유자를 당연 조합원으로 하는 사업인 반면, 주택재건축사업은 '천재·지변 그 밖의 불가피한 사유로 인하여 긴급히 정비사업을 시행할 필요가 인정되어(도시 및 주거환경정비법 제8조 제4항 제1호)' 시행되는 경우를 제외하고는 위 관계법령 소정의 공익사업에 해당하지 않고 사업시행자에게 정비구역 안의 토지 등을 수용 또는 사용할 수 있는 권한이 부여되어 있지도 않으며 사업에 동의한 자만을 조합원으로 하여 시행되는 사업이어서, 양자는 사업 목적·성격 및 사업시행 방법·절차 등에서 본질적인 차이가 있어 양자의 조합원 자격을 동일하게 취급해야 할 특별한 합리적인 근거가 없다.

또한 1990. 4. 21. 다가구주택 제도 도입 이전에 건축된 다가구주택은 물론이고 그 이후에 건축된 다가구주택은 건축법 제2조 제2항 및 건축법 시행령 제3조의4 [별표1]에서 규정하고 있는 바와 같이 단독주택의 일종으로서 관계규정 및 건축주의 의사에 있어 건물 전체를 하나의 소유권의 객체로 하되 다만 여러 세대가 거주할 수 있는 구조를 갖춘 것에 불과한 것이고, 이는 전유부분별로 별도의 소유권의 객체가 되는 아파트, 연립주택 및 다세대주택 등의 공동주택과는 엄연히 구별되는바, 그럼에도 단독주택의 일종인 다가구주택을 건축한 후 구조상 독립된 부분을 별개의 소유권의 객체로 하여 지분을 이전하는 식으로 소유권을 양도함으로써 실질적으로 분양의 효과를 누리고자 하는 것은 위 건축법령상의 단독주택과 공동주택간의 차이에서 오는 제한을 잠탈하는 행위이고, 이러한 행위의 결과를 사후적으로 용인하는 것은 법질서의 규범력을 약화시키고 법 앞의 평등을 저해하는 것이므로, 주택재개발사업에 있어 단독주택의 일종인 다가구주택에 대하여 예외적으로 각 지분권자를 단독의 조합원으로 인정하도록 규정하고 있는 관계규정은 매우 엄격하게 해석·적용할 필요가 있으며, 하물며 별도의 근거규정도 없이 성격을 달리하는 주택재건축사업의 경우에까지 확대하여 유추 적용할 것이 못 된다 할 것이다.

3. 결 론

그렇다면, 원고들의 이 사건 청구는 모두 이유 없으므로 이를 기각한다.

대법원 2009. 9. 10. 선고 2009두10628 판결 [관리 처분 계획 취소]

1. 다세대 주택으로의 전환이란 건축물 대장의 전환을 말한다.
2. 등기부상 다세대주택의 전환이 이루어졌어도 건축물 대장상 전환이 이루어지지 않았다면 조례에서 말하는 전환으로 볼 수 없다.

〈판결 이유〉

상고이유를 판단한다.

'도시 및 주거환경 정비법'(이하 도시정비법이라 한다) 제48조 제2항 제6호는 관리처분계획의 내용에 관하여 "2인 이상이 1주택을 공유한 경우에는 1주택만을 공급한다", 같은 조 제7항은 "관리처분계획의 내용, 관리처분의 방법·기준 등에 관하여 필요한 사항은 대통령령으로 정한다"고 각 정하고 있고, 도시정비법 시행령 제52조 제1항 제3호는 관리처분계획을 정하는 경우에는 "정비구역 안의 토지 등 소유자에게 분양할 것. 다만, 공동주택을 분양하는 경우 시·도 조례가 정하는 금액·규모·취득 시기 또는 유형에 대한 기준에 부합하지 아니하는 토지 등 소유자는 시·도 조례가 정하는 바에 의하여 분양대상에서 제외할 수 있다"고 규정하고 있다.

한편 위 시행령의 위임에 따라 '서울특별시 도시 및 주거환경 정비 조례'(이하 '이 사건 조례'라 한다. 뒤에서 보는 대로 2003. 12. 30.에 제정·시행되었다)의 제24조 제2항은 수인의 분양신청자를 1인의 분양대상자로 보는 경우(이하 '공동분양'이라 한다)로 "단독주택 또는 다가구주택이 건축물 준공 이후 다세대주택으로 전환된 경우"(제1호), "하나의 주택 또는 한 필지의 토지를 수인이 소유하고 있는 경우"(제3호)를 규정하면서, 부칙에서 제1호에 대하여는 "2003. 12. 30.[이 사건 조례 시행일이다] 전에 단독 또는 다가구주택을 다세대주택으로 전환하여 구분등기를 완료한 경우"(부칙 제5조), 제3호에 대하여는 "1997. 1. 15. 이전에 가구별로 지분 또는 구분소유등기를 필한 다가구주택의 경우"(부칙 제7조)에는 위 각호에 불구하고 각 가구별로 개별분양을 할 수 있도록 하는 경과규정을 두고 있다.

그런데 1997. 1. 15.에 전문개정·시행된 '서울특별시 도시재개발사업 조례'(이하 '구조례'라 한다)는 제27조 제2항 나목에서 "하나의 주택을 수인이 소유하고 있는 경우"를 공동분양대상으로 하면서, "1997. 1. 15.[구조례 시행일이다] 전에 가구별로 지분 또는 구분소유등기를 필한 다가구주택"에 대하여는 가구별 개별분양대상으로 하는 경과규정(부칙 제6조)을 두고 있었고, 이들 규정의 내용이 2003. 12. 30. 구조례를 폐지하면서 제정·시행된 이 사건 조례의 앞서 본 제24조 제2항 제3호 및 부칙 제7조에 포함되어 승계된 것이다.

또한 구조례는 원래 구역지정고시일 이후 다세대주택을 취득한 경우에도 가구별로 개별분양을 인정하였으나, 2000. 5. 20.에 "구역지정 이후 분할 취득되는 토지 및 건축물의 경우 분양대상에서 제외되는 것과의 형평을 기하기 위하여 구역지정고시일 이전에 다가구 등 단독주택에서 다세대 등 공동주택으로 전환된 경우에 한하여 가구별 개별분양을 할 수 있도록 분양대상기준을 변경"하는 내용으로 그 제27조 제3항이 개정되면서 "2000. 5. 20. 전에 다세대주택으로 전환하여 구분소유등기를 필한 주택"에 대하여는 위 개정에 불구하고 가구별 개별분양을 할 수 있도록 하는 경과규정(부칙 제2조)을 두었다가, 이 사건 조례 제24조 제2항 제1호가 구역지정고시일과 상관없이 단독주택 또는 다가구주택이 준공 이후 다세대주택으로 전환된 경우를 모두 공동분양대상으로 보면서 그 경과규정으로 앞서 살핀 바와 같이 그 기준일을 2003. 12. 30.로 하는 부칙 제5조를 두게 된 것이다.

위에서 본 이 사건 조례 부칙 제7조 및 제5조의 취지는 다가구주택에 관하여 각 가구별로 수인이 지분등기를 하거나 구분소유등기를 한 경우 또는 애초 다가구주택이었던 건물이 후에 다세대주택으로 전환되어 공동주택이 된 경우에 예외적으로 가구별 개별분양을 인정하여 그와 같은 경우 독립된 구조를 가진 가구별로 구분거래되는 실정을 반영하면서도, 주택재개발사업에 의하여 공급되는 공동주택을 다수 취득할 목적으로 행하여지는 이른바 '지분 쪼개기'와 같은 폐해를 방지하기 위하여 일정한 시점 이전까지 지분등기나 구분소유등기의 경료 또는 다세대주택으로의 전환이 행하여졌을 것을 요구하는 데 있다고 할 것이다.

이와 같은 이 사건 조례 제24조 제2항 제1호, 제3호, 부칙 제5조, 제7조의 입법취지, 연혁 및 위 각 규정의 체계적 구조 등에 비추어 보면, 이 사건 조례 제24조 제2항 제3호, 부칙 제7조는 다가구주택에 관하여 지분등기 또는 구분소유등기만이 경료된 경우에 관한 규정임에 대하여, 제24조 제2항 제1호, 부칙 제5조는 다가구주택이 다세대주택으로 전환된 경우에 관한 규정으로서 이 때의 '전환'이란 구 '건축물대장의 기재 및 관리 등에 관한 규칙'(2007. 1. 16. 건설교통부령 제547호로 전부개정되기 전의 것) 제6조 제1항에 의한 '건축물대장의 전환'을 의미한다고 봄이 상당하다.

원심의 설시와 같이, 독립된 주거생활을 영위할 수 있는 구조로 되어 있는 다가구주택에 관하여 집합건물로 구분등기가 이루어진 이상 구분등기의 시점에 실질적으로 다세대주택으로 전환되었다고 보아야 하고 따라서 이에 대하여 이 사건 조례 제24조 제2항 제1호 및 부칙 제5조가 적용된다고 해석하게 되면, 1997. 1. 15. 후에 다가구주택에 관하여 건축물대장의 전환 없이 구분등기만을 한 경우도 그것이 2003. 12. 30. 이전에 행하여졌다면 다세대주택으로 전환한 것이 되고, 그 결과 그 주택에 대하여 위 조례 규정들에 의하여 당연히 개별분양권이 인정되게 된다. 그러나 이러한 해석은 다가구주택의 공유자 또는 구분소유자임을 이유로 가구별로 개별분양을 받기 위하여는 1997. 1. 15. 이전에 지분등기 또는 구분소유등기를 경료할 것을 요하는 위 부칙 제7조의 내용(대법원 2009. 4. 23. 선고 2008두22853 판결도 참조)과 양립할 수 없다는 점에서도 이를 받아들일 수 없다.

원심판결 이유 및 기록에 의하면, 원고들은 다가구주택인 이 사건 건물에 관하여 2002년 10월 지분등기를, 2003. 7. 31. 구분소유등기를 각 마쳤을 뿐, 같은 해 12. 30.까지 다세대주택으로 건축물대장의 전환을 하지 않은 채 분양신청을 한 사실을 알 수 있다. 앞서 본 법리를 이에 적용하면, 원고들의 사안은 이 사건 조례 제24조 제2항 제3호의 "하나의 주택을 수인이 소유하고 있는 경우"에 해당한다고 할 것인데, 이 경우에 관한 경과규정인 위 부칙 제7조의 요건을 갖추지 못하였으므로, 공동분양대상이 될 수밖에 없다고 할 것이다.

그럼에도 이 사건 건물이 이 사건 조례 제24조 제2항 제1호의 "다가구주택이 다세대주택으로 전환된 경우"에 해당하여 위 부칙 제5조가 적용된다고 보아 원고들을 개별분양대상이라고 한 원심의 판단에는 앞서 본 이 사건 조례 규정들에 관한 법리를 오해하여 판결 결과에 영향을 미친 위법이 있다. 이 점을 지적하는 상고이유의 주장은 이유 있다.

그러므로 원심판결을 파기하고 사건을 다시 심리·판단하게 하기 위하여 원심법원에 환송하기로 하여, 관여 대법관의 일치된 의견으로 주문과 같이 판결한다.

광주고등법원 2020. 1. 23. 선고 2018누6446 판결

1. 다물권자로부터 물건의 양수받은 양수인의 분양권 숫자
2. 양도인과 양수인을 합하여 조합원 자격을 하나만 부여한다는 규정이 분양권에도 유추적용될 수 있는지
3. 대표조합원을 제외한 나머지 소유자도 조합원 지위를 가지는지

〈판결 이유〉

이 유

1. 처분의 경위 등

가. 광주광역시는 2007. 7. 18. 광주광역시 고시 D로 광주 동구 E 일원 127,230.53㎡〈각주1〉를 재개발사업을 위한 정비구역으로 지정하였다. 그리고 피고는 광주광역시 동구청장으로부터 위 재개발사업을 시행하기 위하여 2007. 8. 29. 조합설립인가를 받았고, 2017. 2. 20. 사업시행인가를 받았다. 한편, 원고들은 원고 F, G, H, I, J〈각주2〉을 제외하고 위 조합설립인가 이후인 2015년경부터 2017년경까지 당초 1인의 소유에 속해 있던 위 정비구역 내에 있는 다수의 부동산 중 일부를 양도받은 사람들이다.〈각주3〉

나. 피고는 2017. 3. 22.부터 2017. 5. 30.까지 분양신청을 받았으며, 위 기간 내에 원고들은 직접 분양신청을 하거나 또는 원고들의 전 소유자가 분양신청을 하였고, 분양신청 기간 이후 부동산을 양도받은 원고들은 이를 피고에게 통지하였다.

다. 이후 피고는 2018. 5. 4. 원고들과 같이 당초 1인이 다수의 부동

산을 소유하고 있다가 이를 양도하여 다수의 사람이 다수의 부동산을 각 소유하게 된 경우 이들을 당초 1인이 다수의 부동산을 가지고 있었던 것과 동일하게 다수의 부동산 소유자들에 대하여 1개의 분양권만을 인정하는 내용의 관리처분계획을 의결(이하 '이 사건 관리처분계획'이라 한다)하였고, 광주광역시 동구청장은 2018. 7. 27. 이 사건 소송(광주지방법원 2018구합11180) 등의 결과에 따라 즉시 관리처분계획의 변경절차를 이행한 후 변경인가를 신청한다는 조건으로 위 관리처분계획을 인가하였다.

라. 한편, 원고 V는 2018. 11. 22. 광주 동구 BL, BU호를 FP(1/2지분), FQ(1/2지분)에게 매도하였고, 원고 AK는 2019. 4. 11. 광주 동구 CJ, CT호를 FR에게 매도하였으며, 위 각 매수인들은 위 각 부동산에 대한 소유권이전등기를 마쳤다. 위 FP, FQ은 2019. 11. 12., 위 FR는 2019. 12. 2. 자신들이 위 각 원고의 권리의무를 각 승계하였다고 주장하며 이 법원에 각 승계 참가신청서를 제출하였고, 각 부본은 2019. 11. 13., 2019. 12. 3. 피고에게 각 송달되었다. 원고 V, AK는 2019. 12. 2. 이 법원에 소송탈퇴신청서를 각 제출하였고, 피고는 위 원고들의 소송탈퇴에 모두 동의하였다(이하 탈퇴자를 제외한 원고 및 승계참가인들을 통틀어 '원고 등'이라 한다).

[인정근거] 다툼 없는 사실, 이 법원에 현저한 사실, 갑 제1 내지 22, 43, 44호증(가지번호 포함, 이하 같다), 을가 제1 내지 9, 12, 13, 14호증의 각 기재, 변론 전체의 취지

2. 당사자들의 주장

가. 원고 등의 주장

조합설립인가 당시에는 1인이 다수의 부동산을 소유하고 있었으나

그 후 이를 양도하여 분양신청기간 만료일을 기준으로 다수의 사람이 다수의 부동산을 소유하게 된 경우(이하 '이 사건 쟁점 사안'이라 한다), 위와 같은 다수의 소유자에게는 소유자별로 1개의 분양신청권이 인정되어야 한다. 따라서 분양신청기간 만료일 당시 소유자이거나 그 소유자로부터 권리·의무를 승계한 원고 등에게는 각 1개씩의 분양신청권이 인정되어야 한다.

나. 피고의 주장

구 도시 및 주거환경정비법(2018. 6. 12. 법률 제15676호로 개정되기 전의 것, 이하 '구도시정비법'이라 한다) 제39조 제1항 제3호는 이 사건 쟁점 사안의 경우 여러 명을 대표하는 1인만을 조합원으로 본다고 규정하고 있고, 분양신청권은 조합원의 권리에 해당하므로 이 사건 쟁점 사안의 경우에도 인정되는 조합원 수에 대응하는 수의 분양신청권만 인정되어야 한다.

3. 관계 법령

별지3 기재와 같다.

4. 본안전 항변에 대한 판단

가. 소의 대상 관련

이 법원이 이 부분에 관하여 설시할 이유는 제1심판결 이유 중 4.가.항 기재와 같으므로 행정소송법 제8조 제2항, 민사소송법 제420조 본문에 의하여 이를 그대로 인용한다.

나. 원고 BG의 소의 적법 여부

취소소송은 처분 등의 취소를 구할 법률상 이익이 있는 자가 제기할 수 있는데(행정소송법 제12조), 구 도시정비법 제39조는 정비사업의 조합원은 '토지등소유자'로 한다고 규정하고, 같은 법 제2조 제9

호 본문 가목은 정비구역에 위치한 토지 또는 건축물의 소유자 또는 그 지상권자를 '토지등소유자'로 규정하고 있다. 위 각 규정을 종합하여 보면, 정비구역 안에 있는 토지 또는 건축물을 매수하여 소유권이전등기를 마친 경우라 하더라도 매매계약이 적법하게 취소되어 그 소유권을 소급적으로 상실하게 되면 그에 따라 조합원 지위도 소급적으로 상실하게 되고, 조합원의 지위를 상실하게 되면 관리처분계획상의 권리관계에 관하여 어떠한 영향을 받을 개연성이 없어졌다고 할 것이어서, 결국 관리처분계획의 취소를 구할 법률상의 이익이 없게 된다고 할 것이다.

갑 제18호증, 을가 제26호증의 각 기재 및 변론 전체의 취지에 의하면, 원고 BG과 FO은 2017. 2. 22. FM으로부터 이 사건 정비구역 내에 소재한 광주 동구 FN 토지 및 그 지상 주택을 매수하여 소유권이전등기를 마친 사실, 그러나 원고 BG과 FO은 피고로부터 조합원 분양신청권을 인정받지 못하였다는 이유로 FM을 상대로 위 매매계약을 취소하고 매매대금의 반환을 구하는 소를 제기하였고, 2019. 5. 29. 원고 승소 판결(광주지방법원 2018나58682)을 받아 그 무렵 확정된 사실을 인정할 수 있는바, 원고 BG은 위 매매계약의 취소로 정비구역 내 토지 및 건축물에 대한 소유권을 소급적으로 상실함에 따라 피고의 조합원 지위까지 소급적으로 상실하였다고 할 것이다. 따라서 원고 BG으로서는 이 사건 관리처분계획상의 권리관계에 관하여 어떠한 영향을 받을 개연성이 없어 위 관리처분계획의 취소를 구할 법률상 이익이 없으므로, 원고 BG의 소는 부적법하다.

5. 본안에 대한 판단

가. 쟁점의 정리

재개발조합의 조합원은 조합 총회에 관한 의결권, 조합 임원 등의 선임권과 피선임권 및 분양신청권 등의 권리를 갖는다. 그 중 분양신청권은 조합원이 소유하던 정비구역 내 토지 또는 건축물의 현물출자 의무에 대응하여 관리처분계획에서 정한대로 정비사업의 완료 후 새로 조성된 토지 또는 신축된 건축물을 분양받을 수 있는 권리로서 조합원의 권리 중 가장 핵심적인 권리에 해당한다. 그런데 구 도시정비법은 제39조 제1항 제3호에서 '조합원은 토지등소유자로 하되, 조합설립인가 후 1명의 토지등소유자로부터 토지 또는 건축물의 소유권이나 지상권을 양수하여 여러 명이 소유하게 된 때에는 그 여러 명을 대표하는 1명을 조합원으로 본다'고 규정하고 있어(이하 '이 사건 조합원 자격 규정'이라 한다), 위 규정에 따라 이 사건 쟁점 사안 중 그 여러 명을 대표하는 1명의 조합원을 제외한 나머지 토지등소유자(이하 '나머지 토지등소유자'라고 한다)의 경우 조합원의 권리인 분양신청권을 보유·행사할 수 없게 되는지 문제된다.

나. 나머지 토지등소유자의 조합원 지위의 문제

먼저, 이 사건 조합원 자격 규정에 따라 나머지 토지등소유자의 조합원 지위 자체를 인정할 수 없게 되는지 살펴본다.〈각주4〉

주택재개발조합은 정비기반시설이 열악하고 노후·불량건축물이 밀집한 지역에서 주거환경을 개선하기 위하여 구 도시정비법이 정하는 바에 따라 관계 행정청으로부터 조합의 설립과 재개발사업의 시행에 관하여 인가를 받아 설립되는 법인인데(구 도시정비법 제2조, 제31조, 제35조, 제38조), 구 도시정비법은 재개발정비구역 내의 토지등소유자를 조합설립에 관한 동의 여부를 불문하고 당해 조합원으로 강제로 가입되도록 규정하고 있다(같은 법 제39조 제1항). 따라서 정비구역 내 토지 등을 소유한 자는 법령상 특별한 제한이 없는 한 당해 조합의 조합원에 해당한다고 보아야 한다.

그런데 구 도시정비법은 제39조 제2항 본문에서 "재개발사업을 시행하는 경우에는 관리처분계획의 인가 후 해당 정비사업의 건축물 또는 토지를 양수한 자는 제1항에도 불구하고 조합원이 될 수 없다"고 규정함으로써 '관리처분계획의 인가 후' 토지 등을 양수받은 자에 한하여 조합원 지위를 박탈하고 있을 뿐, '조합설립인가 후 관리처분계획의 인가 전'까지 정비구역 내 토지 등을 양수한 자의 경우에 조합원 지위를 박탈하는 규정은 두고 있지 않다.

나아가 정비구역 내 토지등소유자는 조합원으로서 정비사업을 위해 자신이 소유한 토지 등을 조합에 현물출자할 의무를 부담하고, 조합설립인가 이후에 토지등소유권을 양수한 자들 또한 현물출자 의무를 부담하는 것은 마찬가지인데, 구 도시정비법은 제39조 제3항에서 제2항 본문에 따라 조합원의 자격을 취득할 수 없는 경우에 한하여 손실보상을 하도록 규정하고 있을 뿐, 제39조 제1항 제3호에 따라 조합원의 자격을 취득할 수 없다고 볼 경우에 관한 손실보상 규정은 따로 마련하고 있지도 않다.〈각주5〉

위와 같은 구 도시정비법의 규정 내용들을 모두 종합하여 보면, 이 사건 조합원 자격 규정을 수인의 토지등소유자 중 대표조합원 1인 이외의 나머지 토지등소유자를 재개발조합과의 사단적 법률관계에서 완전히 탈퇴시켜 비조합원으로 취급하겠다는 취지로 해석할 수는 없고, 수인의 토지등소유자 전원이 조합원의 자격은 보유하되 수인을 대리할 대표조합원 1인을 선출하여 그 1인을 조합에 등록하도록 함으로써 조합 운영의 절차적인 편의를 도모하고 있는 것이라고 해석함이 상당하다(대법원 2009. 2. 12. 선고 2006다53245 판결, 헌법재판소 2012. 7. 26. 선고 2011헌마169 결정 등 참조). 따라서 이 사건 조합원 자격 규정에 따라 조합원을 수인을 대표하는 1인으로 보는 경우에도 대표조합원 외 나머지 토지등소유자들의 조합원 지위 자체는 인정된다고 보아야 한다.

다. 나머지 토지등소유자의 독자적인 분양신청권 인정 여부

다음으로, 나머지 토지등소유자들의 조합원 지위 자체는 인정된다는 전제 하에 나머지 토지등소유자 각자에게 독자적인 분양신청권이 인정되는지, 나아가 이를 단독으로 행사할 수 있는지 살펴본다.

1) 구 도시정비법 등 관계 법령은 분양대상자를 '토지등소유자'로 규정하고 있음

구 도시정비법 제72조는 제1항에서 사업시행자로 하여금 분양공고의 내용을 조합원이 아닌 '토지등소유자'에게 통지하도록 규정하고 있고, 제3항에서는 조합원이 아닌 '토지등소유자'가 분양신청기간 내에 사업시행자에게 분양신청을 하도록 규정하고 있으며, 같은 법 제74조 제4항, 같은 법 구 시행령(2018. 5. 8. 대통령령 제28873호로 개정되기 전의 것, 이하 같다) 제63조 제1항 제3호는 재개발사업에 관한 관리처분의 방법을 규정하면서 "정비구역의 토지등소유자(지상권자는 제외한다)에게 분양할 것. 다만, 공동주택을 분양하는 경우 시·도조례로 정하는 금액·규모·취득 시기 또는 유형에 대한 기준에 부합하지 아니하는 토지등소유자는 시·도조례로 정하는 바에 따라 분양대상에서 제외할 수 있다"고 함으로써 분양대상자를 조합원이 아닌 '토지등소유자'로 규정하고 있다. 또한 이러한 위임에 따라 규정된 구 광주광역시 도시 및 주거환경정비조례(2018. 11. 15. 조례 제

5130호로 개정되기 전의 것, 이하 '구 광주광역시 조례'라고 한다) 제25조 제1항도 주택재개발사업으로 건립되는 공동주택의 분양대상자는 관리처분계획기준일〈각주6〉 현재 종전의 건축물 중 주택(기존무허가 건축물 및 사실상 주거용으로 사용되고 있는 건축물을 포함한다)을 소유한 자 등 '토지등소유자'로 한다고 규정하고 있을 뿐이다.2) 조합원의 수와 분양대상자 수가 반드시 일치하는 것은 아님

피고는 분양신청권은 조합원의 권리로서 분리되는 것이 아니므로, 구 도시정비법 제39조 제1항 제3호가 적용되는 경우 인정되는 조합원 수만큼의 분양대상자만 인정되어야 한다는 취지로 주장한다. 앞서 본 바와 같이 분양신청권은 조합원의 가장 핵심적인 권리에 해당할 뿐 아니라, 주택재개발의 경우 토지등소유자는 당연히 조합원이 되어 조합원의 범위와 토지등소유자의 범위는 원칙적으로 일치하게 되고,〈각주7〉 구 도시정비법 등 관계 법령상 분양대상자는 '토지등소유자'로 규정되어 있어 조합원의 수와 분양대상자의 수가 대체로 일치하게 되기는 한다.

그런데 구 도시정비법 제74조 제4항, 같은 법 구 시행령 제63조 제1항 제3호는 분양대상자를 정비구역의 토지등소유자라고 규정하면서도 토지등소유자인 정비구역 내 지상권자를 분양대상자에서 제외하고 있고, 공동주택을 분양하는 경우 시·도조례로 정하는 바에 따라 기준에 부합하지 않는 토지등소유자는 분양대상에서 제외할 수 있도록 규정하고 있는바, 이와 같은 경우 조합원의 수보다 분양대상자의 수가 더 적어지게 된다.

한편, 구 도시정비법 제39조 제1항 제1호는 수인이 1개 부동산을 공유하고 있는 경우 대표하는 1명을 조합원으로 본다고 규정하고

있음에도, 제76조 제1항 제7호 가목에서 시·도조례에 따라 분양신청권을 여러 개 부여할 수 있는 예외규정을 두고 있으며, 그 위임에 따라 규정된 구 광주광역시 조례 제25조 제2항 제3호 단서는 일정 요건을 갖춘 공유자들의 경우 수인의 분양대상자 지위를 부여할 수 있도록 규정하고 있다.〈각주8〉 또한 구 도시정비법 제39조 제1항 제2호 또는 구 도시정비법의 해석상 1세대 또는 1명이 하나 이상의 주택 또는 토지를 소유한 경우 조합원의 수는 1명으로 산정되나, 제76조 제1항 제7호 나, 다목에서는 이러한 경우에도 소유한 주택 수만큼 분양을 받을 수 있는 예외를 규정하고 있다. 즉, 이와 같은 예외적인 경우에는 조합원의 수보다 분양대상자의 수가 더 많아지게 된다.

결국 구 도시정비법 등 관계 법령의 규정 내용을 종합하면, 조합원의 수와 분양대상자의 수가 반드시 일치하는 것으로 볼 수는 없다.

3) 나머지 토지등소유자의 분양신청권을 박탈할 명문의 규정이 없음

구 도시정비법은 제77조 제1항에서 1필지의 토지가 분할되는 경우(1호), 단독 또는 다가구주택이 다세대주택으로 전환되는 경우(2호), 하나의 대지범위 안에 속하는 동일인 소유의 토지와 주택 등 건축물을 토지와 주택 등 건축물로 각각 분리하여 소유하는 경우(3호), 나대지에 건축물을 새로이 건축하거나 기존 건축물을 철거하고 공동주택을 건축하여 토지등소유자가 증가되는 경우(4호)에는 정비구역 지정·고시가 있은 날 또는 시·도지사가 투기억제를 위하여 정비구역 지정·고시 전에 기준일을 따로 정하는 경우에는 그 다음날을 기준으로 분양받을 권리를 산정하도록 규정하고 있는데, 이는 정비구역 지정·고시 이전에 부당이득을 노리는 투기세력 등의 유입을

사전에 근본적으로 차단하고, 기존 조합원의 권익보호를 위하여 소위 '지분 쪼개기'를 하는 경우 분양권을 제한하고자 한 것이다. 그리고 위 규정은 그 형식이나 내용을 고려할 때 '지분 쪼개기'에 해당하는 유형을 제한적으로 열거하고 있는 것으로 해석된다.

한편, 위 규정과 이 사건 조합원 자격 규정은 구 도시정비법이 2009. 2. 6. 법률 제9444호로 개정되면서 함께 신설되었는데, 이와 같이 입법자가 이 사건 조합원 자격 규정을 신설하면서도 '지분 쪼개기'를 통한 투기세력에 대하여 분양권을 제한하는 내용의 법률조항을 따로 신설한 점에 비추어 보더라도, 이 사건 조합원 자격 규정이 나머지 토지등소유자를 분양대상에서 제외하는 의미라고 보기는 어렵다. 나아가 입법자는 이 사건 쟁점 사안과 같은 경우에도 '하나의 대지범위 안에 속하는' 토지와 주택 등 건축물을 분리 양도한 경우(3호)에는 '지분 쪼개기'의 유형에 포함하여 규제하고 있는바, 이 사건 쟁점 사안의 경우를 '지분 쪼개기' 유형에 포함시키지 않은 것이 단순한 입법의 불비라고 보기도 어렵다.

또한, 구 도시정비법 제74조 제4항, 같은 법 구 시행령 제63조 제1항 제3호는 공동주택을 분양하는 경우 시·도조례로 정하는 금액·규모·취득 시기 또는 유형에 대한 기준에 부합하지 아니하는 토지등소유자를 시·도조례로 정하는 바에 따라 분양대상에서 제외할 수 있도록 규정하고 있는바, 결국 구 도시정비법은 '지분 쪼개기'로 열거한 유형외에서의 투기 방지 문제를 법률로써 일률적으로 규율하는 대신 그때그때의 정책적 필요나 각 시·도의 구체적 사정을 고려할 수 있도록 대통령령 또는 조례에 위임하고 있는 것으로 해석된다. 그런데 위와 같은 구 도시정비법의 위임에 따라 규정된 구 광주광역시 조례는 제25조 제1항에서 분양대상자를 관리처분계획기준일 현재 건축물 중 주택을 소유한 자와 같은 '토지등소유자'로 규정하고 있고, 제2항에서도 구 도시정비법 제77조에서 열거하고 있는 유형의 경우 및 하나의 부동산을 수인이 공유하고 있는 경우를 1인의 분양대상자로 본다고 규정하고 있을 뿐, 이 사건 쟁점 사안과 같은 경우를 분양대상자에서 제외하지 않고 있다.위와 같이 나머지 토지등소유자의 분양신청권을 제한할 아무런 명문의 규정이 존재하지 않는데도 오로지 투기 방지라는 공익적 이유를 들어 구 도시정비법 및 관계 법령의 유추·확장해석을 통해 나머지 토지등소유자의 분양신청권을 박탈하는 것은 허용될 수 없다. 나머지 토지등소유자의 분양신청권을 인정할 경우 '1명이 하나 이상의 주택 또는 토지를 소유하고 있는 경우 1주택을 공급'하도록 규정하고 있는 구 도시정비법 제76조 제1항 제6호를 잠탈하게 되는 결과가 발생할 수 있으나, 위 규정을 강행규정으로 보기는 어려우므로〈각주9〉이를 제한할 명문의 규정이 없는 한 허용되어야 하는 것은 마찬가지이다.

4) 피고 정관에도 나머지 토지등소유자의 분양신청권을 박탈하는 규정이 없음

구 도시정비법 제40조 제1항 제2호, 제18호, 같은 법 구 시행령 제38조 제15호에 의하면, 조합원의 자격과 조합원의 권리·의무에 관한 사항을 정관으로 정할 수 있다. 을가 제10호증의 기재에 의하면, 피고의 정관은 제9조에서 조합원의 자격에 관해 규정하면서 구 도시정비법 제39조 제1항과 동일한 취지로 규정하고 있을 뿐 이 사건 쟁점 사안의 경우 조합원의 자격이 박탈되도록 하는 규정은 두고 있지 않고, 제10조 제1항 제1호에서 조합원의 권리로서 건축물의 분

양청구권을 명시하고 있으며, 제44조 제2항에서 조합원이 분양신청을 할 수 있다고 규정하고 있을 뿐 이 사건 쟁점 사안의 경우 분양대상자의 수를 1명만 인정하도록 하는 규정은 따로 두고 있지 않다. 이 사건 쟁점사안의 나머지 토지등소유자의 경우에도 조합원의 지위 자체는 모두 인정된다는 것은 앞서 본 바와 같으므로, 결국 피고 정관에도 나머지 토지등소유자의 분양신청권을 박탈하는 명문의 규정은 따로 존재하지 않는 것으로 보아야 한다.

5) 수인이 1개 부동산을 공유하고 있는 경우와 구별됨

피고는 수인이 1개 부동산을 공유하고 있는 경우 구 도시정비법 제39조 제1항 제1호에서 대표하는 1명을 조합원으로 보도록 규정하고 있고, 제76조 제1항 제6호에서는 공유자들에게 1주택만 공급하도록 규정하고 있는바, 이 사건 쟁점 사안의 경우에도 마찬가지로 1명의 분양대상자 지위만 인정되는 것으로 해석하여야 한다고 주장한다.

그러나 앞서 본 바와 같이 구 도시정비법은 수인이 1개 부동산을 공유하고 있는 경우와 달리 이 사건 쟁점 사안의 나머지 토지등소유자에 관해 분양대상자 지위를 제한하는 아무런 명문의 규정이 없다. 또한, 조합원의 분양신청권은 조합에 대한 현물출자의무를 이행한 것에 대한 대가로 인정되는 권리라는 측면에서 볼 때, 구 도시정비법이 수인이 1개 부동산만을 현물출자하게 되는 공유의 경우와 수인이 여러 개 부동산을 현물출자하게 되는 이 사건 쟁점 사안의 경우를 달리 취급하여 나머지 토지등소유자의 분양대상자 지위를 제한하지 않는 것에는 합리적인 근거가 있는 것으로 보인다. 따라서 수인이 1개 부동산을 공유하고 있는 경우에 관한 규정이나 법리를

이 사건 쟁점 사안에 그대로 적용해야 한다는 피고의 주장은 받아들이기 어렵다.

6) 통일적인 권리 행사의 필요성도 크지 않음

분양신청권은 단순히 조합의 구성원으로서 행사할 수 있는 절차적 권리가 아니라 조합에 대한 현물출자의무 이행에 대한 대가로 인정되는 실체적인 권리에 해당한다. 따라서 나머지 토지등소유자에게 각자 분양대상자 지위가 인정된다고 해석되는 이상, 의결권이나 조합 임원의 선임권 및 피선임권 등 절차적 권리를 행사하는 경우와 달리 분양신청권은 각자 행사할 수 있다고 봄이 타당하다. 또한, 조합으로서는 조합원의 지위가 양도된 경우에도 조합에 양도 통지를 한 경우에 한하여 그 양수인을 조합원으로 보아 분양절차를 진행하면 족하고, 분양신청기간 내에 적법한 방법 및 절차에 따라 분양신청을 한 토지등소유자들을 분양대상자로 취급하여 관리처분계획을 수립하면 되므로, 이 사건 쟁점 사안의 경우 각자 분양신청권을 행사할 수 있다고 보더라도 조합 운영에 크게 지장이 발생한다고 보기도 어렵다.

7) 소결론

위와 같은 구 도시정비법령 및 구 광주광역시 조례의 문언, 입법 취지, 피고 정관의 내용 등을 모두 종합하여 보면, 이 사건 쟁점 사안의 경우 토지등소유자 각자가 분양신청권을 보유하고, 각자 행사할 수 있다고 봄이 타당하다.

라. 원고 AV, AW, AX, AY, AZ, BA의 경우

1) 관련 법리

구 도시정비법 제77조 제1항 제2호는 '단독주택 또는 다가구주택

이 다세대주택으로 전환되는 경우' 정비구역 지정·고시가 있은 날 또는 시·도지사가 기준일을 정하는 경우에는 그 다음날을 기준으로 분양받을 권리를 산정하도록 규정하고 있다. 이는 단독주택 또는 다가구주택〈각주10〉의 경우 구분소유의 대상이 되지 않아 1동의 건물 전체가 하나의 소유권으로 취급되는데, 이러한 주택이 구분소유의 대상이 되는 다세대주택〈각주11〉으로 전환되면 토지등소유권의 수가 증가하고, 분양대상자의 수까지 증가할 수 있게 되므로, 구 도시정비법은 투기 방지와 기존 조합원의 권익보호를 위해 이를 '지분 쪼개기'의 한 유형으로 규정함으로써 그 분양권을 제한하고자 한 것으로 보인다. 1동의 건물에 대하여 구분소유가 성립하기 위해서는 객관적·물리적인 측면에서 1동의 건물이 존재하고 구분된 건물 부분이 구조상·이용상 독립성을 갖추어야 할 뿐 아니라 1동의 건물 중 물리적으로 구획된 건물 부분을 각각 구분소유권의 객체로 하려는 구분행위가 있어야 한다. 여기서 구분행위는 건물의 물리적 형질에 변경을 가함이 없이 법률관념상 그 건물의 특정 부분을 구분하여 별개의 소유권의 객체로 하려는 일종의 법률행위로서, 그 시기나 방식에 특별한 제한이 있는 것은 아니고 처분권자의 구분의사가 외부에 표시되면 인정된다(대법원 2013. 1. 17. 선고 2010다71578 전원합의체판결 등 참조). 다만, 건축법 등은 구분소유의 대상이 되는 것을 전제로 하는 공동주택과 그 대상이 되지 않는 것을 전제로 하는 다가구주택을 비롯한 단독주택을 엄격하게 구분하여 규율하고 있고, 이에 따라 등록·등기되어 공시된 내용과 다른 법률관계를 인정할 경우 거래의 안전을 해칠 우려가 크다는 점 등에 비추어 볼 때, 일반건물로 등록·등기된 기존의 건물에 관하여 건축물대장의 전환등록절차나 구분건물로의 변경등기가 마쳐지지 아니한 상태에서 구분행위의 존재를 인정하는 데에는 매우 신중하여야 한다(대법원 2016. 6. 28. 선고 2016다1854 판결 등 참조). 일반건물로 등기되었던 기존 건물에 관하여 실제로 건축물대장의 전환등록절차를 거쳐 구분건물로 변경등기까지 마쳐진 경우라면 특별한 사정이 없는 한 전환등록 시점에는 구분행위가 있었던 것으로 봄이 타당하다(대법원 2016. 6. 28. 선고 2013다70569 판결 참조).

한편, 다가구주택은 건축법 구 시행령이 1999. 4. 30. 대통령령 제16284호로 개정되면서 단독주택의 일종으로 규정되었는데, 다가구주택이 도입되기 전에는 '단독주택'은 단독주택, 다중주택, 공관으로 구분되어 있었고, '공동주택'은 아파트, 연립주택, 다세대주택으로 구분되어 있었다[구 건축법 구 시행령(1999. 4. 30. 대통령령 제16284호로 개정되기 전의 것) 별표1 참조].

2) 구체적 판단

갑 제11 내지 13호증의 각 기재에 의하면, 광주 동구 DV 지상 2층 시멘트벽돌조 슬래브 지붕 건물(1층: 96.24m^2, 2층: 96.24m^2)은 1987. 11. 13. 건축허가를 받아 1988. 3. 26. 준공되었고, 주용도를 '다세대주택'으로 하여 일반건축물대장과 등기부등본이 각 작성되었으나, 일반건축물대장의 '호수/가구/세대수' 란에는 '0호수/2가구/0세대'로 기재되어 있는 사실, 위 건물은 1988. 8. 11.부터 DX가 단독으로 소유하고 있다가 DY과 DZ이 2013. 6. 14. 위 건물을 공동으로 매수하여 소유권이전등기를 마친 사실, DY과 DZ은 2015. 11. 6. 위 건물을 집합건물(1층: 4세대, 2층: 2세대)로 전환하여 집합건축물 대장과 등기부등본(집합건물)이 작성되었고, 위 건물 중 DW호(17.4m^2)

는 2017. 5. 24. 원고 AV가, EC호(20.7㎡)는 2015. 12. 31. 원고 AW가, ED호(23.4㎡)는 2016. 1. 21. 원고 AX 및 EE이, EF호(23.4㎡)는 2016. 1. 11. 원고 AY가, EG호(21.18㎡)는 2015. 12. 31. 원고 AZ가 각 매매를 원인으로, EH호(77.88㎡)는 2016. 5. 20. 원고 BA가 증여를 원인으로 각 소유권이전등기를 마친 사실을 인정할 수 있다.

앞서 든 법리에다가 위 인정사실 및 변론 전체의 취지를 종합하여 알 수 있는 다음과 같은 사정들, 즉 ① 위 건물의 당초 일반건축물대장 및 등기부등본에는 주용도가 '다세대주택'으로 기재되어 있기는 하나, 이는 건축법상 다가구주택 제도가 도입되기 전에 작성된 것이고, 일반건축물대장에는 '2세대'가 아닌 '2가구'로 기재되어 있어 공부상 주용도가 '다세대주택'으로 기재되어 있다는 사정만으로 공동주택에 관한 구분의 사가객관적으로 외부에 표시되어 구분소유의 대상이 되었다고 보기는 부족한 점, ② 위 건물은 일반건축물로 등록 등기되어 있다가 이 사건 정비구역의 지정·고시일 이후인 2015. 11. 6.경 건축물대장이 집합건축물대장으로 전환되고, 그에 따라 구분소유등기도 마쳐졌으나, 이전 일반건축물대장 상의 기재 내용과 마찬가지로 "건축물 현황"은 "층별: 1, 2층, 구조: 세벽조, 용도: 다세대주택, 면적: 각 96.24㎡"로서 위 일반 및 집합건축물대장 상 각 층의 세부 구조나 용도, 면적 등에서 아무런 변동사항이 반영되어 있지 않은 점, ③ 위 건물은 당초 2가구가 거주할 수 있도록 건축되었는데, 2015. 11. 6. 위와 같이 집합건축물로 전환된 후에도 각 구분된 면적이 17.4㎡~23.4㎡에 불과하여 구분된 부분의 각 세대가 각각 독립된 주거생활을 할 수 있을 정도로 구조상 및 이용상 독립성을 갖추었다고 보기 어려울 뿐만 아니라, 그러한 독립성을 갖추었다고 하더라도 그 시점은 위 2015. 11. 6.경 이후로 보아야 하는 점 등을 종합하여 보면, 위 건물은 구 도시정비법 제77조 제1항 제2호에 따라 정비구역 지정·고시일인 2007. 7. 18.을 기준으로 분양받을 권리를 산정하여야 하고, 그 당시 위 건물은 구분소유의 대상이 되지 않은 상태로 DX가 단독 소유하고 있었으므로, 결국 1개의 분양신청권만 인정되어야 한다. 따라서 위 원고들의 주장은 이유 없다.

마. 나머지 원고들의 경우

앞서 본 바와 같이 나머지 원고들은 구 도시정비법 제39조 제1항 제3호가 적용되는 토지등소유자에 해당하고, 위 규정이 적용되는 나머지 원고들은 피고 조합의 조합원으로서 분양신청권을 단독으로 보유 행사할 수 있다고 보아야 하므로, 나머지 원고들의 분양대상자 지위를 인정하지 않은 이 사건 관리처분계획에는 구 도시정비법 및 관계 법령의 규정의 해석을 그르친 위법이 존재한다. 따라서 나머지 원고들에 대한 이 사건 관리처분계획 부분은 취소되어야 한다(원고 AP, AQ, AR, AS, AT, AU의 경우 각 구분소유 대상이 된 광주 동구 DK 지상 건물은 지하 1층 지상 4층 총 10세대의 다세대주택으로서 1995. 9. 12. 착공되었고, 사용승인일인 1996. 1. 16. 당시부터 구분된 건물 부분이 구조상·이용상독립성을 갖추고 있었으며, 건축물대장 신규작성 당시부터 집합 건축물대장으로 작성되는 등 이 사건 정비구역 지정·고시일인 2007. 7. 18. 이전에 이미 구분행위가 있었다고 봄이 상당하다).

6. 결론

그렇다면 원고 BG의 소는 부적법하여 이를 각하하고, 원고 AV, AW, AX, AY, AZ, BA의 청구는 이유 없어 이를 모두 기각하여야 하며, 원고 BG, AV, AW, AX, AY, AZ, BA를 제외한 나머지 원고들 및 승계참가인들의 청구는 모두 이유 있어 인용하여야 한다. 제1심판결 중 원고 AV, AW, AX, AY, AZ, BA에 대한 부분은 이와 결론을 같이 하여 정당하므로 위 원고들의 항소를 기각하고, 위 원고들을 제외한 나머지 원고들에 대한 제1심판결은 이와 결론을 달리하여 부당하므로, 위 원고들을 제외한 나머지 원고들에 관한 제1심판결을 취소하며, 원고 BG의 소를 각하하고, 이 사건 관리처분계획 중 원고 BG, AV, AW, AX, AY, AZ, BA를 제외한 나머지 원고들 및 V, AK에 관한 부분을 취소하기로 하여 주문과 같이 판결한다.

서울행정법원 2009. 9. 24. 선고 2009구합10727 판결 [관리 처분 계획 취소 등]
1. 다물권자 갑이 다물권 중 일부에 대하여 공유하고 있고 그 공유자들 병, 정 중 병이 대표조합원일 경우 분양권의 분배 2. 갑 : (단독소유 + 공동소유) 합하여 1개. (병, 정) : 공유물건에 대한 분양권을 지분만큼 취득하고 갑 지분에 해당하는 분양권은 조합이 취득

〈판결 이유〉

1. 처분의 경위와 기초사실

가. 피고는 서울 동대문구 C 일원 145,574m²에 관한 주택재개발사업(이하 '이 사건 사업'이라 한다)의 시행을 목적으로 설립되어 2007. 1. 25. 조합설립인가를 받고, 같은 해사업시행인가를 받은 구 도시 및 주거환경정비법(2009. 2. 6. 법률 제9444호로 개정되기 전의 것, 이하 '법'이라 한다)상의 정비사업조합이다.

나. 원고는 2005. 3. 17. 이 사건 정비구역 내에 있는 서울 동대문구 D 대 13m², E 대 146m², F 대 20m², G 대 7m²(이하 일괄하여 '이 사건 토지'라 한다) 중 각 3/8 지분에 관하여 매매를 원인으로 한 소유권이전등기를 마쳤다.

다. H은 2007. 1. 8. 이 사건 정비구역 내에 있는 서울 동대문구 I 대

116m² 및 그 지상 다가구용 단독주택에 관하여, 2007. 8. 30. 이 사건 토지 중 각 2/8 지분에 관하여 각 매매를 원인으로 한 소유권이전등기를 마쳤다.

라. J은 2007. 6. 27. 이 사건 정비구역 내에 있는 서울 동대문구 K건물 제1층 제102호에 관하여, 2007. 12. 21. 이 사건 토지 중 각 3/8 지분에 관하여 각 매매를 원인으로 한 소유권이전등기를 마쳤다.

마. 피고는 이 사건 토지의 공유자 중 이 사건 사업구역 내에 별도로 다른 토지와 건물까지 소유하고 있던 H과 J에 대하여는 별도로 조합원 자격을 부여했다(J은 2008. 7. 25. 위 102호 건물 및 이 사건 토지 중 각 3/8 지분에 관한 소유권을 L에게 양도했고, J의 조합원 지위가 L에게 승계되었다).

바. 원고는 1960년경 미국으로 이주하여 현재까지 미국에서 살고 있으며, 이 사건 토지의 등기부에도 원고의 주소는 '미합중국 메릴랜드주 오덴톤시 M'로 기재되어 있었다.

사. 피고는 사업시행인가를 받은 후, 분양신청기간을 2007. 11. 2.부터 2007. 12. 1.까지로 정하여 조합원들로부터 분양신청을 받았는데, 이후 분양신청기간을 2007. 12. 22.까지로 연장하였다.

아. 피고는 미국에 거주하고 있던 원고에게는 서면에 의한 분양신청 통지를 하지 않았고, 대신 국내에 거주하고 있는 원고의 사촌 N에

게 구두로 '원고가 이 사건 각 토지와 관련하여 대표자를 선정해야 한다'는 취지를 안내하였는데, 원고는 위 분양신청기간 내에 분양신청을 하지 않았다.

자. 피고는 원고를 현금청산대상자로 정하는 내용이 포함된 관리처분계획을 수립하여 2008. 12. 31. 서울특별시 동대문구청장으로부터 위 관리처분계획에 대한 인가를 받았다(이하 위 관리처분계획 중 원고를 현금청산자로 정한 부분을 '이 사건 처분'이라 한다).

차. 권리·의무에 관한 사항의 고지·공고 방법 및 조합원의 자격에 관하여 피고의 정관은 다음과 같이 정하고 있다.

제7조(권리·의무에 관한 사항의 고지·공고 방법)

① 조합은 조합원의 권리·의무에 관한 사항(변동사항을 포함한다. 이하 같다)을 조합원 및 이해관계인에게 성실하게 고지·공고하여야 한다.

② 제1항의 고지·공고 방법은 이 정관에서 따로 정하는 경우를 제외하고는 다음 각 호의 방법에 따른다.
1. 관련 조합원에게 등기우편으로 개별 고지하여야 하며, 등기우편이 주소불명, 수취 거절 등의 사유로 반송되는 경우에는 1회에 한하여 일반우편으로 추가 발송한다. 제9조(조합원의 자격 등)

① 조합원은 사업시행 구역 안의 토지 또는 건축물의 소유자 또는 그 지상권자(이하 "토지 등 소유자"라 한다)로 한다.

③ 1세대 또는 동일인이 2개 이상의 토지 또는 건축물의 소유권 또는 지상권을 소유하는 경우에는 그 수에 관계없이 1인의 조합원으로 본다.

④ 토지 또는 건축물의 소유권과 지상권이 수인의 공유에 속하는 때에는 그 수인을 대표하는 1인을 조합원으로 본다. 이 경우 그 수인은 대표자 1인을 대표조합원으로 지정하고 별지의 대표조합원선임동의서를 작성하여 조합에 신고하여야 하며, 조합원으로서의 법률행위는 그 대표조합원이 행한다.

[인정 근거: 다툼 없는 사실, 갑 1호증의 1 내지 4, 갑 2호증의 2, 을 1호증, 을 2호증의 1 내지 3, 을 3, 4호증의 각 기재, 변론 전체의 취지]

2. 당사자의 주장
가. 원고의 주장

피고는 원고에게 분양신청통지를 하지 않았으므로 이 사건 처분은 위법하다.

나. 피고의 주장

(1) 원고는 이 사건 토지의 지분소유권자이므로, 공유자들을 대표하는 1인이 조합원이 되는 것이며, 피고는 다른 공유자들 및 원고의 사촌인 소외 N에게 이와 같은 점을 알렸음에도 이 사건 토지의 공유자들은 대표자를 선정하여 피고에게 통보해주지 않았고, 이에 피고는 외국에 거주하고 있던 원고에게 분양신청안내문을 송달하지 못한 것이므로, 피고는 통지의무를 게을리 한 것이 아니다.

(2) 설령 피고의 분양신청통지의무 위반의 점이 인정된다 하더라도, 이 사건 사업구역 내 다른 토지와 건물을 각 소유하고 있던 이 사건 토지의 다른 공유자들에 대하여는 별도로 조합원 자격이 부여된 상태이고, 이 사건 토지 중 원고의 지분만을 면적으로 환산하면 합계 67.125m²에 불과하여 어차피 원고는 공동주택분양대상이 아니라 현금청산대상일 뿐이므로 결국 이 사건 처분은 적법하다.

3. 이 사건 처분의 적법 여부
가. 관계법령

별지 관계법령 기재와 같다.

나. 판단

(1) 통지의무 이행 여부

법 제46조 제1항에서 정한 분양신청기간의 통지 등 절차는 재개발

구역 내의 토지 등 소유자에게 분양신청의 기회를 보장해 주기 위한 것으로서 관리처분계획을 수립하기 위해 반드시 거쳐야 할 절차인데, 이 사건에 있어서 원고가 공동주택분양신청권이 있는 조합원임은 뒤에서 보는 바와 같고, 앞서 본 사실들로부터 인정되는 다음과 같은 점들을 종합하면 피고가 조합원인 원고에 대하여 분양신청 통지의무를 다하였다고 보기 어렵다.

① 피고는 원고에게 별도로 서면에 의한 분양신청통지를 한 바 없다.

② 원고가 해외거주자이기는 하나 원고는 2005. 3. 17. 이 사건 각 토지에 관하여 지분소유권이전등기를 경료하면서 자신의 미국 거주지를 기재했으므로, 피고로서는 최소한 등기부에 기재된 주소로 분양신청통지서를 보내보았어야 할 것이며, 원고의 거주지가 국외라는 사정만으로 이러한 분양신청통지의무가 면제되는 것은 아니다.

③ 원고가 N에게 이 사건 사업에 관하여 통지 등을 수령할 권한을 사전에 부여했다고 볼 만한 자료가 없으므로, N에게 구두로 대표조합원 선정을 통한 분양신청절차에 대해 안내했다고 하더라도 이를 원고에 대한 적법한 통지라고 볼 수 없다.

(2) 원고에 대한 공동주택분양신청권 인정 여부

(가) 법 제19조 제1항, 구 서울특별시 도시 및 주거환경정비조례 (2008. 9. 30. 조례제4686호로 개정되기 전의 것, 이하 '정비조례'라 한다)

제24조 제2항 제3호는 하나의 주택 또는 한 필지의 토지를 수인이 소유하고 있는 경우에는 수인을 대표하는 1인을 조합원으로 보고, 1인의 분양대상자로 본다는 것이어서[다만 2003. 12. 30. 전부터 공유지분으로 소유한 토지의 지분면적이 건축조례 제25조 제1호의 규정에 의한 규모(90m²) 이상인 자는 그러하지 아니하다], 수인이 한 필지의 토지를 공유한 경우 원칙적으로 1주택만을 분양한다.

또한 법 제48조 제7항, 도시 및 주거환경정비법 시행령(이하 '시행령'이라 한다) 제52조 제1항 3호, 정비조례 제24조 제2항 제2호는, 관리처분계획기준일 현재 수인의 분양신청자가 하나의 세대인 경우 수인의 분양신청자를 1인의 분양대상자로 본다는 것이어서, 위 1세대 1주택 분양의 취지에 의하면 1인이 주택재개발사업 구역 내에 수 필지의 토지를 소유한 경우라도 원칙적으로 1주택만을 분양하게 된다.

(나) 어떤 조합원이 ①토지에 대한 지분소유권자이면서 동시에 ②토지의 단독 소유자인 경우, 그 조합원이 ②토지에 기한 권리와 ①토지의 지분소유권에 기한 권리를 임의로 분리하여 ②토지에 기해서는 단독조합원으로서 분양신청을 하고, ①토지의 지분소유권에 기해서는 다른 공유자를 대표조합원으로 선정하여 그 대표조합원 명의로 1주택을 별도로 분양신청하여 분양된 주택의 지분소유권을 취득하는 것은 위 1세대 1주택분양의 취지에 비추어 허용되지 않는다고 할 것이고, 따라서 이러한 경우 그 조합원에 대하여는 ②토지의 소유권과 ①토지에 대한 지분소유권을 합하여 분양신청을 하는 것만이 허용된다고 할 것이다.

(다) 이와 같이 한 필지의 일부 공유자들이 다른 토지와 합하여 단독조합원이 되는 경우, 나머지 공유자에게 분양신청권을 부여하지 않는다면, 당초 공유자들과 함께 1주택을 분양받아 그 지분소유권을 취득할 수 있을 것으로 기대했던 나머지 공유자로서는 예상하지 못한 손해를 입게 되고, 실질적으로 공유자 중 1인이 다른 공유자의 동의 없이 공유물을 임의처분하는 것을 허용하는 결과가 되어 불합리하다. 따라서 이 사건과 같이 공유자 중 일부가 사업구역 내의 다른 토지 등에 대한 소유권이 있어서, 그의 공유지분이 다른 토지 등에 합산되면서 단독조합원 자격을 부여받은 경우, 나머지 공유자에게도 분양신청권이 인정되어야 할 것이다.

(라) 이 때 나머지 공유자에 대한 공동주택 분양방안에 관하여 보건대, 당해 토지 중 공유지분 권리가액에 상당하는 1주택을 공급하는 방안은, 한 필지의 토지에 대하여 소유자가 수인이더라도 1주택만을 공급하도록 규정한 정비조례 제24조 제2항 제3호의 취지에 반하는 결과가 된다. 특히 위 방안에 의하면, 이 사건에서 만약 H만 사업구역 내에 다른 부동산을 소유하고 있고, 원고와 J은 이 사건 토지의 공유지분권만 갖고 있는 경우, 원고와 J에게 각 그 권리가액에 해당하는 1주택을 공급하여야 한다는 것인데, 그러면 결국 이 사건 토지와 다른 부동산에 대하여 3주택을 공급하게 되는 것이어서 부당하다. 한편, 위 방안에 의하더라도, 나머지 공유자의 공유지분 권리가액만으로는 분양용 최소규모 공동주택 1가구의 추산액에 미치지 못할 경우에는 나머지 공유자가 여전히 공동주택을 분양받지 못하게 되어 분양신청권을 인정하지 않을 때와 마찬가지의 결과

에 이르게 되는바, 이런 점에서도 이는 적절한 방안이 아니라고 할 것이다.

이러한 경우 나머지 공유자는 해당 토지의 권리가액에 상당하는 공동주택을 자신의 지분에 한하여 공급받을 수 있고, 나머지 지분은 사업시행자에게 귀속된다고 보는 것이 합리적이라고 보인다. 이로 인해 한 필지의 토지에 대해 1주택을 공급한다는 원칙을 훼손하지 않으면서도, 일부 공유자가 별개의 부동산에 기해 단독으로 조합원의 자격을 인정받는다는 우연한 사정에 의해 다른 공유자의 공동주택분양가능성이 원천봉쇄당하는 불합리를 해결할 수 있게 된다. 이 방안에 의할 경우 원고는 피고와 공유관계에 있게 되어 권리행사에 있어서 다소간의 제약을 받게 되겠지만, 이는 수인이 공유한 한 필지의 토지에 관하여 대표조합원을 선정하여 주택을 분양받는 경우에도 마찬가지로 발생하는 문제이고, 이 해결방안에 관해 특별히 제기되는 문제는 아니다.

(마) 즉, 이 사건에 있어서 원고가 분양신청기간 내에 분양신청을 했다면 이 사건 토지의 권리가액에 상당하는 공동주택의 3/8 지분을 분양받을 수 있었을 것이고, 따라서 원고는 어차피 현금청산대상자에 불과하므로 이 사건 처분이 적법하다는 피고의 주장은 받아들일 수 없다.

(3) 소결

그렇다면 원고에 대한 분양신청통지의무를 제대로 이행하지 않은 채, 원고의 분양신청이 없다는 이유로 원고를 현금청산대상자로 정한 이 사건 처분은 위법하다.

4. 결론

원고의 청구는 이유 있으므로, 이를 인용한다.

헌법재판소 2012. 2. 23. 선고 2010헌바484 결정

1. 과소토지 소유자 분양권 배제 규정 합헌

〈결정요지〉

가. 사건 법률조항은 정비사업시행에 따른 새로운 건축물과 토지가 한정되어 있어 너무 좁은 토지 소유자를 포함한 조합원 모두에 대해서까지 현물분양하도록 한다면 정상적인 재개발사업이 불가능하게 되므로 이러한 사태를 막을 필요가 있을 뿐만 아니라, 투기세력에 의한 이른바 '지분 쪼개기'로 인하여 다수의 선량한 조합원들의 권리가 침해되는 것을 막고 재개발사업의 원만한 진행을 통하여 국민의 주거 안정을 확보하려는 데에 그 입법목적이 있는바, 이러한 입법목적은 정당하고, 너무 좁은 토지 소유자에 대하여 현물분양권을 제한하는 것은 위와 같은 입법목적을 달성하기 위한 유효한 수단이라 할 것이므로, 방법의 적절성 또한 인정된다. 너무 좁은 토지 소유자는 분양대상에서 제외되는 내용의 관리처분계획이 인가받게 되는 무렵을 기준으로 평가한 토지 등의 가격으로 현금청산을 받게 되고, 수용절차에 의할 때에는 부동산 인도에 앞서 청산금 등의 지급절차가 이루어져야 하므로 이 사건 법률조항에 의하여 부당하게 재산상 손해를 입는 것은 아니다. 또한, 이 사건 법률조항은 도시정비법 제48조 제2항 각 호가 정하고 있는 관리처분계획의 기준 중의 하나로서 관리처분계획의 가이드라인을 제시하고 있는 것이고, 자치단체의 조례로 지역사정에 맞게 현금청산 기준을 조정할 수 있도록

허용함으로써, 그 탄력적 운용을 통한 피해의 최소화를 도모하고 있으므로, 이 사건 법률조항이 기본권 침해의 최소성 원칙에 반한다고 볼 수 없다.

그리고 이 사건 법률조항이 달성하려는 정상적인 주택재개발사업의 진행 및 '지분 쪼개기' 등을 통한 부동산 투기억제와 일반 조합원 보호는 국민의 주거 안정에 직결되는 것으로 그 공익이 매우 큰 반면, 너무 좁은 토지 소유자가 받게 되는 재산권의 제한이라는 것은 재개발사업 시행에 따른 새로운 건축물 등에 대한 분양권을 갖지 못하는 것에 한정되므로, 법익의 균형성 원칙에도 위배되지 아니한다.따라서 이 사건 법률조항은 과잉금지원칙에 반하여 청구인의 재산권을 침해하지 아니한다.

나. 동일한 재개발구역 내에 위치한 토지의 가격은 토지의 인접성 등을 고려할 때 같은 면적이라면 토지가격에 있어 그다지 큰 차이가 나지 않는다. 따라서 토지의 면적만을 기준으로 하더라도 그 속에는 일정 정도 토지 가격에 대한 고려도 포함되어 있다고 할 것이고, 이러한 점을 고려하면 토지의 면적 외에 달리 더 나은 기준을 찾기도 어려워, 이 사건 법률조항이 토지의 면적을 기준으로 현물분양과 현금청산 대상을 가르는 것을 두고 자의적인 차별이라 할 수 없다.

다. 이 사건 법률조항이 규정하고 있는 현금청산의 대상이 되는 "너무 좁은 토지"가 어느 정도 면적의 토지를 뜻하는지를 구체적으로 말해주는 것은 아니지만, 앞서 본 입법목적을 종합하여 보면 너무 좁은 토지 소유자를 포함한 모든 토지 소유자에 대해서까지 현물분양을 인정하게 되면 당해 사업의 구체적 규모와 정도에 비추어 정상적인 재개발사업의 진행을 어렵게 하는 면적이 그 기준이 된다는 점에 있어서 그 의미가 명확하다고 할 것이므로, "너무 좁은 토지"가 구체적으로 어느 면적의 토지를 말하는지를 알 수 없다는 이유만으로 이 사건 법률조항의 의미가 명확하지 않다고 할 수 없다.

대법원 2019. 12. 13. 선고 2019두39277 판결 [수분양자 지위 확인]
분양권확인과 확인의 이익

〈판결이유〉

직권으로 판단한다.

1. 확인의 소의 대상인 법률관계의 확인이 확인의 이익이 있기 위해서는 그 법률관계에 따라 제소자의 권리 또는 법적 지위에 현존하는 위험·불안이 야기되어야 하고, 그 위험·불안을 제거하기 위하여 그 법률관계를 확인의 대상으로 한 확인판결에 의하여 즉시로 확정할 필요가 있으며, 그것이 가장 유효적절한 수단이 되어야 한다(대법원 1995. 10. 12. 선고 95다26131 판결, 대법원 2002. 6. 14. 선고 2002두1823 판결 참조).

도시 및 주거환경정비법에 의한 주택재개발·재건축 정비사업에서 사업 시행의 결과로 만들어지는 신축 주택에 관한 수분양자 지위나 수분양권(이하 '수분양권'이라고만 한다)은 조합원이 된 토지 등 소유자에게 분양신청만으로 당연히 인정되는 것이 아니라 도시 및 주거환경정비법 제76조 제1항 각호의 기준에 따라 수립되는 관리처분계획으로 비로소 정하여진다. 따라서 조합원은 자신의 분양신청 내용과 달리 관리처분계획이 수립되는 경우 관리처분계획의 취소 또는 무효확인을 항고소송의 방식으로 구할 수 있을 뿐이지, 곧바로 조합을 상대로 민사소송이나 공법상 당사자소송으로 수분양권의 확인을 구하는 것은 허용되지 않는다(대법원 1996. 2. 15. 선고 94다31235 전원합의체 판결 참조).

현행 행정소송법에서는 장래에 행정청이 일정한 내용의 처분을 할 것 또는 하지 못하도록 할 것을 구하는 소송(의무이행소송, 의무확인소송 또는 예방적 금지소송)은 허용되지 않는다(대법원 1992. 2. 11. 선고 91누4126 판결, 대법원 2006. 5. 25. 선고 2003두11988 판결 참조).

따라서 조합원이 관리처분계획이 수립되기 전의 단계에서 조합을 상대로 구체적으로 정하여진 바도 없는 수분양권의 확인을 공법상 당사자소송의 방식으로 곧바로 구하는 것은 현존하는 권리·법률관계의 확인이 아닌 장래의 권리·법률관계의 확인을 구하는 것일 뿐만 아니라, 조합으로 하여금 특정한 내용으로 관리처분계획을 수립할 의무가 있음의 확인을 구하는 것이어서 현행 행정소송법상 허용되지 않는 의무확인소송에 해당하여 부적법하다.

2. 이 사건 주택재개발정비사업의 경우 이 사건 소 제기 시점이나 원심 변론종결 시점을 기준으로 사업시행자인 피고가 아직 관리처분계획을 수립한 사실이 없음은 기록상 분명하다. 이 단계에서 조합원인 원고들이 피고를 상대로 자신들이 원하는 내용으로 관리처분계획을 수립할 의무가 있음의 확인을 구하는 소송은 부적법하다.

그런데도 원심은 이를 간과한 채 본안에 나아가 판단하였으니, 이러한 원심판단에는 행정소송법상 당사자소송에 관한 법리를 오해하여 판결에 영향을 미친 잘못이 있다.

3. 그러므로 상고이유에 대한 판단을 생략한 채 원심판결을 파기하기로 하되, 이 사건은 이 법원이 직접 재판하기에 충분하므로 자판하기로 하여, 제1심판결을 취소하고, 이 사건 소를 각하하며, 소송총비용은 원고들이 부담하도록 하여, 관여 대법관의 일치된 의견으로 주문과 같이 판결한다.